U0536752

人文社科
高校学术研究论著丛刊

高等教育人才培养模式及创新研究

陈 萍
刘慧卿
常金霞 著

中国书籍出版社
China Book Press

图书在版编目(CIP)数据

高等教育人才培养模式及创新研究/陈萍,刘慧卿,常金霞著.－－北京:中国书籍出版社,2021.7
ISBN 978-7-5068-8605-5

Ⅰ.①高… Ⅱ.①陈…②刘…③常… Ⅲ.①高等学校–人才培养–培养模式–研究–中国 Ⅳ.①G649.2

中国版本图书馆CIP数据核字（2021）第158880号

高等教育人才培养模式及创新研究

陈　萍　刘慧卿　常金霞　著

丛书策划	谭　鹏　武　斌
责任编辑	李　新
责任印制	孙马飞　马　芝
封面设计	东方美迪
出版发行	中国书籍出版社
地　　址	北京市丰台区三路居路97号（邮编：100073）
电　　话	（010）52257143（总编室）　（010）52257140（发行部）
电子邮箱	eo@chinabp.com.cn
经　　销	全国新华书店
印　　厂	三河市德贤弘印务有限公司
开　　本	710毫米×1000毫米　1/16
字　　数	330千字
印　　张	17.25
版　　次	2022年7月第1版
印　　次	2022年7月第1次印刷
书　　号	ISBN 978-7-5068-8605-5
定　　价	96.00元

版权所有　翻印必究

目 录

第一章 高等教育人才培养的内涵 ……………………………… 1
- 第一节 人才培养的内涵 …………………………………………… 1
- 第二节 高校人才培养的要素 ……………………………………… 5
- 第三节 高等教育人才培养的特征 ………………………………… 9
- 第四节 高等教育人才培养的基本要求 …………………………… 11

第二章 高等教育人才培养的理念与原则 ……………………… 17
- 第一节 高等教育人才培养理念的内涵 …………………………… 17
- 第二节 高等教育人才培养的学生观、人才观、教学观和质量观 … 19
- 第三节 高等教育人才培养的新理念 ……………………………… 42
- 第四节 高等教育人才培养的基本原则 …………………………… 43

第三章 高等教育人才培养存在的问题及原因分析 …………… 51
- 第一节 高等教育人才培养存在的问题 …………………………… 51
- 第二节 高等教育人才培养问题出现的原因 ……………………… 65

第四章 高等教育人才培养的模式的基本理论、目标与实施方案 …… 74
- 第一节 高等教育人才培养模式的内涵 …………………………… 74
- 第二节 高等教育人才培养模式的目标与教学方法 ……………… 90

第五章 高等教育人才培养模式的构建 ………………………… 100
- 第一节 高等教育人才培养课程模式的构建 ……………………… 100
- 第二节 高等教育人才培养教学模式的构建 ……………………… 111
- 第三节 高等教育创新型人才培养的难点与对策 ………………… 122

第六章 高等教育人才培养模式的评价 ………………………… 129
- 第一节 教师教学质量评价 ………………………………………… 129
- 第二节 对学生的评价 ……………………………………………… 149
- 第三节 教学督导评价模式 ………………………………………… 161
- 第四节 教学管理的评价 …………………………………………… 168

第七章 高等教育人才培养的国际经验借鉴……………………… 176
　第一节　美国的高等教育人才培养……………………………… 176
　第二节　英国的高等教育人才培养……………………………… 191
　第三节　日本的高等教育人才培养……………………………… 210

第八章 高等教育创新型人才培养的任务与意义………………… 217
　第一节　创造性人才与创造力…………………………………… 217
　第二节　高等教育创新型人才培养的任务……………………… 223
　第三节　高等教育创新型人才培养的意义……………………… 230

第九章 高等教育创新型人才培养的途径………………………… 238
　第一节　办好适合培养创新型人才的学校……………………… 238
　第二节　打造好适合培养创新型人才的课堂和教师…………… 243
　第三节　创造好适合培养创新型人才的教育环境……………… 249
　第四节　制定好适合培养创新型人才的机制…………………… 254

参考文献………………………………………………………………… 266

第一章 高等教育人才培养的内涵

人是促进社会和谐发展的关键因素,社会主义的建设离不开高素质的人才。在经济时代中,国家和地区的发展与国民素质的高低、人才数量的多少、人才质量的高低有着密切的联系。人才培养的实践活动对和谐社会的构建起着推动作用,从这个层面上看,人才培养不仅是要每个人都享受受教育的平等机会,还要与和谐社会的建设相呼应。

第一节 人才培养的内涵

促进人的全面发展,适应社会需要是衡量大学人才培养质量的根本标准和核心内涵,也是实现内涵式发展,建立现代大学制度,实现人才培养全面质量管理的应有之义。

一、人才培养的概念

党的十八大报告中曾明确提出:"推动高等教育内涵式发展""努力办好人民满意的教育"。高等教育的发展核心就是提高教育质量。高校要积极应对科学技术进步、经济社会发展以及高校教育改革所带来的新问题和一系列挑战,增强改革的使命感和责任感,不断提高人才培养质量,不断深化人才培养的模式改革。

人才的培养是高校的主要任务,人才培养涉及以下几个方面的问题:
(1)人才培养目标理念的提出与确立;
(2)人才培养对象的确定;
(3)人才培养目标的确立;
(4)开发人才培养的主体;
(5)人才培养的途径和方法;
(6)优化人才培养过程;

（7）人才培养制度的确立。

人才培养包括理念、对象、主体、目标、途径、制度与模式等要素,是一个非常复杂的系统性工程。要回答"为谁培养人才""人才应该具备什么样的素质""人才培养应该采用何种方法"等问题,首先需要认识和理解高等教育的本质特征、职能任务、目标价值、活动原则等关键内涵。培养新时代需要的人才是我国高等教育人才培养理念的具体内涵,也是新时代对高校人才培养提出的总体要求。

人才培养是一个不断变化与升级的概念,人才需要顺应时代的发展,借助时代的特点与优势发挥出个人最大的人生价值;人才培养也需要跟上时代进步的步伐,结合时代与环境的特点,以不断创新的理念,揭示人才培养的内在规律、价值追求与终极理念,描绘理想状态下人才培养模式的系统构想,确立人才培养的程序与环节,指导人才培养的实践活动,培养出适应时代发展的人才。

二、人才培养的内涵

人才是实现民族振兴、赢得国际竞争主动的战略资源。要坚持党管人才原则,聚天下英才而用之,加快建设人才强国。这一重要论述为人才做出精准定位,为新时代下高等教育人才培养工作的深入开展提出了更高要求,也指明了人才培养工作的发展方向,新时代的发展需要"新人才",人才也需要"新时代"这个"大舞台",从"新时代"到"新人才"是大势所趋。高等教育人才培养这项系统性工程包含培养理念、培养制度、培养目标、培养体系、培养途径和培养机制等多个方面,但并不是这些要素的简单组合,而是经过高度提炼的,具有"范式"和"典型"意义的结构化、定型化的系统,是在一定的教育理念指导下,高等学校为实现人才培养目标而采取的培养体系、培养途径和培养机制的定型化范式。高校作为人才培养的主体应该秉持为国家培养新时代人才的理念,实行更加积极、更加开放、更加有效的人才政策,以识才的慧眼、爱才的诚意、用才的胆识、容才的雅量、聚才的良方,把优秀人才集聚到党和人民的伟大奋斗中来,努力形成人人渴望成才、人人努力成才、人人皆可成才、人人尽展其才的良好局面,让各类人才的创造活力竞相迸发、聪明才智充分涌流。

高等教育人才培养的内涵应包括以下方面:

（一）培养理念

高等教育人才培养理念支配着人才培养目标、体系建立、途径与方式

第一章 高等教育人才培养的内涵

以及培养机制等要素,是高校构建人才培养模式的灵魂和指导思想。高校需要根据经济社会发展对人才培养的现实需要,遵循高等教育发展规律,注重素质教育,树立富有时代特征的人才培养理念。在培养理念方面,提出要"淡化专业意识,拓宽基础,加强素质教育和能力培养"。在专业设置方面,提出要"按照科学、规范、拓宽的方针做好现有专业目录修订和专业调整工作。高等学校要根据新的专业目录,相应地调整专业设置"。国家意义上的人才培养理念是指国家对教书育人活动的功能和价值,以及建成什么样的人才培养生态,如何进行人才培养活动管理,包含对预算投入、领导机制、管理体制等的认知。高校层面上的人才培养理念主要反映在学生观、教师观、教学观、活动观、质量观、科研观以及评价观等多个方面,这种思想既受国家层面教育理念的影响,也受客观条件和高校主体的思想认识的制约。

(二)培养制度

我国高等学校人才培养的重要特征是以专业的方式组织教学,我国高等学校人才培养的基本前提是专业设置和专业结构调整。"十年树木,百年树人",人才培养关乎国计民生,是百年大计,我国高等学校人才培养制度是指只有符合中国国情、具有中国特色的人才培养制度才能保证我国人才培养工作的顺利开展,只有创新理念,深入探索高校内部组织和运行变化的规律,遵循相应的规律和采用相关的手段,才能实现我国高等教育的人才培养目标。它有着狭义与广义之分。狭义的人才培养制度和人才培养的具体过程息息相关,主要类型有专业与课程设置制度、导师制度、选课制度、日常教学管理制度、学分制度、实习制度、分流制度等,它包含高校教育教学活动过程中产生的相关规定、具体程序和实施体系。广义层面的人才培养制度和大学的整体人才培养过程相关。高等学校要根据区域经济社会发展需求、学校办学目标定位以及学校办学实际合理设置专业,优化专业布局,加强专业内涵建设。从人才培养的具体过程看,受教育者通过考试进入高校,学校对其进行一系列的培养,他们最终的选择不同,或者继续深造,或者进入社会,从而形成人才培养的完整过程。在学生成长的过程中,都有着学校制度的陪伴。这与人才培养的广义制度有关,主要有教学制度、招生制度、考试制度、研究制度、就业制度等。这些制度事实上组成了一种相互关联的制度链与相互交织的制度网,最终构成了现代大学制度体系。

(三)培养目标

我国高校人才培养的目标是"培养德智体美劳全面发展的社会主义建设者和接班人""教育实践活动过程中具有先决性质的核心概念",是整个人才培养模式构建的出发点和依据,也是学校教育教学活动的最终归宿。培养目标的具体要求是要培养什么样的人才,它指一个纯粹的目的范畴,如通才型、专门型、学术型、应用型、创新型人才等。高等学校要根据办学目标定位、社会人才需求、服务面向定位、生源特征以及学校办学条件,确立合理的人才培养目标。在培养目标方面,提出要"根据《原则意见》,从修订教学计划入手,着力于对学生的知识、能力、素质结构进行调整"。培养模式也就是培养过程是根据什么模式去实现人才培养目标,是对培养过程的设计和建构,包含教师在课堂教学、科学实验、学术活动和实践活动中到底采取什么样的形式,依据什么样的程序以及如何安排等问题。人才培养制度在大学制度中处于核心地位。

(四)人才培养的主体

培养主体具体是指由谁来培养人才。高校人才培养的主体主要有培养活动的设计者、组织者和实施者,包括国家、高校和教师等多个层次。高校为学生培养活动的设计主体,院系所则是学生培养活动的组织主体,而教师与导师则是学生培养活动的实施主体。高校人才培养对象的内涵是指培养谁,高校学生是培养主体,他们在培养活动中施加教育、教学影响,是人才培养活动实施的客体。在高校人才培养过程中,教育者在教学方面处于主导地位,通过教育过程不断地对学习主体施加教育、教学影响。与此同时,学生在教学的方面承担主要责任,在主动学习的过程渐渐完成技能外化、品格升华与知识内化的过程。事物的发展变化包含两个因素:内因和外因。因此,高校学生作为培养对象在教学活动中也是主体,学生可以自主选择学习内容、自主安排学习时间、自主选择学习方法,并且在学习的过程可以自主探索和创新,借助高等教育的机制实现个人潜力的发展和人生价值的实现。

第二节 高校人才培养的要素

习近平总书记多次提到:"实现中国梦必须走中国道路,这就是中国特色的社会主义道路。"中国教育梦是实现中国梦的前提条件,要想尽快实现中国的教育梦就必须创办有特色的未来教育,培育出具有创新能力的人才。研究高校人才培养的机制,要从研究影响高校人才培养的要素出发。对影响高校人才培养的要素进行分析,提高人才的质量是高校中广大教育组织者和研究人员的迫切任务。人才的培养是受多方面的因素制约的,人才培养要素从不同角度进行划分,可以分成内部因素与外部因素两个部分。内部因素主要包含:硬件因素,高校教学过程中使用的教育设施及工具;软件因素,教学内容与方法、教学组织形式、教师和学生的素质等。外部因素主要包含:学校、家庭、社会等方面。

一、内部因素

(一)高校中的教师

高校中的教育者是高校人才培养的重要主体,是最直接的教育者,在教育活动中发挥主导作用。广义的教育者包括教师、教育计划者、教科书的设计者和编写者、教育管理人员及参与教育活动的其他相关人员;狭义的教育者就是指教师。展开来说,第一,教育者的智慧和能力是制约人才培养的重要因素;第二,教育者的人格魅力间接地影响着人才培养的质量。正如马克思所说:"人起初是以别人来反映自己的。"这表明教育者的人格素养影响着学生的品德形成;第三,受教育者地位的平等也在一定程度上影响着人才质量的提升。[1]

(二)高校中的学生

高校中的学生是指接受教师的教导并帮助传播和实行的教学对象,是人才培养的主体。人才培养的最终目的是培养高质量的人才,而高校人才培养的对象就是高校中接受教育的学生。在高校中,学生是有着发

---

[1] 班秀萍,叶云龙.全面质量管理与高校人才培养[M].长春:东北师范大学出版社,2017.

展潜力的独特个体,学生的地位和身份都非常特殊。其一,作为受教育者和质量需求的主体,学生对高校的教育水平和教育质量有着较高的期望和需求;其二,学生在高校中掌握的知识和能力体现了高校的教学质量和水平,并且学生在一个阶段所掌握的学习技巧是他们继续学习的重要动力。身份和地位的特殊性决定了学生在人才培养工作中的重要作用,他们也是影响高校人才培养的重要因素。因此,高校人才培养质量的提升有待于学生充分发挥在整个教育过程和环境中的作用。

(三)高校中的管理者

高校管理者的主要任务有制定培养目标和方针、确定学科发展方向、确立人才培养的标准。在这里,高校的管理者具体指高等教育机构的具体管理和经办者,他接受举办者的委托,全面负责高等学校的相关管理工作,旨在通过高标准、高水平的管理促进教育产品质量的提升。这里所说的教育产品包括高校培养的人才、科研成果以及对社会的服务。高校的管理者在高校中占据重要地位,影响着高校教育质量的提高包括人才培养的质量。

(四)物质和精神条件

条件是事物存在、发展的影响因素。高校人才培养活动要想顺利、有效地进行,必须依托一定的条件,这种条件包括物质和精神两个层面。就物质方面而言,制约高校人才培养活动的因素主要体现在宏观层面上的生产力水平和微观层面上的学校的物资设备、教学设施与仪器、教育教学技术手段等方面。教学活动的开展有着一定的物质要求:教育物资是一个明显的分水岭,如果教育物资处于基准线以下,那么,教育活动能否顺利、有效开展就取决于教育物质,此时教育物资起到的是雪中送炭的效果。反之,如果教育物资处于基准线之上,那么,教育物资并不能对教育活动的开展起决定性作用,也不是学校水平或教育质量的根本标志,而是变成有利于教育质量提高的重要条件,此时教育物资起到的是锦上添花的效果。由此可见物质资源对高校人才培养的重要性,它虽然不是高校人才培养的决定性因素,但也是重要的影响因素,是高校人才培养不可或缺的条件。就精神方面而言,制约高校人才培养的因素主要体现在宏观层面上的社会生产关系方面,微观层面上主要指学校教师和学生的价值取向,如教风、学风、考风以及学校的传统习惯等。精神环境的构建对人才培养的作用不容忽视,如果一所高校具备良好的、积极向上的教风和学风,就会对在高校中生活和成长的受教育者产生积极的影响。

这些基本条件调节着高校人才培养活动与外部环境的相互关联,调节着人才培养中主体和客体之间的关系,调节着人才培养活动的形式、规模与目的,从而在整体上影响着高校的人才培养系统,是高校人才培养的关键因素。

(五)高校的教学内容和教学方法

教学内容是学与教相互作用过程中有意传递的主要信息,直白地说,就是知识,一般包括课程标准、教材和课程等。教学方法是教师和学生为了实现共同的教学目标,完成共同的教学任务,在教学过程中运用的方式与手段的总称,包括了教师的教法、学生的学法、教与学的方法。高校的人才培养主要通过教学途径来实现,教学途径是高校、教师、课堂的合集。"从高等教育的目的看,高等教育教学和学习的客体是知识,在高等教育系统中,知识以学科的形式存在。"知识作为高等教育系统的构成因素,本身也是高等教育人才培养的对象,高等教育的本身功能就是传递知识、创造知识、应用知识,以便更好地服务社会。就知识系统而言,提高高校人才培养质量,第一是提高课程体系的质量,高校的课程设置决定着学生学习的广度与深度,对学生的知识结构的构建起着决定作用;第二是提高知识创新的质量和运用知识的质量等。在高校人才培养的过程中,向学生传授的知识、设置的专业学科,是影响人才培养质量的重要因素。常言道"书是死的,人是活的",教师传授知识的同时,还要教学生应用的方法,"授之以鱼不如授之以渔",要让学生学会活学活用。

二、外部因素

(一)高校

学校是按照一定的程序、有固定的场所和时间,专门用来教育特定对象,传授知识和价值体系的地方。学校在人才培养的过程中也起着相应的作用。学校可以当作人才培养的外部环境,在这一大环境下,学校的发展理念、发展模式、办学思想经过一定的演变,在人才培养的实践中逐渐成熟。一所高校的自身定位、发展规划和办学思路都影响着高校自身的发展壮大。学校的发展进程中充分展现了人才培养的规格、模式、实现的效果等。人才培养是一个持续发展的实践活动,人们从幼儿园起就开始入学接受教育。虽然我国对九年义务教育制定了统一的标准和规格,然而每所高校都有着与众不同的办学特色。除此之外,学生在进入高校之前有着不同的教育背景,这在一定程度上也会影响受教育者在校的学习方式和教育内容。

(二)家庭

家庭背景和环境的不同以及家庭培养方式的不同,造成了学生性格、学生学习方式的差异。家庭因素通常是指影响学生成长的家庭环境,这里的家庭指的是狭义范畴的家庭概念,即在婚姻关系、血缘关系或收养关系基础上产生的家庭。家庭对人才培养的影响是一个潜移默化的过程。学生一直生活在固定的家庭环境中,一直受到来自父母、亲戚和朋友的影响,形成了独特的人生观、世界观和价值观。这些观念形成的过程是极其缓慢的,所以也就更加深刻。家庭环境对学生在高校中接受教育、形成新的观念产生了很大的影响。这也就意味着,高校是在学生形成固定的人生观念的前提下进行的再教育。因此,不能忽视家庭在人才培养中的作用。

(三)社会

社会是由众多个体汇集而成的有组织、有规则、有纪律、相互合作的群体。社会因素和家庭因素属于同一类型的影响因素,即广义的家庭因素。人具有社会性,每个人都是生活在这个社会中的,不能脱离社会而独立存在,每个人都要与他人进行交流和沟通,接受来自不同的人、组织以及团体的信息和影响。来自社会的需求影响着高校人才培养的标准和结构的确立,尤其是以培养技术应用型人才为主的高校。与学校和家庭相比,社会的影响范围更加广泛,它是在狭义的家庭因素影响的基础上来影响人的人生观、世界观和价值观的形成,但却没有家庭的影响深刻。在另一层面上,社会因素之所以比家庭因素影响的范围大就在于它不仅能够影响个人,还能影响到学校。

第三节 高等教育人才培养的特征

高等职业教育是一个内涵十分丰富而又颇具中国特色的概念。高校是从事高等教育的场所，它主要由物质形态的构成要素、组织形态的构成要素和观念形态的构成要素等部分组成。其中，观念形态的构成要素是大学区别于其他组织的最本质的构成要素。高等教育人才培养应该兼有以下特征。

一、培养目标的能力化特征

随着社会进步和经济发展，人才培养的能力化特征越来越突出，以"能力为核心"的人才培养模式越来越受到推崇。大学是社会的产物，大学要随着社会的变化、发展而不断变化、发展。大学必须要为社会和人的发展服务，这是大学的本质特征。大学的社会性主要体现在大学要适应社会的发展和变化，服务社会并推动社会发展以及充分依靠社会、利用社会力量办学三个方面。

地方性普通高等学校以培养应用型人才为目标，构建应用型本科人才培养模式就是要突出应用型人才能力突出的基本要求。如天津工程师范学院将"本科+技师"的培养目标定位为"高学历、高技能"的"双高人才"。要求这类人才既能在课堂上传授专业理论知识，又能在实验实训场地进行动手技能指导，成为名副其实的"双师"。在企业，他们既能从技，做工程、技术和管理工作，当"白领"；也能从艺，承担高难度产品的加工制作，当"蓝领"。再如"T"型人才培养模式，它体现了确保核心能力，突出专业实践能力的原则，"T"上面的横表示学生作为社会人一般能力和基本素质的横向拓宽，以增强毕业生对社会的适应性，"T"下面的竖表示专业能力的纵向深化，且特别强调专业实践能力，以加强毕业生就业的针对性。[1]

---

[1] 蒋爱军，许宁，韩卫东.独立学院本科应用型人才培养模式研究[M].保定：河北大学出版社，2009.

二、培养途径的实践性特征

大学的实践性主要体现在大学要走进社会、社会要走进大学、大学的教育资源要向社会开放和大学要对国外开放四个方面。不同类型的知识、能力和素质结构体系需要有不同的培养过程。应用型人才是面向生产实际的实用人才,这就决定了其培养过程强调与一线生产实践的结合、校企之间的产学结合,更重视实践性教学环节。职业性就是职业教育属性。所谓职业教育属性,通常是指学历教育,也可以是非学历教育,而且在终身教育体制下更多的是面向职业的高级培训。如,延边大学提出的"2.5+1.5"人才培养模式中。其中的"2.5",即利用前两年半时间(五个学期)进行公共基础课和学科基础课的教学。"1.5",即利用半年时间进行各专业方向的必修课学习("0.5");再利用半年时间进行各专业方向的选修课学习("0.5");最后用半年时间进行一些专业课程的补充教学,进行见习和实习等社会实践以及毕业论文写作("0.5")。再如,浙江科技学院提出的"面向专业能力培养的模块化教学",就是基于能力本位的教学模式,它是融知识与能力、理论教学与实践教学于一体的课程教学与组织管理形式,学生必须完成每个模块的课内外学习量(听课、自学、作业、实验、设计等)方能获得相应的学分。

三、高等教育属性的高等性特征

高等性就是高等教育属性。大学教育的高等性是客观存在的,因为大学教育是生产知识的产业,是生产人力资本的产业,教育市场的形成和发展是大学教育产业性的重要体现。纵观国内学者的研究成果和国际公认的教育标准可以得出这个结论。先从国内学者的研究成果来看,华中科技大学的《高等职业教育概念的界定》一文说:中国科学院院士贺贤土,在论及高等职业教育概念和高等教育类型时,针对当前高等教育中大学定位不准的现象,直截了当地说我国有500多所大学定位是不清楚的。改变这种现状就要做到:理顺大学举办者、管理者、办学者之间的关系;大学要理直气壮地成为相对独立的依法行政的办学实体;创设一个宽松、民主、自由、严谨的学术环境。要使国际市场的教育资源为我所用,并积极向外国开放国内教育市场。它主要体现在确立国际化的教育理念、确立教育国际化的培养目标、构建教育国际化的课程体系、主动开辟国际教育市场和积极发展国际合作办学五个方面。

四、教学方法的教育性特征

教育性就是教育属性。所谓教育属性就是促进人的全面发展,实施"全人教育",让人成为一个"真正的人"。高等职业教育不等于专业技术教育。其所应当传授的知识不应只是专业技术既定的"技术工具"性知识内容,而是专业技术知识所衍生的社会与文化意涵。毕竟人是活在人群里,追求的是受历史与文化制约的人生意义。即使是医生、工程师与教授,也都不可能、也不愿避开存在的意义而甘心成为职业的奴隶。专业知识只是提供人存在价值的社会基础,并不等于存在价值本身。

大学的教育性主要体现在传授知识和做人教育两个方面,即大学不仅要根据社会发展和学科、专业的需要,教会学生"如何而生"的必备的基本知识、基本理论和基本技能,还要教会学生"为何而生,如何做人",使之成为知行并进、德才兼备的一代新人。这就要求教师应把传授文化科学知识与强化思想道德教育、育才育智与育人育心紧密结合起来。

把高等职业教育简单地视为培养高级实用技术型人才的观念已经不能适应时代要求了,21世纪需要的是更具人文素质和文化底蕴的技术人文主义者。高等职业教育仅仅限于培养实用技术型人才,不符合教育的目的,因为教育的基本任务是发展全人,这是社会发展的选择。21世纪的教育,所要吸收的最重要的信息就是对人的全面发展的要求。这是因为现代人拥有并为现代科学技术所加强的技术,是过去时代所难以比拟的。现代社会发展已经表明,如果人类的能力缺少自我精神制约,就会出现不择手段地去掠夺自然而创造财富,以致生态问题日益严重,反过来威胁自己的生存状况。因而,作为教育的一种类型的高等职业教育应把人放在中心位置。[①]

第四节 高等教育人才培养的基本要求

人是社会的基本组成成分,是构建社会主义和谐社会的关键因素。一个国家培养的人才反映了国民的整体素质,是用于生产的重要资源。新编《辞海》中"人才"的定义为:"有才识学问的人,德才兼备的人。人才培养工作不仅要使每个人都享有平等受教育的机会,还要使培养出来

---

① 周明星.高职教育人才培养模式[M].天津:天津教育出版社,2005.

的人才与社会主义建设的需求相适应。"

在知识经济全球化和信息化的环境中,在社会发展的新要求下,人才培养面临着新的任务和挑战,仍然存在着许多有待解决的问题。在这种氛围下,我们要树立全面的人才观和质量观,面向所有公民进行素质教育,推动人的全面发展,培养适应社会发展的全面人才。高校必须统一思想,坚定不移地向着素质教育的方向迈进。总的来说,和谐社会背景下对人才培养的基本要求应突出表现在以下几个层面。

一、公民政治参与

公民政治参与,又可称为公众政治参与、公共政治参与,就是公民试图影响公共政策和公共生活的一切活动。公民参与有三个基本要素:一是政治参与的主体。公民参与政治的主体是拥有参与政治需求的公民,不仅包括作为个体的公民,也包括由个体公民组建的各种民间组织。二是政治参与的领域。社会中存在一个公民可以合法参与的公共领域,这一公共领域的主要特征是公共利益和公共理性的存在。三是政治参与的渠道。社会上存在着各种各样的渠道,公民可以通过这些渠道去影响公共政策和公共生活。由于社会矛盾的日益突出,文化和价值观念的日趋丰富,发扬协商民主的精神能够集思广益,缓解利益冲突,加大公民参与政治的力度,最终实现社会的长足发展。公民参与政治不仅是社会主义政治与和谐社会的重要途径,也是衡量社会主义政治文明及社会和谐的主要标志。[1]要不断地探索和发展出政治参与的新途径和新形式,扩大政治参与的主体范围,遵守法制,实现公民政治参与的广泛性、合理性、有效性和程序性。在民主与法制社会,要遵照相关的法律法规有序参与政治,不能跨越现有的社会条件,要从实际出发,与公民的实际相符合,可以从两方面进行。

(一)有效的制度供给

这是公民参与政治的有效途径。其一,建立并健全各种政治制度,使公民政治参与的实施规范化。政治制度是指在特定社会中,统治阶级通过组织政权以实现其政治统治的原则和方式的总和,它是随着人类社会政治现象的出现而产生的。建立健全各种具体制度,如企业职工代表大

---

[1] 班秀萍,叶云龙.全面质量管理与高校人才培养[M].长春:东北师范大学出版社,2017.

第一章　高等教育人才培养的内涵

会制度、重大事项社会公示制度、社会听证制度、社情民意制度、人民评议制度、专家咨询制度、民主评议制度、新闻发布制度、人民陪审员制度、行政公示制度等,并将这些制度以法律的形式确定下来,使之规范化,不再停留于表面。其二,不断扩大公民参与政治的途径。公民参与政治管理的先决条件和法律基础是国家的制度保障。但我国的政治参与制度化程度与公民参与政治的愿望之间还有一定的距离,存在着诸多问题。这就要求我们不断巩固和完善我国的根本政治制度,推进我国政治制度建立的具体化和程序化。其三,更新公民参与政治的形式和方法。要做到与时俱进,不断关注最新动态,学习新的参与形式和参与方法。与此同时,也要主动学习,发现和创新的方式和方法。

（二）不断壮大的政治参与群体

在扩大政治参与主体的过程中,迫切需要解决两个问题：一是公民不关注政治,更不愿意主动参与政治；二是公民不懂得如何参与政治,不了解参与政治的方法和途径。这两大问题的顺利解决,有赖于推动政治的社会化。因此,首先要进行政治教育,通过普及政治方面的知识,培养公民的政治参与意识,提升他们的参政能力；其次要不断提高公民的文化素养。没有较高的文化素养做支撑,公民就不能准确理解现有的政治理念,难以培养公民的政治意识；再次要增加实践的机会,让公民在政治参与的实践中提高自己的能力和水平,学习政治文化,积累丰富的政治经验。

二、培养先进文化的建设者

先进文化是先进生产力的一部分,指的是以马克思主义为指导,以培养有理想、有道德、有文化、有纪律的"四有"公民为目标,培养面向现代化、面向世界、面向未来的具有特色社会主义的文化。它对生产力和人类社会的发展都有着影响作用。文艺复兴运动作为社会变革的先声,就反映了生产力发展的客观要求。中国共产党的成立就是从"五四"运动开始的。马克思主义本身就代表了先进的文化,反映了先进的生产力。在新时期,先进文化的提倡对人才培养提出了新的发展要求。

（一）体现人的发展追求

重新审视过去的文化建设,要从实际情况出发,针对人才培养的客观规律,关注人的最高追求,在建设社会主义和谐社会的过程中,建构先进文化要使文化的主旋律深入人心。

(二)关注德行素养

培养社会主义事业的建设者和接班人也是人才培养的一个目标。人才培养应始终围绕"以人为本"的理念,明确培养的目标,重点关注先进文化的建设,突显先进文化在人才培养过程中的有效性。和谐社会先进文化的建设具体到个人,就是培养出内心健康向上、自我完善的人才。我们应从这一实际出发,积极开展各项文化活动,在文化建构的实践中不断融入德育修养的概念,不断丰富自己的内心世界,培育乐观向上的健康品质,增强个体的德育修养能力。

(三)创建人文环境

人才培养的客观实际对环境也提出了相应的要求,如充满民族文化传统气息和时代气息、弥漫艺术魅力、具有极强的吸引力等。不同的地方都有着不同的文化特征和历史背景,所学专业的知识、所处的环境也存在着差异。因此,亟须营造极具特色的文化氛围。在这样的环境中,既要加强理想信念教育,也要为社会主义的建设培养接班人。信息全球化对政治、经济和社会发展提出了新要求,也给人才培养带来了新的挑战。我国的教育事业要根据这个现实,以全面提高国民素质为目标稳步前行。

三、高素质的劳动者

生产力是由实体要素和非实体要素构成的一个动态的、复杂的、不断发展的系统。其中,实体性要素包括劳动者、劳动对象和劳动资料;非实体性要素包括生产信息、生产技术、科学技术等。生产者是生产力的三个基本要素之一,是生产力诸要素中最为活跃、最富有创造力的要素,是人民群众的主体部分。它推动着历史的前进,创造了人类世界的物质财富,并为精神财富的创造提供了条件。没有劳动者,生产就无法进行。劳动者能把生产资料转化为现实的生产力,劳动资料只有经过劳动者才能被创造和使用。劳动对象要通过劳动者的努力才能被开发。换句话说,劳动者能够激发劳动资料和劳动对象的能量。迄今为止,人类社会的物质文明和精神文明都是由劳动者创造的。

目前,我国的经济正处于快速发展的阶段。人才培养的重要问题之

第一章 高等教育人才培养的内涵

一就是如何在社会经济环境下培养出高素质的劳动者。对于教育而言,和谐社会培养的对象是人才,高校教育工作就是为了教育和改变人,最终目的是为了推动生产力的发展。和谐社会中的人才培养目的之一就是培养劳动者的思想观念、行为规范、道德情操等,最终的目的是将精神力量转化为物质财富。精神层面的生产力具有不可估量的价值,在同等条件下,劳动者的精神力量所发挥的作用是巨大的。对劳动者进行培养教育,充分挖掘其精神力量潜在的价值,能够从内部推动生产力的发展。

教育对劳动者的作用是多层次的,各层次的作用既有区别又有联系,最终才能促进生产力的发展。

首先,有助于培养劳动者健康的人生观与科学的世界观。人生观决定着人们实践活动的目标、人生道路的方向,也决定着人们行为选择的价值取向和对待生活的态度,它是人们在实践中形成的,关于人生目的和意义的根本看法。世界观是指人们对世界的基本看法和观点。世界观具有实践性,人的世界观是不断更新、不断完善、不断优化的。在改造客观世界之前要先改造自己的世界观,明确自我劳动的价值和意义所在,为何从事劳动,应该如何实现自我价值以及怎样实现自我价值等。劳动者首先要树立正确的理想信念、人生观和世界观,并产生生产劳动的愿望和动机,才能将这些想法付诸行动。

其次,能够激励劳动者。通过人才培养,可以培养劳动者的良好学习习惯、积极的工作态度以及高尚的职业道德。这要求劳动者做到任劳任怨、团结协作、爱岗敬业、遵纪守法、勤勤恳恳、诚实守信。在学习时,谦虚好学、积极进取、持之以恒、踏实刻苦,力争取得好成绩。在劳动时,勤奋努力,不断进取。

再次,有助于劳动者使用正确的思维和工作方法。劳动者一旦掌握了恰当的思维方法和工作方法,操作能力就能得到提升,产品质量和产量随之提升,产品效益也得到提升。生产管理者通过周密的计划、果断的决策、充分的协调,改善经营管理模式,创造出较高的效益。科技工作者通过采用新技术培养创新能力,改进生产工具,革新工艺,提高效益。高科技是一种知识密集、人才密集、技术密集、资金密集、风险密集、产业密集、信息密集、竞争性和渗透性强,对人类社会的发展进步有重大影响的、高端的、精锐的、前沿的科学技术。高科技已成为推动各行各业发展的关键因素。邓小平曾提出过"科技是第一生产力"的著名论断,社会生产力有这样巨大的发展,劳动生产率有这样大幅度的提高,靠的是什么?最主要的是靠科学的力量、技术的力量。在人才培养中若能调动科技工作者进行科技创新的积极性,则可以提高劳动人民对科学技术的重视程度。

由此可见,人才培养工作是建设物质文明不可或缺的重要环节,它是推动生产力快速发展的精神动力。邓小平从生产力的角度阐述人才培养的重要性,指出"两手都要抓,两手都要硬",要兼顾精神文明发展和物质文明的发展。如今,在构建社会主义和谐社会的进程中,要充分意识到人才培养的重要性,充分发挥人才培养在高校中的关键作用,切实做好人才培养的工作。

四、生态文明的实践者

人类与自然间的和谐关系是一个永恒的话题,"天人合一"是中国思想发展史上的基本理念。人类认识能力及实践能力的变迁,使人与自然的关系经历了一定的历史阶段。工业文明的到来给人们带来了财富的同时,也带来了许多挑战和困难。如今的人们应该从全新的角度重新理解"天人合一"的理念,尊重大自然的客观发展规律,谋求人与自然的和谐共处。

自然环境是人类赖以生存的家园,它是生物的空间中可以直接、间接影响到生物生存、生产的一切自然形成的物质、能量的总和。自然环境中的物质种类有很多,包括空气、水、土壤、岩石矿物、太阳辐射、其他物种等,这些都是生物得以生存的物质基础。自然环境能为人类的衣食住行提供基本的能源。然而,在经济快速发展的今天,人类的生产和活动造成的环境破坏已经影响到社会的有序发展。气体污染、水污染、臭氧层破坏、资源锐减、森林砍伐、人口增长、水土流失、土地荒漠化、物种减少等一系列问题促使人们不得不对自己的行为后果负责,开始反思。"可持续发展"理念的提出很快得到人们的认可,事实证明它是人类未来发展的最佳选择。

构建和谐社会生态文明的要求呼吁人们的积极参与,并成为生态文明发展的维护者和实践者。作为和谐社会生态文明的支持者,我们不仅要关注社会、自己和他人,也要自觉关注大自然。因为关注大自然就是关注我们自己的生活环境,关注我们自己的家园。只有每个人从自身出发,从点滴做起,才能促进可持续发展目标的实现。在建设社会主义和谐社会的过程中,生态文明的实践者要关注时代的发展,适应社会的发展变化,把重心放在习惯的养成、创新务实、传承文明上,并注重将所学的理论知识与实际联系起来,以便更好地服务社会。

第二章 高等教育人才培养的理念与原则

伴随着全球经济高速发展、全球教育不断革新,我国的高等教育也在不断地进行改革和创新。经过多年努力,通过转变教育理念、重建教学结构、变革教学方法等,我国高等教育事业蓬勃发展,取得了显著的成就。我国在高等教育事业发展中获得的成就也深刻体现在高等教育人才培养的改革过程中。在这个改革过程中,我国高等教育人才培养理念也获得了创新和发展。为了更好地适应新时期教育发展和人才培养的需求,高等教育人才培养理念还需不断地更新和完善。

第一节 高等教育人才培养理念的内涵

一、高等教育人才培养理念的含义

理念,在《辞海》中被解释为"看法、思想、思维活动的结果""理论,观念。通常指思想。有时亦指表象或客观事物在人脑里留下的概括的形象。"事实上,理念是指人们从个别事物或现象中归纳总结出的一类事物或现象的共性并用语言表达出来的普遍概念。理念既包括认识、思想、信念、意识、理论和价值观,又包括目的、目标、宗旨、原则和规范等。目的、目标、宗旨、原则和规范使理念这一抽象的概念变得具体化。

教育理念是指在教学实践过程中或教学思维活动中教育主体对"教育应然"(即教育现实)形成的理性认识和主观要求,一般包括教育宗旨、教育目的、教育目标、教育原则及教育要求等。教育理念既包括系统的理性概念也包括非系统的、单一的理念概念,这都取决于教育理念既可以是系统的亦可以是非系统的、单一或彼此独立的理性概念或观念,这取决于教育主体对教学现实的了解程度和认知程度,以及教育实践的需要。教育理念在一定程度上影响着教育实践活动。由此可知,高等教育人才培养理念是教育主体对高等教育人才培养的理性认识、理想追求及思想观念。

二、对高等教育人才培养理念内涵的认识

高等教育是指受教育者在完成了中等教育的基础上进行的专业教育和职业教育。伴随着高等教育的发展,人们对高等教育人才培养理念内涵形成了不同的认识。第一种认识是高等教育就是培养受教育者具备某种职业能力的教育,也就是说,教育以职业教育为主。第二种认识是高等教育是人类社会经济发展的产物,是一个不断发展的过程。第三种认识是社会应该树立终身教育观。因为教育贯穿个人发展的全过程,从开始接受教育起,到高等教育,再到就业培训、岗位培训,这是一个终身性的教育。第四种认识是高等教育是国家教育事业的重要组成部分,是受教育者为了获得专业知识和专业技能而组织的教育系统。第五种认识是高等教育是为了适应经济社会发展、提升个人就业能力的需要而设置的教育,具有很强的针对性。可以说,高等教育是一种"职业针对性"的教育。

三、正确理解高等教育人才培养理念内涵

众多的学者从不同层面对高等教育人才培养理念内涵进行了阐释。综合来看,包括以下几个方面。

(一)高等教育是一种主体教育

传统的高等教育以社会、学校和教师为主导,过多地强调受教育者对社会、学校和教师的服从,而忽略了受教育者本身的主体性和个体之间存在的差异性。在这种教育理念的熏陶下,受教育者不仅缺乏主体意识和创新精神,而且缺少必要的职业道德。因此,高等教育必须全面贯彻党的教育方针,注重受教育者全面发展,促进受教育者个性和主体性的发展。

(二)高等教育是一种全民教育

高等教育是一种大众化的专业教育和职业教育。它在满足个人需求和开发个人潜能的同时,为所有人提供专业和技能的教育。受教育人群不仅包括适龄学生,而且包括在职从业人员、失业人员,以及处于"边缘化"的群体。只要是社会中的一员,均有机会通过各种途径和方式接受教育。

（三）高等教育是一种文化教育

高等教育在传授专业知识和专业技能的同时，也教授受教育者一种文化理念，如价值观念、道德观念和思维方式等。传授一定的文化知识，有助于培养受教育者的职业道德，促其树立正确的价值观。

（四）高等职业教育是一种终身教育

随着社会经济的发展，人们对社会的认知、对职业技能的需求会不断发生变化，这就需要人们要不断接受继续教育或培训。因此说，高等教育是一种终身性的教育。

第二节 高等教育人才培养的学生观、人才观、教学观和质量观

一、高等教育人才培养学生观

学生观是指教师对学生的基本看法，包括教师对学生的地位、情感、主体性等方面的认识和态度。学生观是教师的世界观和人生观的体现。它支配着教师的教学行为，决定着教师的工作态度和工作方式，影响着教育活动效果，影响着教师的教学情感变化及教学手段选择，影响着学生的健康成长。与把学生当作教育的被动接受者的传统学生观不同，现代学生观则认为，教育的最终目的是育人，这种观念将学生当作教育的主体、学习的主人。

（一）现代学生观的本质

现代学生观的本质体现在以下几个方面。

1. 学生具有主观能动性

作为一个社会成员，在教育活动中，学生具有主观能动性。与物质的原材料被加工、被支配不同，学生有自己独立的主体思想，能发挥主观能动作用。

2. 学生具有个体差异性

学生的个体差异性的形成与个人的生活、学习环境息息相关。不同的身心发展条件造就了不同的个性特征。因此,教育应因材施教,从学生的实际情况出发,充分激发每个人的主动性和创造性,从而实现学生的个性发展。

3. 学生具有潜在发展性

青少年正处于发展的阶段,其世界观尚未形成,品德、观念、习惯等都具有易变性,因此他们具有潜在发展性。而且,他们在身心发展方面和思想行为方面表现出的缺点和不足,具有极大的矫正可能性。我们还需注意,青少年在接受正面教育的同时,也很容易受不良行为的影响。所以说,青少年的基础教育至关重要。

4. 学生具有全面发展性

学生的发展主要包括身体和心理两个方面。两者相辅相成、互相影响。身体的正常发育和健康成长为心理发展提供物质基础,而心理水平的提高又进一步促进身体的发展。在教育活动中,学生必须全面发展,任何片面地强调智力发展或体力发展,都不利于学生的全面发展。

5. 学生具有获取教育关怀的需要

在青少年的发展成长过程中,成人的教育和关怀是必不可少的。家庭、学校、社会应保护与教育青少年,控制不利于青少年成长的社会因素,共同为学生的成长创造良好的社会环境。

6. 学生以学习为主要任务

学习是学生参与社会生活结构的主要方式,是学生应承担的社会义务。也就是说,青少年在扮演学生这个角色时,必须以学习为主要任务。为保证学习活动的顺利进行,学生的学习需在教师的指导下进行。教师的指导对学习的质和量都能发生作用。尤其在当前科学技术日趋复杂化的时期,若没有教师的指导,很多学习几乎是无法进行的。

学生的学习是一种有目的、有计划、有组织的行为活动。学生的一系列行为不仅要受社会传统观念、文化习俗等影响,而且还要受教育制度和一系列规章制度约束。教师和学生都享有制度所规定的权利和义务,而且还需承担一定的法律责任。

第二章　高等教育人才培养的理念与原则

（二）学生观的发展历史

伴随着学校的创办,教师和学生也就出现了,对于学生的认识也就产生了。历史时期不同,人们对学生的理解亦有所不同。

1. 西方的学生观

在西方学生观的发展历程中,西方的教育学家大都主张重视学生。围绕学生的主体作用,西方形成了几个具有代表意义并产生巨大影响的教育思想,为西方学生观的形成奠定了强有力的理论基础。

（1）苏格拉底的"我自知我无知"

古希腊哲学以自然哲学为基础,主要探索世界万物的发展规律,认为人类认识自然的目的就是为了更好地认识人类自身。然而,苏格拉底则认为哲学研究的对象是人类自身和人的心灵。人的德行就是知识,知识的学习必须从它的反面开始,这就是苏格拉底的"我自知我无知"教育思想。

这一思想表明学生都有必要学习知识。在教学活动中,教师不应只是机械地教授知识,而应激发学生的积极性和学习兴趣。针对教学,苏格拉底提出了"苏格拉底法"（即"产婆术"）。"苏格拉底法"是指教师在与学生谈话的过程中,利用讨论问答或辩论的方式揭露学生认识中存在的矛盾并逐步引导学生得出正确答案的方法。这种方法要求教师和学生都参与讨论,互相激发和鼓励,寻求问题答案的方法。由此可见,这种方法非常利于激发学生的学习积极性和主动性。"苏格拉底法"在一定程度上可谓是一种发现教学法。"苏格拉底法"对西方学生观产生了深远影响,加速了西方教育教学的发展。

我们需注意,"苏格拉底法"的应用必须具备一定的条件,如学生需提前储备一定的知识量、需具备探求真理的愿望和热情,即具备一定的推理和判断能力。

（2）柏拉图的"回忆"教学理念

柏拉图认为人的所有知识都是固有存在的,是天赋予的。通过教学活动,这些固有知识得以重现。这就是柏拉图的"回忆"教学理念。柏拉图认为概念和真理是思维的产物,因此非常重视概念的认识,而且重视培养学生的思维能力。

在这一教学理念指引下,柏拉图认为人一生下来就应该接受教育,依据年龄和个性的不同,接受不同的教育,最终培养成为国家稳定、发展和强大做出贡献的人才。

(3)亚里士多德的自由教育

亚里士多德提倡的自由教育主张:受教育者在基本需求得到满足后,充分利用闲暇时间,自由选择喜欢的学科,探索高深的理论知识。自由教育的根本目的就是促进人的能力和思维的发展。通过实施与人的价值相符的自由教育,受教育者能获得智慧、道德和身体的和谐发展。

(4)洛克的"白板说"

英国著名教育家洛克提出的"白板说",认为人出生时犹如白纸或白板,对任何事物都无印象,而人获得的观念和知识都是外界事物在白板上留下的痕迹,最终都来源于经验。

(5)卢梭的自然教育理论

18世纪,法国教育家卢梭提出自然教育理论,对现代教育理论产生了深远的影响。卢梭主张情感教育应先于理性教育,书面知识的学习并不是最重要的。他认为教育要以人的天性为主,要遵循人的个性发展规律,充分挖掘发展潜能。

(6)赫尔巴特的四段教学法

教育科学之父赫尔巴特的四段教学法包括四个教学阶段:第一阶段运用提示教学法和分析教学法;第二阶段运用综合教学法,需要教育者对材料进行陈述、分析、组织、概括和推理;最后两个阶段运用练习法促使新知识的运用。在现实教学活动中,儿童的心理习惯或思维程序具有跳跃性,因此要灵活运用四段教学法。

(7)杜威的儿童中心主义理论

美国实用主义教育家杜威提出了儿童中心主义。他认为学校教育工作要以儿童为中心,一切教学活动要遵循儿童的身心发展规律,以儿童为起点,以儿童为目的,将儿童作为学习的主体,而教师则起辅助作用。

(8)马斯洛等人的人本主义理论

马斯洛等人提出的人本主义强调教育要重视受教育者的尊严、价值、创造力及自我实现,人的自我实现是人的潜能充分发挥的结果,而潜能是一种类似本能的性质。人本主义认识到了人的心理和人的本质是一致的,心理学研究必须要从人的本性出发。以人本主义为理论指导的人本化教育强调教育要以学生为主,要重视学生的主动性和创造性,教育的最终目的是培养完整的人。[①]

通过以上观点论述,我们可以看出西方教育者虽然大都重视学生,但

[①] 班秀萍,叶云龙.全面质量管理与高校人才培养[M].长春:东北师范大学出版社,2017.

第二章　高等教育人才培养的理念与原则

是从整个社会来说仍然轻视学生的需求和需要。因受理想主义教学思想的影响,儿童被视为未长大的人,他们需要成年人的呵护和照顾,因此未成年人的教育和学习完全依赖于成年人。同时,神学思想和教会的权威占据统治地位,神取代了人的地位,他们信仰神学、忽视理性,一味要求学生绝对服从、盲目信仰。整个教育过程被体罚和严酷的训练充斥着,这严重束缚了学生的身心发展。

2. 中国的学生观

随着中国社会文化的发展,中国的学生观经历了漫长的发展历程。

（1）孔子的儒家思想

儒家学说的创始人孔子提出的许多教育思想深深地影响了中国教育。第一,孔子提出"仁者,人也",指明教育的目的就是培育德才兼备的君子。第二,孔子提出"性相近也,习相远也",明确学习的重要性,指出人的天赋秉性是相似的,但是经过后天的学习和教育,人的品性是可以改变的。第三,孔子提倡"有教无类",创办私学,广招弟子,打破了奴隶社会制度对学校教育的桎梏,让普通人民也有受教育的机会。第四,孔子主张"学而优则仕",鼓励学生学习后可以选择仕途。孔子重视道德修养,认为道德教育应居于学校教育的首位。

孔子的教学思想还体现在教学方法上。孔子提出:"不愤不启,不悱不发。举一隅不以三隅反,则不复也。"他提倡启发式教育,主张运用启发诱导方法；主张因材施教,注重根据个性发展规律进行教育。此外,孔子还认为教师应爱护学生,对学生充满信心,对他们未来的发展抱有积极的态度和期望。后世的教育以孔子的教育思想为典范,在此基础上进行了继承和发展。

（2）孟子的性善论

孟子继承并发展孔子的教育思想,提出了性善论。孟子认为,不论阶级和社会分工如何,每个人都具有相同的人性。他主张教师要尊重学生,要友好地对待学生,要对学生负责。而教师要教育学生必须先要进行自省。同时,他还注重学生主体性的发挥,主张学生要积极主动,善于发问,提倡教师要因材施教,根据学生的实际情况制定不同的教学目标、采用不同的教学方法、设计不同的教学内容。

（3）荀子的性恶论

荀子进一步发展儒家思想,提出了性恶论。荀子认为人性有恶,他重视后天的教育和环境对人的影响。与孟子的思想主张正好相反,荀子从人性论着手,非常重视环境和教育对人的影响作用,而且重视教师的地位,强调学生要无条件地尊重教师和服从教师。

(4)董仲舒的性三品说

西汉董仲舒进一步发展人性说,提出性三品说。这一学说将人性分为三等,即"圣人之性""中民之性"和"斗筲之性",也就是说人应分为三等:上等人,即圣人,他们生来性善,是统治阶级中的最高阶层,不需要接受教育;下等人,即最贫苦、地位低下的劳动人民,他们生来性恶,不能接受教育;中等人,即除上等人和下等人之外的民众,主要指地主阶级,他们具有善性,但必须要先接受教育。董仲舒认为教育对象主要是中等人,而贫苦的劳动人民则没有接受教育的资格。此外,董仲舒把信与仁义礼智联系起来,组成"仁义礼智信",即"五常",又提出"父子有亲、君臣有义、夫妇有别、长幼有序、朋友有信",即"五伦"。从"五伦"中提炼出"君臣、父子、夫妇"组成"三纲",即"君为臣纲、父为子纲、夫为妻纲"。三纲五常逐渐成为封建社会道德伦理的规范。在教育活动中,三纲五常演化为"师为生纲""师贵生轻",学生必须服从教师。董仲舒的教育思想对中国封建社会学生观的形成提供了有力的参考价值。

(5)韩愈的学生观

韩愈认为"是故无贵无贱,无长无少,道之所存,师之所存也"。人之所以为师,与其年龄和地位无关,而重点在于其懂得的道理多。他认为"弟子不必不如师",学生不一定在教师之下,完全有能力超越教师。因此,他主张学生要发愤图强,要充满自信,敢于超越教师。这是对孔子教育思想的延续。他提出"师不必贤于弟子",即教师不一定事事都强于学生,学生要经常向教师学习,学其所长。教师也不应满足于已学知识,应尊重学生,向学生学习。此外,他主张"闻道有先后,术业有专攻"。在特定的社会条件下,教师早于学生闻道,在某些方面较为精通,因此学生要向教师学习。而学生在教师的教育下不断地学习和提高自己,有自己的专长爱好,因此教师有必要向学生学习。① 韩愈的这种重视学生的观点与现代社会的以学生为主的学生观是相似的。

(6)蔡元培的教育思想

蔡元培认为国家要富强、兴旺、发达,就需要教育,教育是国家兴旺之本。他的教育思想兼容并包,汲取各家所长。他重视学生发展,反对固化的教育思想。他提出了"五育并举"的教育方针,即军国民主义教育、公民道德教育、实利主义教育、世界观教育和美感教育并举,其中以公民道

---

① 董龙云,杨雨.穿越时空的价值印记 国学经典与社会主义核心价值观2[M].长沙:中南大学出版社,2018.

德教育为核心。这一教育思想在中国教育史上具有开创性的意义。

（7）陶行知的教育思想

陶行知的教育思想主要体现在以下几个方面。首先,陶行知主张"生活即教育",提出了生活教育理论。他认为教育和生活密不可分,教育蕴含于生活中,教育与生活相结合才能发挥作用。"过好的生活,便是受好的教育;过坏的生活,便是受坏的教育;过有目的的生活,便是受有目的的教育。"他还主张"生活教育与生俱来,与生同去。出世便是破蒙,进棺材才算毕业"。他明确了教育具有终身性,教育必须要以生活为基础,教育与生活相联才算真正的教育。其次,他提出"社会即学校",强调了学校与社会的紧密联系,主张办学形式要符合社会的实际需要,教育内容要符合人民生活需求。最后,他还主张"教学做合一"。教学不仅要关注教师的教,还需关注学生的学,激发学生的主动性,开发学生的智力。这些思想都蕴含了丰富的主体性教育思想。

20世纪80年代,改革开放号角吹响,我国开始吸纳西方的先进文化思想,以此确立了我国以人为本的教育理念,这使我国传统的教育思想倍受冲击。

综观中国学生观的发展历程,我们可以看出中国传统文化一直倡导人人平等、和谐发展,但由于受社会结构和社会制度的制约,在教育过程中轻视学生的现象普遍存在,即使在当今教育体制下,应试教育理念仍然盛行,学生的主动性仍不能被充分地发挥。而且,深受传统社会制度的影响,学生在学校尊重教师,一切听从教师的安排,这在一定程度上束缚了学生的主动性。因此,我们要改变传统的学生观,建立新的与时俱进的学生观。

3. 全新的学生观

新时期,为顺应现代社会的发展潮流,学校教育提倡素质教育,倡导学生要全面和可持续发展,尊重学生的个体差异性,实现终身教育和大众化教育。教师只有重新认识学生,重新定位学生,重新树立全新的学生观,才能从整体上关注教育工作的正常运行,从而有效地促进学生的全面、健康发展。全新的学生观包括如下几个方面。

第一,学生是完整的人。学生具有人的尊严和需要,他们需要家长和教师的关怀,需要他人的尊重,需要同伴的帮助。第二,学生是具有丰富情感的个体。每个学生都充满朝气、充满活力,他们有自己的喜怒哀乐,有自己独特的情感特性。学校教育在关注学生的德、智、体、美、劳全面发展的同时,也要注重学生丰富情感的培养。第三,学生处于一个不断变化发展的过程中。人具有社会属性,社会在不断发展的同时,人也在不断地发展,因此我们用发展的观点看待人性。也就是说,我们要用发展的眼光看待学生。第四,每个学生都是独一无二的个体。每个学生都有自己独特的个性,都有创造性,都有不同于他人的内心世界和情感世界,都有自己的观察能力、思考能力、判断能力即解决问题的能力。教师只有正视学生的独特性,全面了解他们的个性特点,与他们进行良好的交流和沟通,激发他们的学习主动性,才能达到教育的目的。第五,学习是学生的首要任务。大学生的首要任务是学习,认识和了解学习的一般思维原理,掌握学习的基础知识及有效的学习方法,促进自身的学习。通过学习,他们不仅能够掌握知识和能力,学会生存、生活的本领,还会懂得如何使自己的生活和生命更有意义。教师的职责就是为学生提供和创造学习的机会,对学生进行生命观教育和理想教育,让学生明白生命的重要性,帮助学生树立正确的人生观、世界观和价值观。第六,注重学生的主体性。人的主体性是人在实践活动中与活动对象相互作用呈现出来的积极主动性。现代教育要求师生间的统一关系,教师在教学工作中是主导者,学生则是学习的主体。诚然,学生要具有主动性,但是学生的发展也不是随意地自由发展,而是需要教师的引导。而教师对学生的主导作用也要以学生的主体性发展为前提。第七,教学中,学生参与实践是有必要的。人类获取知识主要有两条途径:一是从书本中汲取知识,二是在实践中获得知识。高校学生在学习理论知识的同时,也不能忽视实践活动,要注重实践,通过实践发展和完善自己。同时,教师要积极引导学生参与实践活动,让学生通过实践更好地认识社会,通过实践更好地掌握知识和技能,通过实践促进自身创新精神及实践能力的培养。

(三)常见的几种学生观

1. 学生是特殊的产品

产品是指由生产者提供的,能够满足人们的某种需要或者欲望的事物,包括物品、服务、组织、观念或者它们的组合。教育产品是指在教育过程中产生的能够满足社会发展需要的事物,包括知识、人才、服务等。对教育产品的理解有如下几种观念。第一种观念是人才产品观。这种观念认为教育过程是一种人才生产的过程,而学生正是经由学校加工而成的"产品"。通过学校的培养,形成了具有一定思想、认知、个性和能力的学生。第二种观念是知识产品观。这种观念认为教育生产的过程是一种劳动力价值的提高过程。通过学习,学生的知识、智力、体力等各

第二章 高等教育人才培养的理念与原则

种能力得到了提升,而这些提升的部分就是学校的产品。教师所讲授的知识是教育的产品,属于一种无形的精神产品。教师对抽象的知识进行加工,使学生能更有效地吸收。第三种观念是服务产品观。这种观念认为学校和教师提供的服务属于教育产品的范畴,教育是一种向社会、家庭或者个人提供知识和能力的服务。教师通过备课、讲课、测试、批改作业等一系列工作向学生及家长提供服务,这种服务就是一种产品,这类产品包括传授知识的活动和提供给学生的其他服务。第四种观念是系列产品观。这种观点认为教育产品既具有服务性,又具有产品性。学校利用教育活动向学生提供各项服务,向社会提供源源不断的人才[1]。教育产品的内涵较为复杂,从社会角度看,学生是学校的产品;从学生是消费者的层面看,学校及教师的教学服务属于产品;从学校的角度看,学生能力的增值部分属于产品。学校的教学工作围绕学生展开,最终培养优秀的人才以满足社会需要。

学生产品与企业产品相比较,两者之间具有很大的差异。首先,教育是有意识、有计划地以人为培养对象的社会活动,而企业的生产活动是以产品和服务为对象的社会活动。学校与企业之间最大的区别在于学校以促进人的身心发展为直接目的,学校的产品生产者和创造的主体都是人。其次,学生是具有主体性的个体,他既能主动接受教育也能进行自我教育,而且他还能明确教育者的管理意图。而企业的物质产品只能是被动地接受企业的加工,无法知晓管理者的意图。再次,学生不能进行重加工或者被遗弃,而企业产品可以进行再次加工。最后,学生的可控性较低,而企业产品的可控性较强。人的培养活动较为复杂,世界上的每个人都具有自己的个性特征。在学习开始之前,每个学生的基础和心理特点就不同;在学习过程中,学生的基础和心理特点还会随着教学活动的不同而发生变化。而企业使用同样的工艺和生产程序就可以生产出在外形、性能等方面都相似的产品。

学生是学校的主要产品,他不是一般意义上的产品,他是高校和教师的共同努力的成果。将学生培养成何种产品,是学校、教师、家长共同关心的问题。高校要从企业生产的发展规律中吸取经验,关注人才培养的个性化。在企业的生产中,企业要重视每个产品,对每个产品严格把关。那么,在学校教育中,学校、教师需要尊重每个学生,充分了解学生个性,注重学生的个性化发展。同时,高校教育要面向全体学生,注重每个学生

---

[1] 班秀萍,叶云龙.全面质量管理与高校人才培养[M].长春:东北师范大学出版社,2017.

的全面提高。对高校教育而言,学生的产品观要以学生的全面发展为基础。全面发展是学生发展的共同目标,是学生这一产品的共性。但是,全面发展并不是要求学生各方面的素质均衡发展,而是自由发展各自的特长。德、智、体、美、劳等方面的协调发展就是个体个性发展的具体体现,个性发展是全面发展的进一步发展。

我们要坚信每个学生都很优秀,都能获得成功,要树立学生都能被培养的学生观。学生这种产品又有自己的独特性,发展潜力无穷,可塑性很强。高校教师在开展教育工作时,要满怀激情,要关爱学生,要积极满足学生的情感需求。要以全面发展思想为指导的学生观将学生的全面发展作为高校教育的动力。高校教师要树立这种积极的学生观,并将其渗透在整个教学过程中,贯彻全面发展的理论。

2. 学生既是被管理者,又是管理者

管理是指以管理者为主体,有效地利用各种要素,如人力、财力、物力、信息和时空,借助一定的管理手段完成管理目标的具体过程。在人类的发展进程中,管理在生活中起着越来越重要的作用。在不同的领域,管理有不同的内涵。在教育行业,教育管理模式不断变化,逐渐发展为将人视为手段与目的的统一,对人的个性开发、解放和发展重视的教学管理。有效的管理促进社会的发展,管理者在管理中发挥着重要的作用。学校的教学工作就是通过教师和学生的共同努力来完成的,没有教师的主导,没有学生的积极配合,教育活动都不可能完成。在全面质量管理的模式下,每个人都要参与到学校教育质量的提高中。在教学工作中,学生是被管理者,同时我们也不能忽视学生在学习生活中也是主动的管理者。学生是高校的主人,高校的工作要求每个学生都参与到管理工作中。

在学校环境中,高校学生不仅需要学校和教师的管理,也需要进行自我管理。学生进行管理具体是指学生作为教育管理活动的主体,依照积极、独立的思索确立相应的管理原则,自觉做出合适的管理行为。学生的自我管理能力的结构是多维的,是指学生以主观能动性为基础,根据社会目标,有意识、有计划、有目的地对自己的思想和行为进行转化与控制的能力。自我管理体现在认识上,可以分为自我评价、自我考察;体现在情感上,可以分为自我激励、自我控制;体现在行动上,可以分为自我调节和自我训练。学生独有的生机和活力决定了他们具有能动性,在明确管理目标之后,学生能够发挥主观能动性对自我进行管理,正确评估自身的能力,意识到自己的职责。依据学校的教育目标,对学生在学习、思想和

第二章 高等教育人才培养的理念与原则

行为方面进行管理,主动发现存在的问题,思考问题,并改正问题。[1] 管理活动能为他们提供一个平台,以更好地展示自己,主动参与学校管理与班级管理,通过管理的实践锻炼自己。相信在教师的引导下,学生能够有效地进行自我管理。

3. 学生是消费者

消费者满意是指消费者关于要求已被满足的程度的感受。消费者满意是全面质量管理的重要思想。它的基本观点是:产品和服务的质量最终由消费者来决定,质量的根本标准是满足消费者的需求以及令消费者满意。因此,要关注消费者的需求,尽量满足消费者的需要,并努力使消费者感到满意。在学校教育活动中,学校为学生提供基本设施、设备,并将教师的知识、方法和相关信息传递给学生,学生得以享受这种服务,并为其学习支付费用,与学校形成一种提供与消费服务的关系。显而易见,学校与学生之间的关系是组织和消费者的关系。国家和学生家长为教育投入了大量的资金,在这期间,学生、学生家长和学校都是消费者。

教育服务是市场经济发展的结果,具体是指学校或者培训机构为学生提供的一种具有服务特性的社会实践活动。教育服务具有一定的使用价值,它是作为一种活动提供服务,而不是作为一种物来提供服务。教育服务的具体内容不仅包括干净整洁的学校环境、学校宣传、学校形象设计、公共服务、听取家长意见等方面,还包括具体教学过程的一切活动,如示范、教授、辅导、测试、批改作业等学习活动。学校和教师的教学活动就是为学生提供服务,学生通过教育活动获得知识,知识和智力水平得到提升,这是教师提供的教育服务产生的结果。

从学生来看,学生是学校教育工作的接受者,是学校中最重要的消费者。在法律上学生是责权主体,其不仅享有一定的权利,也要承担一定的法律责任。学生作为受教育的公民以及权利主体,除了享有其他公民所拥有的一切权利外,在具体的教育过程中,学生作为受教育的主体,享有物质帮助权、公正评价权以及教育的平等权等;学生作为责权主体,有受教育和学习管理的义务,学校和教师不能随意侵犯学生的合理权利,要引导学生对生活、对学习、对他人以及对自己负责,并学会承担责任,在尽义务的基础上享受一定的权利。[2]

---

[1] 班秀萍,叶云龙.全面质量管理与高校人才培养[M].长春:东北师范大学出版社,2017.
[2] 班秀萍,叶云龙.全面质量管理与高校人才培养[M].长春:东北师范大学出版社,2017.

从学校来看,要让服务得到学生的认可并吸引更多的学生到自己的学校,这就要求教育工作者要以学生的需求为导向,学校要充分了解学生当前以及未来的需要,并为学生提供高质量的教育服务,满足学生的需求。高校要尊重学校最重要的消费者,从他们的需求出发,树立教育服务的意识,并将它渗透在学校的各项工作中。教师要关注学生的个性需求,不断提高教育的服务质量,为学生的全面发展以及主体的生成创造条件。此外,树立教育服务的理念,还要将学生的满意程度作为衡量各方面成绩的基点,这不仅有利于强化学生的主体地位,还对落实教育目的和教育计划具有直接的指导价值,对于拓展与丰富教育理论具有创新价值。

质量最终要通过消费者决定,学生作为教育过程的消费者,学校及教师都要为学生的满意而服务。但这并不意味着学生的地位是高高在上的,因为服务本身是平等的,服务的接受者和提供者的地位是平等的。教师要正确看待自身与学生的关系,教师与学生都是具有创造性的主体,没有一个教师能同时满足多个学生的需求,学生也不可能对教师的工作感到百分之百的满意。以学生为本的理念强调广大教师不能单纯地传授给学生知识,还要培养学生的个性。

(四)树立正确的学生观

传统的学生观经过长期的实践发展已经成为教师教育思想的重要组成部分。但传统的学生观也存在许多不足之处,这就需要教师在教学活动中不断更新和完善自己的教学观念,树立正确的学生观。传统学生观的不足之处体现在以下几个方面。

首先,传统学生观忽视学生的个性。美国多元智能理论之父霍华德·加德纳认为每个人都拥有逻辑数学智力、音乐智力、空间思维智力、语言智力、身体运动智力、人际关系智力、内省智力等,并且每个人身上的这些智力在现实生活中并不是完全独立、毫无关联的,而是以不同的方式发生着联系。由于智力的不同组合,每个人的智力呈现出不同的个性特征。传统的教育体系过分重视书本知识的传授,过多注重学生发展的共性,以统一的标准、统一的进度、统一的内容教育学生,追求一致性,却忽视学生的个性和差异。这必然会制约学生潜力的发掘,学生的个性及创新能力也会受到严重影响。从这个层面上看,教育的共性扼杀了学生的个性和创造能力的发展。

其次,传统学生观将学生作为学习的客体。在传统的教育中,教师在教育教学活动中处于主导和支配地位,而学生处于从属地位以及被支配

第二章 高等教育人才培养的理念与原则

的地位。教师是教学活动的中心,学生的学习活动是围绕着教师展开的。这种传统教育观念将学生视为教育的对象和客体,不利于学生主体性的培养与发展,将学生视为客体和受体,否认了学生的主体性,使学生受到约束和限制,从而使学生丧失自主性和创造性,最终阻碍学生发展。

再次,传统学生观过多强调学生是义务主体。在中国传统的师生观念影响下,学生认为教师占主导地位,拥有约束学生、体罚学生、处置学生的权利,学生必须完全服从教师。在我国现阶段的学校教育中,仍然存在教师不尊重学生、体罚学生、随意侵犯学生权益等不良现象。他们过多地强调学生是义务主体,忽视学生的权利,不考虑学生的愿望与需求,致使学生的权利得不到保护。这种现象使学生丧失了健康成长所需的自由时空,被剥夺了作为自主发展的个体的正当权利和机会。

因此,高校教师应树立正确的学生观,尊重学生的人格,切实维护学生的权益。在新的教学模式下,一些新的学生观应时而生,为我们提供了启示。

高校人才培养的学生产品观要求将学生培养成各方面和谐发展、个性自由发展的人。教师要将学生视为一个完整的个体,不仅要重视学生知识和能力等认知方面的发展,还要关注其情感世界,重视态度、心理、价值观、意志等方面的发展。学生是有着完整个性、丰富情感的人,而不是单纯的学习者。为了使学生实现德、智、体、美、劳全面发展的目标,教师要在学生现有知识的基础上不断丰富学生的情感世界,为学生素质的全面发展提供时间和空间,对学生充满关切之情。教师要明确学生之间差异的存在,尊重学生在知识基础、特长爱好、个性特征等方面的差异,学会全面认识不同个性的学生,高度重视这些个性,并善于发现这些个性的优点,研究不同的个性,并将学生培养成为具有独特个性的人。教师还要适时创造条件,不断发现学生的优点,促使每个学生都能够学有所长、全面发展,使他们真正达到个性的充分发展,完成个性和共性的有机统一,摒弃那种企图通过一致性的教学培养出相同学生的教学构想。教师要遵循学生身心发展的客观规律,了解处于不同年龄段学生身心上的特点,从发展的角度挖掘学生的潜能,坚信每个学生具有无限的发展可能,相信他们可以通过积极的成长不断完善自己。学生无论是在个性上还是在学习能力上都有着巨大的差异,教师要摆正姿态,以积极乐观的眼光审视他们,承认并接受他们的发展差异,真正从心理上接纳他们、喜爱他们。教师要尊重个体间的差异,因材施教,发现每个学生身上的闪光点,为每个学生提供有利的环境。教师应当成为学生成长和发展道路上的引导者,要特别关心那些有发展困难或者发展障碍的学生,为社会培养出不同类型、不同层次的人才。

　　高校人才培养的学生管理观要求高校教师关注学生的主体性。教师要充分信任并尊重学生发展的主体性,支持学生自主发展,坚信每一位学生都有着不断求知、不断进取的需求。教师要坚信学生拥有自主发展的能力及进行自我管理的能力。教师应鼓励学生参与学校和班级组织的各项管理活动,参与学校和班级的重大决策。学校领导和教师应针对学生所做出的贡献给予一定的奖励,引导学生一起合作,共同承担责任,为实现教育各层目标而共同努力。在实施过程中,要重点培养学生的主体性,尊重和信任学生,有计划地培养学生的自我管理能力,使他们成为创新能力和创新精神的社会主体。教师要以积极乐观的眼光及态度来估测学生的天性,摒弃教学理念中的性恶论,乐观评估学生的天性以及行为表现,自觉关注学生自我提高、自我完善的内在需要和倾向。

　　高校人才培养的学生消费者观要求高校和教师从学生的实际需要出发,切实做到尊重学生的权利,学校的一切教育教学工作要围绕着学生发展的需求。教师要不断研究学生的心理和行为,研究学生的学习需要,关注学生的情感世界和心理,贴近学生,经常与学生交流和沟通,落实学生成长的需求点,创建适于学生成长和发展的教育环境,营造宽松、和谐的教学氛围,为学生的自由发展创造足够的空间,积极创造与学生发展相适应的学校教育。

　　高校人才培养的教学实践观要求高校和教师要教会学生学习的方法,让学生具备独立学习的能力。在知识经济日益盛行的现代社会,终身学习已发展为时代的需要。学生的学习最终是为了适应未来的发展和学习。学生运用自己的头脑不断获取新的知识,创造出新的文化成果,而不是一味认同已有的知识经验。基础教育的重要作用就是教会学生学习,为他们日后的生活和学习做准备。这要求教师要更新教育理念,提高自身的素质和教学技能,真正将教育过程看作是培养学习能力的过程,让学生在教学中学会学习。

　　高校人才培养的教学实践观要求教师要在教学活动中让学生感受学习的乐趣。兴趣对人的认识和活动能够产生积极的影响。现代学生观要求教学工作要关注学生真正的学习,让学生在教学活动的思维创造中享受学习的乐趣。高校教师要鼓励和表扬学生勤奋学习的积极性及探索的热情。教师要尽可能地少用否定性的话语,应多表扬、鼓励学生,肯定学生取得的成绩和进步。教师要坚信每个人都有一定的天赋,并创造机会使学生的天赋得以展现和提高,善于从中发现奇思妙想。

第二章　高等教育人才培养的理念与原则

二、高等教育人才培养人才观

人才观是学校教育思想的基础,是学校教育重要的理论和实践问题,决定着教育的教学观和质量观。人才观正确与否,不但直接影响着学校教育的质量,也影响着民族的强弱、国家的兴衰。因此,我们要树立积极探索高等教育人才培养的人才观。

（一）高等教育人才培养人才观的内涵

人才是指德才兼备,并有某种特长的人。通过创造性劳动,他们为人们认识自然改造自然、认识社会改造社会以及人类进步作出了较大贡献。人才具有杰出性、相对性、广泛性、社会性和动态性的特点。杰出性,是人才最本质的特征,是指人的杰出表现,指人在再现型劳动中作出超量贡献或在创造型劳动中作出成绩;相对性是指人才是相对于一定的历史时代和劳动领域而言的;广泛性是指人才是多类型、多层次的,不限于少数天才;社会性是指人才具有社会属性,在阶级社会中具有阶级性,每个阶段都有自己阶段的人才;动态性是指人才不是天生的,而是通过实践不断提高、成长的。

人才观是关于人才现象和问题的基本观念体系,是对人才的本质、成长过程和开发使用等的基本看法。人才观具有一定的历史性和时代性,与一定的政治经济制度和生产力发展水平有关,深受意识形态、伦理观念、文化传统和科学技术发展等影响。人才观对教育的目的、目标、制度、内容和方法等均会产生影响。[①]

高等教育人才观是指为了满足一定的社会发展需求,人们提出的对高等教育人才培养的内涵、标准、质量等一系列问题的基本观点。

（二）现代高等教育人才观

高等教育人才培养要求人不仅要掌握一定程度的知识和技能,而且要具有创新精神、实践能力和创造能力。高等教育人才培养注重人才的知识、能力和素质等方面的协调发展。高等教育的人才培养具有新的标准要求。

一是高等教育人才培养具有兼容性。在高等教育人才培养方面,兼

---

① 彭寿清,于海洪.西部农村地区教师教育共同体建设的创新与实践[M].重庆:重庆出版社,2012.

容性是高等教育人才要具备的一种素质,即通过高等教育培养出来的人才能适应不同的工作环境,能不断学习适应新的工作要求,在工作环境中能充分发挥自己的功能并有效解决各种问题。若人才要具备兼容性,那么人才就需要掌握各种技能,如基本的读写技能、运算技能,复杂的推理技能,以及与工作相关的合作、思考等技能。

二是高等教育人才培养具有倾向性。倾向性是指高等教育人才的培养要受到各种限制,如高等教育内在规律、专业人才成长规律及学习时间的限制,同时人才培养只能按社会需求培养,让学生具备某种类型倾向但不能完全定型。因为社会对人才需求具有多样性和变动性,同时人才又具有社会性。人才必须通过必要的社会实践,才能形成相应岗位所具备的素质和能力。另外,在实际工作中,人才的类型并非固定不变,经常会根据工作的需要变换岗位或变换行业。

(三)树立科学的高等教育人才培养人才观

为适应社会经济发展,高校必须树立科学的人才观并以之为指导,然后积极推进改革,为学生精通并运用基础知识和专业技能,成为现代化建设需要的人才创造更好的环境和条件。

首先要改进专业和课程设置。当前经济形态由劳动密集型转向知识密集型,为了让学生更好地适应这一转变,提高学生的实践能力,高校需优化专业配置和课程设置,确立培养复合型人才的目标,帮助学生实现人才类型转变,即知识型、专才型转变为能力型、通才型,最终推动学生在经济建设中充分发挥自己的作用。

其次要改善教学内容。高等教育就是要具有前瞻性,尤其是教学内容要有前瞻性,也就是说高校培养人才不仅仅是要考虑当前经济建设的需求,更要做长远打算,考虑到今后经济发展对人才的要求。因此,在教授内容时,不能只局限于书面知识,还要介绍科技的最新动态,培养学生的超前意识。在安排教学内容时,要充分考虑学生创造力的培养,适时更新教学内容,不断更新和完善课堂知识结构,从而使学生不仅精通并灵活运用基础知识和专业知识,而且具备相应的专业技能。

再次要改革学生考评方法。探索考试制度改革,实施多元评价标准。在评价过程中,要始终坚持"知识是基础、创新是目标"的指导思想,要综合知识学习和能力锻炼两方面进行考核,不能片面地只注重知识学习的考核。

最后要加强教师队伍建设。教师是高校培养人才的核心要素。教师

第二章 高等教育人才培养的理念与原则

的教学思想、教学方法及教学水平对人才培养具有非常重要的作用。因此,建设一支具备先进的教学思想、掌握先进科学技术、拥有创造教学方法且有责任心的教师队伍,对高校人才培养具有战略性的意义。

三、高等教育人才培养教学观

高等教育人才培养的教学观不仅直接影响着高等教育人才培养的质量,而且影响着整个高等教育的发展,因此我们有必要对高等职业教育的教学观进行分析,树立正确的教学观,为高等职业教育的发展服务。

(一)高等教育教学观内涵

教学就是教的人指导学的人学习的活动,是教和学相结合或相统一的活动。教的人主要指教师,但不局限于教师;学的人主要指学生,但不局限于学生。教学观是指教师对教学的本质和过程的基本看法。教学观形成后,教师就会在实际教学活动中时刻运用这一观点指引自己的活动,这不仅影响他们对教学过程中的具体事物和现象的看法,而且影响他们的教学决策和教学表现,进而影响学生的学习。由此可推出,高等教育教学观即高校教师对高等教育教学的本质和过程的基本看法。

(二)传统教学观对高等教育的影响

长久以来,我国的教育一直是在传统教学观指导下组织和实施教学活动的。传统教学观认为,教学就是要使用既定的教材工具,然后通过教师的教授,让学生掌握既定教材的知识内容的活动。由此我们看出,教师的职责主要就是"传授",学生的职责主要是"接受"。知识和技能经过选择和设定后就成为客观的、固定不变的东西。我们可以做个比喻,将知识和技能比喻为水,学生比喻为空桶。教师的"教"就是把知识和技能之水慢慢灌进学生这个空桶里去,学生的"学"就是被动地等待教师把知识和技能之水装进自己的桶里。由此可知,传统教学观把教学割裂为教和学两个方面,将教师、教材和课程作为教学中心,学生完全处于被动状态,完全依靠教师来灌输知识和教授技能。传统教学观将教学过程当作单纯地传授知识和训练技能的过程,而完全忽视学生综合能力的培养、个性的发展和素质的提高。在传统的教学观中,教师与学生之间就是塑造与被塑造、主导与被主导的关系。

在传统教学观指导下的高等教育人才培养产生了很多问题。第一,教学价值观片面化。在实际教学中,很多教师自身教学价值观片面,不能全面认识教学,将重心放在知识的教授上,而忽视实践的重要性,这严重偏离了高等教育的教学宗旨。第二,教学效率、效益观念淡薄。许多教师只关注教学结果,而不关注教学过程,不去考虑通过合理利用教学手段、改进教学设计、优化课堂结构等途径来提高教学效率和教学质量,而是单纯强调刻苦努力的重要性和增加学习时间的重要性。在如此长时间和高强度的学习下,学习效率和学习质量不但可能不会提高,反而还会出现下滑的现象。第三,教学创新意识不强。因深受传统教学观的影响,很多教师并没有意识到创新的重要性,不仅自身缺乏创新意识,而且在教学中也不注重激发学生的创新意识。

(三)转变传统的高等教育人才培养教学观

长期以来,我国高等教育坚持知识为本的教学观,而忽略教育的其他功能。教育具有传承知识、培育能力、涵养品性、助长生命四项基本功能。也就是说,教育不单是传授知识的活动,而且是能培养提升能力、培育优良品质、诠释生命价值的活动。在教学活动中,教师是主导,学生是主体。在教学观念上,要以人为本,注重学生的创新能力的培养和整体素质的提高。

1. 树立以学生为主体的教学观

高校教师要改变以往教师占主体地位的教学观,重新树立以学生为主体的教学观,要重视发挥学生的主体性,把学生变成一个主动学习者。高校教师要树立这一新的教学观,需要做到以下几方面。一方面,教师对教学活动不断进行反思和提出质疑。对自己的教学观念和教学活动进行批判性的分析,审视自己的教学观是否符合现行教育形势,是否顺应社会发展趋势,是否有助于学生主动性的发挥,是否能促进学生创新能力的发展。通过反思和质疑,教师可以改变并完善自己的教学观,提高教学理论素养。另一方面,教师采用多种途径或方法,不断激发并提高学生的主动性。教师通过设置教学情境,运用启发式教学方法等,引导学生从多种角度看待问题,促使学生发散性思维发展。同时,积极组织开展交流讨论活动,鼓励学生积极探索,培养学生的想象力和洞察力。总之,教师要不断学习教学理论,不断审视自己的教学活动,从而转变自己的教学观。

2. 转变教学为本的大学教师观

在传统教学观的影响下,高校教师一直将知识传授作为教学的主要

第二章 高等教育人才培养的理念与原则

任务。随着科技的进步和社会的发展,传统的教学观已不再适应新的教育形势,高校教师的教学任务也不再是简单的知识传授,而还应包括培养学生的科学态度、科学精神,提高学生的创新能力。科学态度、科学精神和创新能力体现了科研的重要性,这也就意味着教师不能再紧守教学为本的大学教师观,而应转变观念,意识到自身不仅要具备教学的能力,还应具备科研精神和科研能力。

首先,高校教师要清楚地意识到教学与科研是辩证统一的。两者相辅相成、互相促进。教学推动教师从事科研,科研保证提高教学质量。高质量的教学是高质量科学研究成果转化为教学资源的产物。因此说,高校教学应该是一种创造性的活动,教师应该注重教学和科研同步发展。在教学活动中,教师只有坚持教学与科研,才能把知识、创新思维、科学态度传授给学生,才能培养出创新型人才。当今社会我国实施创新教育,高校教师担负着教学、科研及社会服务三重职责。教师应明白没有科研和社会服务支撑的教师是不合格的,没有科研和社会服务支撑的教学是与社会相脱节的。

其次,在弄清教学与科研关系的基础上,教师应处理好教学与科研的关系。教师要立足教学搞科研,根据所教学科确立研究领域、研究方向和研究课题;要搞好科研促教学。搞好科研,服务于社会,促进科技进步、经济社会发展,促进教学质量提升。

总之,好的教师不仅具备好的教学能力,而且具备较强的科研实力。高校教师要将教学与科研统一起来,这样才有可能促进创新型人才的培养,才有可能促进创新型国家的建设。

3. 转变以本为本的教学内容观

教学内容是教学活动中在教师与学生之间传递的主要信息。它包括知识、技能,还包括学生的智力、能力、思想、观点、行为、习惯等。教学内容主要承载在教科书和教学媒体中。

在传统的教学活动中,人们认为教科书就是教学内容,教科书是全部知识的浓缩和精华,在教学活动中占有重要的地位。在教学中,教师坚持"以本为本"的教学内容观,一味教授教科书,学生一味学习教科书,教学沦为移植教科书的认知活动,教师和学生成为教科书的附庸。教师受制于教科书,学生视野被限于教科书内。这种"以本为本"的教学内容观使教师和学生的认知被限制在教科书内,导致教学内容闭塞,教学行为僵化,教学环境沉闷。

因此,在科技日益进步、社会高速发展的今天,教师有必要从改变教学内容入手来转变教学观。首先,教师应认识到教科书是教学内容的核心,但教学内容不局限于教科书本身。其次,教师要利用自身的经验和能力,重构教学内容,让教学内容内化为教学行为的一部分。再次,教师要灵活运用教学内容。教师要明白自身是"用"而不是"教"教学内容。在教学中,教师要深入把握教学内容的内涵,制订合理的教学方案,充分发挥教学内容的潜能。在这一过程中,教师需要理解教学内容,把握教学内容,整合教学内容。最后,教师要明确学生与教学内容之间的关系。在教学中,学生具有主体性,可以按照自己的意愿选择教学内容,接受教师的引导,掌握教学内容。教师、学生与教学内容之间是理解和超越的关系。理解是接受和学习教学内容,超越是学习教学内容以外的知识和能力,培养创新意识和创新能力,从而为创新学习奠定坚实基础。

4. 转变注入式的教学方法观

在传统教学观影响下,我国高校教育多采用注入式教学法。这种教学法侧重知识教授而忽略创新能力培养,注重教师的主导而忽略学生的主动。总体来说,注入式教学法就是教师专注于教授知识,学生专注于接受知识,最终呈现出一个"教师唱独角戏,学生整体失语"的局面。注入式教学法严重阻碍了学生学习主动性、积极性和创造性的发挥,制约了创新型人才的培养。因此,必须用新的教学方法(如启发式教学法)替代注入式教学法。

启发式教学法强调学生是受教育的主体,学生具有主观能动性,在教学中不仅注重学生知识的获取,而且注重学生能力的培养和其他非智力因素的开发。为了实现创新型人才的培养目标,承担起振兴中华民族的重任,高校教学方法一定要尽快转变,变教师教授为师生互动,变学生听讲为师生对话与探讨,变单纯传授知识为知识传授和能力培养并重,重视学生的主体地位,充分激发学生的积极性、主动性和创造性,为学生参与教学、自主学习与发展提供条件,培养学生的创新思维和创新能力,从而促进学生全面发展。

5. 转变授受式的教学模式观

当前,我国高校的教学模式主要是"传授—接受"模式。这种教学模式具有以下几个特点。第一,采用"满堂灌""填鸭式"的教学方法。第二,学生被动学习,注意力集中在接收教师教授的知识上。第三,教学局限于课堂,个性化、自主性、研究性教学的空间有限。这些都不利于创新型人才的培养。因此,有必要转变传统的教学模式,积极探索并实施新的有利于学生创新意识、创新能力培养的教学模式。转变旧的传统教学模式、建

第二章　高等教育人才培养的理念与原则

立新的适应创新型人才培养的教学模式必须做到以下几点。

第一,教师积极转变教学观念,将培养学生的创新意识、创新精神和创新能力作为教学宗旨。营造良好的创新氛围,加强对学生创新意识、创新精神和创新能力的培养力度。创设能够活跃思维、畅所欲言的教学场景,为学生提供开拓创新思维的空间。营造民主、宽松的研讨氛围,鼓励学生积极交流、互相学习。

第二,建立良好的师生关系。在教学中,教师要与学生平等对话,与学生建立良好的合作关系。尊重学生,宽容学生,热爱学生,信任学生,让学生感受到被关爱和被信任。鼓励学生向书本、向教师、向权威挑战,促进学生的独立思维、批判思维和创新思维。

6. 转变奖惩性的教学评价观

教学评价是检验教学效果的一种手段,是整个教学过程的一部分。由于教学活动复杂多变,教学评价也就变得复杂。随着教育形势的变动,国际高校教育评价已由奖惩性向发展性转变,而我国高等教育教学评价仍以奖惩性为主,侧重利用纸笔考试来考查学生对课本内容的掌握程度,而忽视实践能力、创新精神、心理素质及情绪、态度和习惯等综合素质的考查;仍然侧重共性考查,而忽略个体差异和个性化发展;仍然过多关注评价结果,而不能实现真正意义上的形成性评价。

当前,我国高等教育注重创新型人才培养,那么传统的教学评价观就不再满足需求,而需要进行变革。变革教学评价观需要全面变革,即从评价体系、评价理念、评价方法与手段、评价实施过程等方面都要进行变革。第一,建立全面发展的评价指标体系,在原有教学评价指标体系中,加入学习愿望和能力、交流与合作、个性与情感、创新意识和实践能力等评价指标。第二,改变传统的单一的量化评价方法,采用灵活多样的质性评价方法。第三,选择灵活多样的考试方法,加强对学生能力的考查。第四,改变传统的以考试结果为导向的考试评价方法,对考试结果进行分析,从而形成激励性的评价意见,促进学生的全面发展。

此外,要注意教学评价不只是针对学生,而且也针对教师。因此,转变教学评价观,还需转变教师评价观。首先,改变以学生考试成绩论教师教学业绩的传统做法,建立以学生全面发展水平来评价教师教学业绩的方法。对教师的评价不能只局限于学生考试成绩的好坏,还应结合学生的学习行为表现、情绪体验、过程参与、知识获得、交流合作等诸多方面的考核。其次,促进教师进行自我评价,强化教师在自我教育和自我发展中的主体地位。最后,促进教师自我监控与反思能力的提高。[1]

四、高等教育人才培养质量观

(一)高等教育人才培养质量观的内涵

质量是反映实体满足明确和隐含所需的能力的总和,也就是说产品要具有符合规定性和适应性。教育质量是反映教育水平高低和优劣的总和。高等教育质量可反映高等教育的所有功能和活动,包括各种教学计划与学术计划、研究与学术成就、教学人员、学生、校舍、设施、设备、社区服务和学术环境等。因此,高等教育质量评价应有独立的国家评估机构和国际公认的可比较的质量标准,但还需要考虑各个学校、地区的具体情况。

综合来看,高等教育质量观是对高等教育的质量的基本看法,包括教学工作、学校管理、学生、教师及高校的各种软硬件设施等多元因素,但其核心是人才培养的质量。

(二)传统高等教育人才培养质量观

随着高等教育的不断发展,传统高等教育质量观也在不断发展。目前,传统高等教育人才培养质量观主要存在以下几种认识。

一是知识质量观。这种观念认为人才培养质量的高低应以学生掌握知识的多寡、深浅、宽窄来进行评价。也就是说,学生在校期间要掌握一定程度的文化基础知识,要注重各科教学内容的系统性和完整性,为满足市场需求、终身教育打下基础。

二是能力质量观。这种观点认为高等教育人才培养质量应体现在学生的职业能力上。这体现在实际工作中,就是学生若能快速上岗并做出好业绩,那么就说明质量高。因此,能力质量观要求应强调高等教育的特点,根据就业市场要求学生能迅速上岗的目标,及时调整教学计划,确定教学内容,安排各种相应的技能训练,从而提高学生的实践能力并运用到实践中。

三是素质质量观。高等教育根据全面推进素质教育这一战略,采取了切实可行的措施,不仅要求学生学会学习、学会做事,而且更强调学会做人,将非智力因素的发展纳入培养高级专门人才的教育过程中,注重

---

[1] 刘尧.迷茫的大学[M].镇江:江苏大学出版社,2013.

第二章　高等教育人才培养的理念与原则

培养学生的思想道德素质、人文科学素质、业务素质和身心健康素质,努力把大学生培养成为具有良好综合素质和较强实践能力及创新精神的人才。在这样的历史背景下,人们就形成了以素质为标准来评判教育质量的质量观。[①]

(三)用发展的眼光看待高等教育人才培养质量观

传统高等教育人才培养质量观在一定时期发挥了一定的积极作用,是有其存在的价值,但随着社会的不断发展,它们就不能再很好地满足教育的需求。例如,当前教育要求学生要全面发展,而知识质量观则强调以知识标准评判高等教育人才培养的质量,它就不足以全面检验高等教育人才培养质量,因此说知识质量观具有片面性。与知识质量观相比,能力质量观有所改进,但仍然局限于智育范畴,存在一定的不足。素质质量观在一定程度上提供了高等教育人才培养质量评价的原则标准,但它只是一般意义上的质量观,也不全面。因此,我们需要研究符合高等教育发展的质量观。

我们需要明白,高等教育质量标准不是一成不变的,是随时间变化而变化的。因此,我们要用发展的眼光来认识高等教育人才培养质量观。

首先,高等教育人才培养质量观具有发展性。随着历史的发展,高等教育人才培养质量观经历了从符合规定性的质量观阶段到符合需要性的质量观阶段,再到符合创新性的质量观阶段的变化。其次,要用发展的眼光对待高等教育质量问题。在高等教育普及化的今天,只用高校培养的人才符合受教育者自身和社会发展的需要来判断教育质量的高低,是不合理的。从中国当前高等教育发展来看,没有高等教育的发展根本就谈不上高等教育的高质量。因此,高等教育质量观应该以发展为核心。最后,高等教育质量观应该有利于高等教育的发展。高等教育的发展,不仅包括量的增加而且包括质的变化。只有量的增加而没有质的提升,或者是只片面追求质的提高而没有量的适度增加,这都不利于高等教育的发展。

---

① 杨毅红."工商融合"复合型人才培养模式的探索与实践[M].上海:复旦大学出版社,2013.

第三节　高等教育人才培养的新理念

一、"全人发展"的新理念

"全人发展"理念是对教育与人的价值关系的一种全新认识,它符合马克思主义关于人的自由全面发展的观点。要确保这一理念的确立,就需要做到以下几点。首先,强化实践育人,注重学生实践能力的提升。在人才培养上注重专业教育与通识教育相结合,实施模块化通识教育实践,积极促进科研与教学的互动,努力促进学生的综合能力提升。其次,根据不同层次与类型的人才培养特点,设置个性化的人才培养方案,构建科学、合理的课程体系和学习支持体系。再次,改变传统教学方法,使用新的教学方法,如探究式、启发式、参与式、研讨式等教学方法,有效促进大学生全面性和个性化培养。最后,充分保障学生拥有自主选择权利,如选择专业、课程和教师。通过各种改革措施,高校逐步形成良好的学生全面发展机制,促进德、智、体、美、劳全面发展的专门人才的培养。

二、可持续发展的新理念

高等教育人才培养的目的不仅是为了满足近期的需求,更是为了满足社会和个人长期发展的需求。同时,个体的发展要经历学校的正规教育和社会的非正规教育。其中,非正规教育是不容忽视的。可持续发展的教育理念注重人的长远发展,有意识地规划当前和未来的人才培养模式,从而实现人的可持续发展。

我国高等教育要确立可持续发展理念,需进行三方面的改革。第一,改变价值观。在教学中,调整学科、专业的关系,促进学科与专业相互渗透、相互融合,从而促进人的可持续发展。第二,改变人才观。高等教育要面向全体学生,创建科学的课程体系,促进学生创新精神的培养和实践能力的培养,以使学生得到全面、平等、协调的发展。第三,改变发展观。高等教育要注重数量增长和质量提供的有机结合,保证学科专业建设的均衡性,不断整合优化师资结构,构建合理的人才流动机制,以促进高等教育的协调持续发展。

第二章　高等教育人才培养的理念与原则

三、"开放育人"的新理念

随着改革开放的不断深入,我国越来越重视教育的开放与合作。政府不断出台政策鼓励开放育人新的教育理念的确立。开放育人理念主要体现在:一是学校要面向世界开放。高校要鼓励学生认识世界,培养学生的"全球意识",让学生具有国际视野和国际素养,从而适应经济全球化的新要求。二是学校要面向社会开放。高校要积极与校外企业、科研机构等加强合作,建立合作育人机制,实现育人资源互动共享,鼓励学生参与社会实践。

高等教育是一个开放的、复杂的大系统,我们应以宽广的视野来认识世界,积极借鉴世界一流大学的成功经验,坚持自己的优势和特色,着力构建开放的人才培养体系,开创具有中国特色的高等教育事业。

四、"内涵发展"的新理念

党的十九大报告明确提出,要"加快一流大学和一流学科建设,实现高等教育内涵式发展"。高等教育内涵发展是指要注重高等教育内部因素,通过自身优化和质量提升来实现良性发展。

我国高等教育的内涵发展坚持立德树人,坚持以人为本,注重能力培养,实现全面发展;坚持以人为本,设定新的人才培养目标,制定符合中国特色要求的人才培养标准;坚持以学生为本,促进学生健康成长;坚持以学生评价来衡量教学质量。人才培养模式的改革与创新要求营造优良的育人环境,形成科学化、规范化、系统化的人才培养模式。人才培养模式注重满足社会实际需求,进行跨专业、多学科整合,重视能力和素质培养,强调实践技能训练,重视人才培养的质量。

第四节　高等教育人才培养的基本原则

"全民受教育程度和创新人才培养水平明显提高"是全面建成小康社会的一个重要目标,"立德树人"是教育工作的根本任务,这反映了社会主义现代化建设的新阶段对教育工作所提出的新要求。当前我国高校教育要完成的根本任务,不是教育投资不足,也不是硬件设施建设的问题。

无论是投资还是物资都不是国家要解决的根本问题,也不能满足人民的需求,不能解决学生全面发展的问题。教育的根本任务是培养人才。高校要将人才培养作为工作重点,要时刻关注学生的健康成长,无论什么时候都不能忽视人才培养问题。

一、确立科学教育理念

人才培养质量的高低影响着高校教育质量。要想提高人才培养质量,就要确立科学的教育理念,用科学观念的转变推动高校人才培养质量的提升。要树立以人才培养为中心的理念,重视人才培养的质量问题。我国高校的本质功能是通过教育活动培养高素质的人才、社会主义事业的建设者和接班人,这也是高校赖以生存的基础以及区别于其他社会组织的根本之处。从这点出发,就要求高校的一切教育活动都必须以人才培养为中心。教育工作都要体现人才培养的特点,无论何时都不能偏离这个根本问题。

高校在教育实践中要以社会评价为基础来进行人才培养工作,将社会的需求体现在人才培养的各个环节上。准确掌握并分析高校学生的就业状况和人才供需情况,将此与学校专业设置与课程安排相结合,提高高校人才培养与社会经济发展的适应程度。要落实以学生为本的理念,将其作为教育工作的重要追求,把学生的健康成长作为学校人才培养工作的根本出发点和落脚点,是高校教学工作的关键所在。

高校的教育工作者要以学生为中心,对人才培养工作倾注感情,把关爱学生作为基本点来实施教育工作。高校领导者要公平对待学生,关注学生的需求。一切为了学生、为了学生的一切、为了一切学生也是所有高校永恒的精神追求。此外,要树立以学生评价为先的观念,将学生评价纳入教育教学质量的体系。在具体实施的过程中,要多听取学生对教育教学的意见和建议,重视学生的反馈,真正将这些建议落到实处,将学生的评价作为改善教学工作、革新教学方法、提升教学质量的强大动力。

坚持确立科学教育理念还需处理好高校内部各项工作之间的关系,区分轻重缓急,处理好高校自身发展和经济社会的关系,避免在高校中出现根本功能弱化的现象。高校在快速发展的过程中也出现了不少问题,这严重影响了高校在群众心中的形象,使高校的公信力下降,阻碍了教育事业的发展。造成以上问题的原因是多方面的,但在有关高校办学目标和教学任务的问题上,我们必须要认真对待,确立明确的目标。明确的目标是指为高校准确定位,通过坚持不懈的建设,明确把学生培养成具备何

第二章　高等教育人才培养的理念与原则

种素质或者何种类型的人才。这关系到学校的专业设置、课程设置、学科建设等问题,还关系到构建学生综合素质的体系问题,例如高校学生的心理素质、思想道德素质、实践能力、创新精神及能够体现文化素养的人才培养问题。高校确定培养目标时必须从实际出发,重视存在的各种问题。由于现实条件和历史条件的制约,高校存在着发展不平衡的现象,具体表现在专业设置、场所、硬件设备和师资力量等方面。

高校在确定目标时,要根据学校的实际条件和现有资源,找准方向,发扬长处,做好学科设置、课程设置、课程体系建设等方面的工作,不可盲目进行,一味追求发展速度。社会经济的发展以及社会分工对人才的需求是不同的,而高校的办学条件和资源却是有限的,不可能培养出社会所需的各种人才。同时,高校的人才培养工作是一个长期而复杂的过程,需要从多方面进行整体规划。在确定人才培养目标时,要综合考虑,不能只重视学生智力的发展而忽视学生德、体、美、劳等方面素质的培养。高校虽然都能意识到全面发展的重要性,但在实践时却出于种种原因不能切实把握好平衡点。在具体的人才培养过程中,只有把学生培养成为拥有完整人格的人,才能最终培养出国家和社会所需要的人才。在崇尚物质至上理念的时代,高校要注重培养学生为人处世的能力,构筑有利于学生成长成才的环境和氛围。

二、依法进行教学管理

教育是指通过专门的教育机构进行的有目的、有计划、有组织的教育过程,也就是说教育者依据社会的需要与发展情况,遵循受教育者的身心发展规律,以受教育者的积极参与为基础,对受教育者施加影响,使其成为社会所需人才的一种社会实践活动。

从教育的具体过程看,教育者和受教育者之间是主动与被动、积极与消极的关系。影响教育效果的因素既包括教育者方面的经验、水平、方法、手段等,也包括受教育者方面的社会生活经历、人生价值取向。不同的教育者所接受的教育内容存在着一定的差异,同一受教育者在接受教育内容的方式上也有着很大的不同。对高校学生而言,随着年龄的增长、受教育的层次不断提高、国内外环境的影响,他们的思想观念呈现出多元化的趋势。这些现状使高校的教育工作面临着一定的发展机遇和挑战,如有一些学生强调以个人为中心,有的学生没有明确的学习目标,有的学生崇尚享乐主义,有的学生自制力较差,有的学生一味地沉迷于网络游戏等。对于这些学生,高校应该积极进行教育和保护。根据学生的认知发展规律,学生的思维在特定的环境中具有相应的封闭性,学生对外界的事和物尤其是企图说服他们或是改变他们行为的做法本能地产生一种排斥和厌恶,通常会被迫接受。高校教育者在对学生进行道德教育时,要在反复的实践中不断改进。

教育工作既要关注速度,善于抓住时机,又要注重反复的训练、启发和诱导,循序渐进地进行,促使学生形成正确的思想观念,向高校的人才培养目标前进。做好教学管理工作是高校人才培养的一个重要方面。当代高校的学生由于受到来自社会、学校和家庭等一系列客观环境的影响,在学习目标、成才意识、学习态度、纪律意识、吃苦意识以及生活自理能力方面与过去的学生有着很大的区别。由此可见,对他们进行日常管理,改变他们的不良行为,帮助他们学会如何学习和生活,培养良好的行为习惯,是保证人才培养质量的关键环节。

教育管理是指管理者通过组织协调教育队伍,充分发挥教育、人力、财力、物力等资源的作用,利用教育内部的各种有利条件,高效实现教育管理目标的活动过程。管理工作的目的是为了使学生具有一个良好的学习和成长的环境,维护学生的利益,保障高校能够正常运行。学生管理既包括对学生行为的管理,也包括对学生的生活、文体活动、社会工作、社会实践等方面的管理。要使管理有效进行,必须遵循相关的法律法规。依法管理不仅是科学管理的根本所在,也是法治社会实施一切管理的必然要求,对高校学生的管理也是如此。

贯彻依法管理的原则,首先要进行学生管理依据的合法化,也即高校的规章制度的制定必须依照国家的相关法律法规,不能随意更改学生的义务和权利。此外,要注意根据现实社会条件的变化清理和修改现行的教育管理制度,及时废除那些不能适应社会发展以及学生身心发展规律的法律法规。其次,管理者在进行管理时要以既定的规章制度为参照物,确保管理工作有法可依、有序进行,不能随意更改、主观臆断。在实际生活中,由于传统师生观念的影响,高校教师往往会独断专行,认为自己的行为都是合理的,导致管理工作的进展不顺利,大大降低了管理的效果。

三、抓住人才培养关键

要做到立德树人,就是要准确把握人才培养的关键点。高校教育坚持一切以人才培养为核心,将思想道德、科学精神、人文素养和实践能力渗透到人才培养的各个环节中,重点提高学生服务社会的使命感、不断探

第二章　高等教育人才培养的理念与原则

索的创新精神和及时解决问题的实践能力。

（一）培养高校学生对社会的责任感

社会责任感是一种道德义务，是指在特定的社会里，每个人在心理和情感上对其他人的伦理关怀和义务。一个具有社会责任感的人，应该坚持正确的道德主张、坚持实践正义原则、愿为他人奉献和牺牲。蔡元培指出，现代学生要有"狮子样的体力、猴子样的敏捷和骆驼样的精神"。"骆驼样的精神"包含了学术上的责任、对于国家的责任以及对于社会的责任。事实证明，无论是做人、做事还是做学问，最基本的就是做人。在实践中，要将立德树人作为基本目标，将社会主义核心价值观念渗透到人才培养的全过程，促使学生将个人的梦想和宏伟的"中国梦"联系到一起，将个人价值和社会价值联系到一起，将个人的命运与集体和国家的命运联系到一起，使每一名学生成长为对社会、对国家、对他人有帮助的人。

（二）培养学生的创新意识

培养高校学生的创新精神需要善于激发学生的学习兴趣和积极性。高校应给予学生自由选择的权利，鼓励学生个性的发展，不断挖掘学生的发展潜力，为他们创建独立思考、不断探索和创新的有利环境，使学生在高校中培养出良好的行为习惯，为将来的发展奠定基础。当前，一些高校正在为学生的个性发展制定方案，将本科分为多个培养阶段，帮助学生确立合适的发展道路，建立专业化的标准。

（三）培养学生的实践能力

实践是世界万物的创造者，没有实践就没有我们生活的现实世界。实践是高校人才培养中的薄弱部分，是提高人才培养质量的重要突破口。要想解决这一难题，就需要增加教育教学实践的机会，提高教学实践在教学中的比重。鼓励广大学生参加社会调查、公益活动、生产劳动、志愿者活动、科技创造、勤工俭学等活动。开展校企合作，增加学生实习实践的机会，开发出一批实地训练基地和校外实践基地。改进和完善相关的法律法规和政策方针，促使企业给在校大学生提供实习实践的平台。

四、改革人才培养机制

培养创新型人才，不仅需要科学的教育理念和关键环节，还要有不断变革的体制机制。改革人才培养机制主要体现在以下几个方面。

(一)促进高校教学模式的改革

本科教学以质量标准建设为基础,是高校教育工作中的基础。目前的本科教育中还存在一系列的问题。高校管理者要将本科教学置于重要的地位,并将精力集中到质量的提升上,带头进行调查和研究,定期召开工作会议,解决高校教育工作中的重难点问题。高校的教育者要不断改进教育教学方式,尝试进行小班教学,采用参与式、探究式、启发式、讨论式教学,在教育教学的过程中鼓励学生进行创造性思维。经常运用互动式教学方法,增强与学生的交流和沟通。推动信息技术在教学中的普遍运用,增强学生使用先进技术的能力。教育部通过建立国家、地方和高校三结合的体系,指导各地高校进行专业建设、课程建设,加大本科教学的教育投入,着实提高教学水平。

(二)促进培养机制的改革

以分类理念推进高校教育的综合提高,不同类型的人才培养使用不同的教学模式。对于研究生,要提高其创新能力,妥善安排硕士研究生和博士研究生的培养工作,将学科学习与科研训练结合在一起,促进多学科的融合,提高教学评价的水平。尤其对于专业学位研究生,应着重培养他们的职业能力,加强教学实践,建立一批专业化的教师队伍。创新人才的培养不足是我国高校教育的突出问题,这个问题的解决需要长时间的努力。创新人才的培养需要特殊的培养通道和特殊的培养方法,高校要注重因材施教、小班教学、个性化教学,让他们尽早加入科学研究的行列,为科学研究做出贡献。

(三)完善育人机制

高层次的科学研究和高层次人才培养是互相促进、互为基础的。科技创新水平的提高,离不开高层次的人才培养,否则将变为空谈。创新人才的培养,离不开高层次的科学研究,否则将变为空中楼阁。同时,要全面吸引社会资源的投入,探索建立高校人才培养的新机制。不断促进科学研究与教学的结合、事务部门与人才培养相结合,实现优势互补、取长补短。巩固和完善高校与科研院所、相关部门、企业行业的战略联盟,扩大资源共享的途径,合作创办学校,共同育人,合作共赢。

第二章　高等教育人才培养的理念与原则

五、提高高校教师素质

提升人才培养质量,关键在于教师。如今,高校教师的整体素质虽有了较大提升,但仍然存在一系列的问题,如高层次人才培养的机制不合理、青年人才后备力量不足、教师师德有待提升、教师缺乏责任感等。要想尽快解决这些问题,则需要将青年人才的培养作为工作重点,坚持师德为先、教学为主、科研为基础的原则,提升整个教师队伍的素质和水平。建设高素质、高水平的青年教师队伍是教育工作的短板,因此要以"引育并举"思想加强青年人才队伍的建设。在未来社会,谁拥有充满活力的青年人才,谁就能更快地占领教育发展的制高点。青年教师是高校的未来和希望,是高校发展的潜力之所在。

重点培养青年教师队伍,要做到对外开放、主动出击和大胆尝试。第一,对外开放。即利用各项人才政策建设人才培养项目,制定相关的政策和方针,从国外引进先进人才。在具体引进人才的过程中,要全面深入考察,改进人才引进机制,完善学术评价机制,严把质量关,防止学术水平不高的现象出现。第二,主动出击。既可以依托研修项目,也可以从学校重点学科、科研基地、重大科研项目等入手培养具有活跃思维、宽阔的学术视野、巨大发展潜力的青年骨干教师队伍。第三,大胆尝试。破除负面影响,充分理解、支持和关爱广大青年教师。构建青年骨干教师的成长平台,使其主动参与重大课题研究、重大课程建设以及项目决策管理,让他们在教学工作中承担重任。加强青年骨干教师考核评价机制的改革,完善薪酬激励机制,创建流转退出机制,鼓励青年教师进行教学创新,激发青年骨干教师的创造活力。

实践是人的社会的、历史的、有目的、有意识的物质活动,是人类社会发展的共同基础和基本动力。构建教师队伍需注重师德建设和创新实践。在进行青年骨干人才的培养工作时,要遵循教育发展的客观规律以及高校教师成长的规律,抓住师德建设和创新实践两个重点,提升整个教师队伍的素质和水平。

师德,又称为教师职业道德或者教师道德,是指教师在从事教育活动中所遵循的行为准则和必备的道德品质。它是社会职业道德的重要组成部分,是对教师行业特殊的道德要求。《高等学校教师职业道德规范》从"爱国守法、敬业爱生、教书育人、严谨治学、服务社会、为人师表"等六个方面对教师做了具体规定。高校要以规范为基准建立师德考评以及奖罚制度,将师德表现纳入教师绩效考核、聘用与奖罚的体系之中。要加强教师机制的改革创新,建立高校教师社会实践制度,积极构建平台,促进教师专业特点、职业发展与服务社会的有机结合,组织青年教师开展调查研究工作、考察学习、志愿服务,了解国家和社会的发展情况,明确国家的发展前景和趋势,并清楚自身的社会责任和使命。此外,建立高校教师校外兼职或者挂职制度,采取多种渠道有重点有组织地进行挂职训练,参与科学研究的项目,推动教学与社会实践的结合。不断完善高校教师访学机制,选派优秀的教师到国内外高端大学、科学院所进行在职研修和访学工作,使他们在教育科学的实践中得到锻炼。

第三章 高等教育人才培养存在的问题及原因分析

我国高校构建人才培养模式的探索,是在整个高等教育人才培养体系中进行的,从系统的观点来看,它是整个高等教育人才培养系统中的一个子系统,它不可避免地要立足于和受制于高等教育人才培养的大系统,它在实践探索中所存在的问题以及产生这些问题的原因,应该从宏观的视野出发,将其放在整个高等教育人才培养系统中作全面深入的透视。

第一节 高等教育人才培养存在的问题

20世纪80年代以来教育制度改革和教育政策的调整取得了一些进展,这一时期的教育是发展大于改革。教育在数量、规模上的发展令人瞩目;但在教育价值、教育品质的提升上,在人才培养的方法和质量上,依然存在着诸多不和谐因素。

一、招生制度方面的问题

随着市场经济的飞速发展和高等教育的逐渐完善,源于计划经济体制的招生体系也越来越暴露出诸多不适应。

(一)培养单位丧失招生自主权

实行全国统一考试难以体现招生单位的个性化特色,例如,对于许多高水平研究型大学来说,以国家统一命题考试为主的招生方式在一定程度上使其招生质量下降,接近全国平均水平,导致其生源质量下降。我国高校从招生计划的审批到报考条件、考试时间、考试科目、录取分数线的划定等,都由教育行政部门直接管理,除了34所985高校有自主划线的权力外,大多数学校的研究生招生制度还处于政府高度集中管理的模式,一个突出的表现就是硕士研究生的招生录取分数线不能低于国家线。

(二)难以全面考查考生综合能力

我国考试的选拔方式难以准确全面地衡量考生的综合素质,如思想品德、研究兴趣、人格特征等非智力因素无法通过考试体现,并且统一考试的内容基本上是考察考生对基础知识和系统专门知识的掌握,而不重视对考生社会实践能力、科学研究能力等方面的考察。把会考试和有能力挂钩,容易使具有发展潜力但缺乏考试技巧的优秀者被淘汰。复试虽然在一定程度上能考察考生的综合素质,但由于在整个选拔过程中权重过低,在结果改变上也无能为力。有部分招生单位甚至为了降低招生工作量,使复试程序简单化,形式主义泛滥,使复试彻底失去了"二次遴选"的作用,无法从入围的考生中选拔出更为优秀的、具有创造力的高层次人才。

(三)推荐免试生制度滋生出公平问题

我国硕士研究生的推荐免试生制度意味着统一考试这种相对来说更为公平的竞争机会将减少。近年来,高校增加了推免生的录取比例,例如,某校管理学院2013—2014年度的推荐免试生的招生名额中,各专业的推免生名额占到硕士研究生招生的绝大部分,有的甚至超过了半数以上,这表明仅留有少量的名额招收参加全国统一考试的考生(表3-1)。

表3-1 某校管理学院2013—2014年的推荐免试生招生名额[①]

专业	2013 招生总数	2013 推免生录取名额	2013 推免生所占比例	2014 招生总数	2014 推免生录取名额	2014 推免生所占比例
企业管理	48	27	56.3	81	49	60.5
会计	58	34	58.6	64	40	62.5
管理科学与工程	42	11	26.2	39	14	35.9
审计	25	16	64	25	6	24

---

① 熊正德. 管理类拔尖创新人才培养与质量评估研究[M]. 北京: 华文出版社, 2016.

第三章 高等教育人才培养存在的问题及原因分析

续表

专业	2013			2014		
	招生总数	推免生录取名额	推免生所占比例	招生总数	推免生录取名额	推免生所占比例
资产评估	20	8	40	13	4	30.8

资料来源：某院校研究生招生网站。

二、经费配置方面的问题

我国高校教育经费来源呈现出政府财政投入力度减弱、学费依存度依然较高、其他来源渠道有限的格局，经费配置体系中没有设置专职协调部门，过度行政化与分散管理问题并存，容易造成高校教育经费资源浪费以及保障性机制缺失等问题。

（一）经费投入体制不完善，造成资源重复配置

我国高校教育经费投入体制具有极强的行政式干预能力，但却存在较为明显的分散化管理的特点。就我国高校科研经费配置体制来说，虽然有国务院下属的国家科技教育领导小组专门负责领导全国范围内的科技教育统筹工作，但没有专门的相关行政管理机构，因此，在目前的体制下缺乏针对教育经费投入进行实质性的管理、协调、统筹以及规划的部门；而对于科研项目的设立目的和资助对象，尽管各部委内部对各项目都有比较明确的定位，但由于缺乏这样一个专门的管理部门统筹、协调各部委之间的科研规划，也很容易造成资源的重复配置。

（二）经费投入保障机制缺失，导致资源配置效率不高

在市场经济体制下，只有建立健全相关法律法规，高等教育经费投入增长才有可靠的保障机制，这是确保高等教育经费投入以政府为主导的根本措施。[1] 目前，我国尚未颁布并实施《高等教育投入法》，而在我国现行的《高等教育法》中关于高等教育经费投入的细则还有待完善。经费投入相关法律制度的缺失将导致现行财政部门拨付经费的权力过大、财政资金分配不透明等问题；相关监管机构建设的不完善易使得银校合作

---

[1] 杨明，赵凌. 论普通高校十年扩招中经费投入的特征、问题及对策[J]. 浙江大学学报（人文社会科学版），2012（5）：165-177.

中出现高校拖欠债务、难以偿还的问题。因此,政府应加强对高等教育经费投入的法律监督和制度保障,为公共教育经费的来源、分配和使用提供立法服务、政策规定、财政资助和信息服务,并履行维护公平的职责。[①]

(三)其他经费来源渠道有限,学生支付学费过高

在国外普通高等教育经费非财政性渠道中,民间投资渠道的教育经费比例较高,民间投资渠道的资金主要来自于社会捐赠、高校自主创业以及高校的各种经营活动所得的收益。因此,学生个人和家庭的学费负担不是很重。而在我国普通高等教育经费来源非财政性渠道中,来自民间投资渠道企业和社会团体投入比例过低与学生个人及家庭投入比例过高形成强烈反差,来自个人和家庭缴纳的学费和杂费的比例很高,这样的不良后果使有的学生个人及家庭对高等教育的支付能力有限,甚至会导致其难以承受高额学费而无法顺利完成学业。[②]

三、培养目标方面的问题

从政府角度看,希望通过人才培养质量保障监控高校的教育教学活动,不断提高人才培养质量,为社会提供大批人才。从社会角度看,希望通过人才培养质量保障改变以往长期存在的高等教育与社会人才需求脱节的问题,培养社会真正需要的人才。从学校的角度看,希望通过人才培养质量保障不断改善办学条件,不断提高办学效益和教育质量,不断赢得良好社会声誉,促进学校持续健康的发展,实现预定的办学目标。

各高校在制定学科培养目标时,往往忽视了创新精神和实践能力,而研究生的培养目标则过多考虑学科培养目标而忽略社会和学生个人的需求。显然,这样的人才培养目标不符合知识经济社会对高等人才的需要,更不符合建设中国特色社会主义国家对人才的需要。

(一)忽视创新精神和实践能力

高校在对人才培养提出高标准的同时,忽视了创新精神和实践能力,主要表现为培养目标过于强调理论知识,不重视实践能力。培养目标的倾向性过于严重可能导致在人才培养过程中一些问题的出现,例如,在课

---

① 张茂聪.教育公共性的理论分析[J].教育研究,2010(6):23-29.
② 杨明,赵凌.论普通高校十年扩招中经费投入的特征、问题及对策[J].浙江大学学报(人文社会科学版),2012(5):165-177.

第三章　高等教育人才培养存在的问题及原因分析

程教学中采取更为有效率的集中授课方式,而不是采取更有利于学生独立思考能力和创造性思维能力培养的小组讨论等方式。研究生的培养目标过于强调学术能力,使得学生花很多时间在导师的科研任务上,而社会实践机会比较少。与此同时,高层次的管理人才的定位早已不再局限于研究型人才,而是复合型、应用型人才,例如,许多企业需要具有专业知识与经验较强的应用型人才,政府也需要掌握行政管理、经济理论和公共服务管理等领域知识的复合型人才。现有的人才培养目标处于一种相对单一的状态,使得人才在就业市场上更多地作为一种高学历的符号和象征,而不是实质性的人才资源。

（二）各院校培养目标定位趋同

我国高校人才培养目标定位趋同,缺乏个性化,不同层次的高校趋向于培养同一类型的人才,这就导致了各高校管理学科的课程结构体系差别很小,使用的教材也都是统一的"规划教材""推荐教材"。无论是学术型研究人才还是应用型实用人才,培养路径都十分相似。[1]以至于不同高校培养目标的区别很模糊,高等教育结构体系遭受扭曲,比如,对于不同层次的高校来说,各自的办学条件和学科积累的基础存在较大差距,如果都以培养高层次的学术型人才为目标,就会使得精英教育过度发展而违背高等教育大众化的初衷。

（三）培养目标层次不分明

我国本科生和研究生的培养目标定位层次不分明,以至于不同人才培养阶段课程设置和教学模式趋于雷同,本、硕、博人才的各自优势无法显现出来。例如,硕士研究生与本科课程内容相似,起点低、内容浅,以至于培养出来的硕士研究生普遍存在学术能力低、实践能力差的现象,既缺乏继续深造的学术基础,又不具备核心的就业竞争力。而且,国内研究型大学提倡的学术型研究生和应用型研究生两种研究生培养模式雷同,造成了学术人才和应用人才不能人尽其才,影响了各自优势及潜能的良好发挥。

---

[1] 林伟连,伍醒,许为民.高校人才培养目标定位"同质化"的反思——兼论独立学院人才培养特色[J].中国高教研究,2006(5):40-42.

(四)培养目标与社会需求脱节

2008年1月1日我国首部就业领域基本法律《中华人民共和国就业促进法》正式施行,为促进大学生就业工作提供了法律保障。大学毕业生具有较高的人力资本水平,应该是劳动力市场上的优势群体。但随着我国经济社会的进一步发展,大学生就业难的问题逐渐凸显,主要原因是经济结构与劳动力结构性矛盾所致,这是一个结构性过剩问题。但从高校培养角度看,培养机制导致就业能力不足是造成大学生就业难的主要根源。

我国产业结构和就业结构正在发生重大变化,对人才的需求更加多样化。但我国高等教育的专业结构、教学内容、课程体系已严重滞后于培养目标的调整,使许多高校毕业生难以适应劳动力市场的需要。高校人才培养和社会需求之间存在脱节,这与许多高校还没有真正形成招生、培养、就业的一体化观念有关。在高校人才培养满足社会需求的问题上,用人单位较之于高校来说,表达了明显的不满。

高校人才培养目标与社会需求脱节主要有以下几种表现:

1. 培养目标不明确,培养机制脱离社会实际需要

大学生的培养目标不明确,培养机制脱离社会实际需要,缺乏必要的就业市场需求导向,高等教育培养出来的大学生在知识和技能结构上,与用人单位的需求存在脱节的现象。大学生动手能力普遍较弱,不能满足工作岗位的需求。我国高等教育受苏联模式的影响,长期强化和重视的是应试教育,素质教育实施乏力。高等教育相关制度的建立、专业及课程设置往往都过分强调理论性,注重理论的深度,而往往忽视知识的应用性,存在严重的理论与实践脱节现象。这就形成了一对矛盾:一方面,社会需要大量的应用型人才;另一方面,高校培养出来的大学生,其自身素质和综合能力与新时期社会岗位的需求却不尽一致,较难找到工作岗位。相关调查研究发现,用人单位对人才最为看重的是"能力"和"人格",这与学校、教师、学生的评价存在显著差异。

2. 高校对市场需求反应的速度与能力不强

高校在人才培养的目标定位虽然也经常进行修改或调整,但仍然脱离不了重理论培养轻实践能力训练的怪圈;在课程学时分配上,理论课占据绝对优势,培养过程也往往注重理论教学而忽视学生动手能力培养。学校无论在培养目标定位或是在培养过程设计方面,始终缺乏实事求是

第三章 高等教育人才培养存在的问题及原因分析

的市场调研,从而造成高校教育无视市场实际需求、严重脱离社会需要的现实。例如,目前我国劳动力市场需求更大的是应用型人才,但很多学校一味追求成为研究型大学,忽视自身办学条件,导致教育质量下降,难以满足市场对应用型人才的需求,对大学生的就业能力提升造成不利的影响。

3. 教师实践经验缺乏

大学师资队伍发展速度和能力落后于市场需求,部分高校教师缺乏实践经验,教学方法、教学内容与实际脱节的情况较为严重,对学生的就业能力提升造成了极为不利的影响。例如,相关调查发现,对于课堂教学的不满,大学生、用人单位、学校以及教师的自我评价存在着显著差异。因此,在教师队伍的建设中,应当将具有丰富工作经验的实践型人才作为学校师资的重要来源,这对我国大部分高校,特别是教学型大学,无疑是一项需要高度重视并尽快解决的问题。

4. 高校就业服务机构专业化和职业化程度较低

高校就业服务机构人员的工作职责简单,素质要求不高,专业化和职业化程度较低,工作职责仅仅停留在政策解说、信息发布、就业技巧指导与就业咨询等环节,工作能力要求仅限于沟通能力、承压能力与积累人脉关系几项,而职业生涯规划、职业指导等重要环节还很薄弱,专业化水平亟待提高。此外,学校各方未形成促进大学生就业的合力,这也是一个很现实的问题。由于高校内设机构健全,各部门职责分工明确,大学生就业工作均有专人负责,而高校普遍尚未认识到大学生的就业是关系到学校招生、学校事业的发展,关系到国家长治久安的大事,因而在行动上无所作为,导致大学生就业工作只是学校就业工作部门"单打独斗"的现状,直接束缚了大学生就业空间,影响了大学生就业。高校应当组建由学校领导牵头,学校党政办、教务、学工、规划、招生等相关职能部门参与,各二级学院相关领导、教师作为主体的专门队伍,对社会未来3—5年的人才需求进行全面调研,为学校的专业设置与调整和招收计划修订提供依据,确保学校招收的学生在未来3—4年毕业时能符合社会的需求。

当前,我国的高等教育已经由精英教育转向大众教育,高等教育的培养目标也由过去的主要培养高级人才转变为包括高、中、初级人才和技能型人才在内的各级各类人才和较高素质的劳动者。因此,各级各类高等学校要重新考虑自己的定位,更多地降低重心,面向基层、生产第一线及县镇和农村,培养各行各业的建设者。而现实是,许多大学都将自己定位为培养精英和学术型人才的机构,因此当前亟需解决的问题是建立教育培养与人才需求相适应的有效机制,除了进行基础知识教育外,必须根据市场的变化与需求,有针对性地进行实用化教育。问题的另外一方面是,在取消了国家包办的"毕业分配"10年后,大学的入口仍然由国家统一把持,这种统一招生模式的弊端正日渐显现,入口的狭窄让大学形成"千人一面"的模式,而高昂的培养成本则使大学的性价比"跌落云端"。在大学的出口方面,学校培养目标、课程设置和毕业生期望值都是与现实脱节的。在江苏、河南、山东等地都出现了就业率倒挂现象,即研究生不敌本科生,本科生不如专科生,专科生不如职校生的现象。对此,在2010年的7月和8月,国家接连出台了《国家中长期人才发展规划纲要(2010—2020)》《国家中长期教育改革和发展规划纲要(2010—2020年)》,其目标显而易见,就是要衔接教育和人才培养。《国家中长期教育改革和发展规划纲要》还提出,10年后要基本实现教育现代化,基本形成学习型社会,使中国进入人力资源强国行列。其中透露出的一个鲜明的信号是,大学的进口与出口都将进行改革,从制度、体制、工作模式和程序上,都要把招生和考试分开。考试就是提供招生的信息,招生就是高等学校选择人才。而在大学的自我选择上,除了给学校"松绑"外,更重要的是解决高校的低效率问题。

四、课程设置方面的问题

与职业院校培养"专才"的目标不同,高等教育培养的是"通才",目前,我国高校对各类专业的课程设置在内容上覆盖面较广,但是,课程设置的创新程度不高,并且实践类的课程设置较为缺少。随着经济全球化的趋势日益明显,知识经济和建设创新型国家对高校人才培养提出了更高的要求,高校各专业的课程设置必须与时俱进、积极调整。

(一)重视理论课程而忽视实践课程

目前,我国高校专业课程设置主要以理论课程为主,而以实践为目标的课程不足。实践课程是考查学生理论知识消化效果,巩固学生理解知识和提升实践应用能力的有效方法。但多数高校实践环节设置不成系统,安排零散。由于许多学校对学生有发表论文的要求,更使得学生在理论知识上付出的努力要远远多于实践。而如果没有针对性的实践课程对知识进行梳理和检验,将使学生对所学知识理解不到位,甚至出现刚学就忘的现象。学生理论知识学得不扎实,实践能力未能得到有效锻炼,使其在

第三章 高等教育人才培养存在的问题及原因分析

毕业时很难找到满意的工作岗位,即便勉强进入理想企业,学生也可能很难在工作岗位上得心应手。

(二)不能充分体现对创新能力的要求

虽然许多高校开始重视课程设置的多样化,开始加入一些具有特色、旨在培养学生兴趣的选修课,但加入的选修课仍然存在跨专业性不强的问题,很难满足培养学生创新能力和提高学生综合素质能力的要求。各专业的课程设置应特别注重对学生综合能力的培养,如领导能力、沟通能力、团队协作能力、环境适应能力、创新能力等。[1]创新精神作为综合素质教育中最重要的一部分,在我国高校专业课程设置中并未得到充分体现,多数课程设置只重视基础知识,而缺少人文知识、实践知识和跨专业知识,这不仅会降低学生学习的积极性,也会影响学生综合素质的提高。

(三)课程更新慢、信息量小、与实际脱节

我国高校专业的课程内容存在长时间固定不变,教材内容陈旧,信息量小,与实际工作严重脱节等问题。课程内容的更新成为影响专业发展的重要瓶颈。高等教育人才不仅要有较强的适应能力,还应有适应知识经济社会和建设创新型国家的创新能力,因此,课程设置的更新显得尤为重要。

(四)课程价值的取向不明确

作为一个特殊的教育类型,高等教育在专业技术型人才培养方面发挥了十分重要的作用。和其他教育活动相比,高等教育也有许多与众不同的特点,这是由其本身的生产性、职业性和社会性共同决定的。高等教育的课程内容主要是将特定工作过程的知识传授给学生,开展形式以校企合作、工学结合为主。

在对人才培养的社会教育实践中,高等教育注重职业定向性,且培养目标是培养学生的职业能力。

目前,我国高职教育课程体系的价值取向存在两种类型:

一是学科知识本身。这种课程强调知识的系统性和完整性,往往忽视了学生的个性特征与实际情况,并对学生个体终身发展、全面发展和兴

---

[1] 吕一林,韩笑.国内外商学院课程结构与设置的比较研究[J].中国大学教学,2007(1).

趣漠视。同时,专业技术能力与专业课程实施之间存在的张力较大,未能根据学生素养与能力形成清晰的逻辑,以开展更多的实习、实训与实验活动。此外,课程评价未能与普通教育区别开来,没有形成自己的特殊性,且十分强调学生掌握科学知识的程度,对学生掌握能力这一硬性要求却忽视了。

二是将能力作为中心。在国外这种价值取向的课程体系已经得到成功应用,但在国内还处于概念层次,这是经济、文化、政治、国情差异等多方因素共同作用的结果。高职教育的学科式课程体系不论是在结构上,还是在内容上都具备显著的压缩性与简约化,也并未将解决实际问题作为理论教学的标准;作为课程开发的主体,在课程开发的过程中,高职院校并未与企业和政府进行深入交流与沟通,由此导致课程的开发、实施等都未将实践性与合作性体现出来;课程的内容没有将企业的实际生产需求纳入考虑,也没有体现工作岗位与任务这个载体,更没对工作与知识进行良好的整合。

五、教育质量评估方面的问题

尽管我国教育质量评估体系在不断完善,但由于各高校办学特色和形式不尽相同,使得我国研究生教育质量评估体系在评价体系结构的合理性,内容的精确性和可测性等方面仍有不足。

(一)评估价值取向存在扭曲

在我国教育质量评估实践中,缺乏一套核心的价值体系作指导。由于教育质量评估结果是作为政府对高校教育质量绩效考核的主要指标,评估活动没有真正达到改善教育质量的效果,其最初的目标被扭曲成了应付上级主管部门的检查以及寻求政府财政部门更多的财政拨款。有一些高校甚至出于争夺更多教育资源的目的而不惜造假与投机,从而造成了大量的资源浪费。而且,我国目前缺少与教育质量评估结果相配套的激励机制,评估结果得不到恰当的处理,致使高校自我革新动力不足,教育评估体系未能真正成为教育发展的推动力。

(二)评估主体过于单一

由于我国高等教育长期受到中央集权体制的影响,高校教育质量评估也主要是以单一的政府部门为主体的评估体系,而社会团体、高校自身作为评估主体的重要组成部分,并未真正成为我国高校教育质量评估体系的主体之一。单一的政府为主体的评估体系带有浓厚的行政色彩,这也容易造成一些不良后果:首先,会导致被评高校总处于被动应付局面,缺乏积极性和主动性,形式主义、弄虚作假的现象严重;其次,缺乏外部监督和其他评估主体的制约性评价,[1]造成评估过程中垄断性和随意性比较强烈;最后,无法满足社会多元化利益主体的需要,政府评估总处于一种封闭状态,社会参与程度低。

(三)评估指标体系不够完善

教育质量评估是评估指标体系制定、评估信息收集与统计、评估结果处理三者相结合的过程,是规范我国教育发展、保证人才培养质量的一项重要措施。然而,我国教育质量评估指标体系的构建仍然存在一些不完善的地方:首先,目前我国的教育质量评估指标体系大多是一种理论模型,测度指标基本上是国外教育评估体系的简单演化,与我国现实国情下高校教育的具体规范、制度和措施存在一定的差距;其次,指标体系共性多、个性少,并且过于繁杂,有些指标则没有真正把握评估对象的本质属性;最后,教育质量评估指标体系缺乏实际数据的支持,尚未有效运用实际数据对评估体系进行可靠性检验,致使教育质量评估无法达到一般的信度和效度要求,造成评估质量大打折扣。

六、考核机制方面的问题

我国高校的课程考核主要以传统简单的闭卷考试为主,极其不利于高校人才的培养。以笔试为主的考核方式考查的是学生对知识的记忆能力,这就使得学习过程变成了单一的讲授、被动的记录和强迫式的记忆过程,导致学习方式过于死板,不利于学生自主性、研究性的学习。这种考核方式虽然在一定程度上鼓励学生牢牢掌握基础知识,但严重阻碍了学生创造性思维和批判精神的形成。

(一)考核方式相对单一

专业课程考核方式比较单一,基本上是以闭卷的笔试为主。这种方式的优点是操作起来比较简单、容易,并且在一定程度上能够确保考试的

---

[1] 黄世英,宋宏丹.研究生教育质量评估指标体系及测评的研究[J].科技信息(科学教研),2008(21):11-12.

客观性和严肃性,但是,这种方式只能考查出学生对课程理论知识的掌握情况,不能检验出学生对课程学习知识的纵深关联程度,也不能用来考核学生的创新思维和动手能力,容易造成学生平时不努力学习,考前死记硬背应付考试,甚至夹带小抄考试舞弊等情况的发生。由于这种单一的考核评价方式有很大的偶然性,因此,由此种方式考核出来的"成绩"也具有很大的偶然性,并不能真实反映学生的学习状况,这样的考核方式显然有失公允。

(二)考核内容偏重理论知识

我国高校课程考核的内容过于偏重课本知识,注重对知识掌握程度的考查,而对学生应用知识来分析问题的能力、解决问题的能力以及创新能力的考查却比较少,这种考核方式虽然可以在短时间通过"突击"提高成绩,但不利于充分调动学生学习的积极性、主动性,也不利于培养学生分析问题的能力、解决问题的能力和创新能力。

(三)对于平常的考核不重视

考核最常采用的是闭卷笔试、期末考试和总结性评价等方式,对学生一门课程的学习表现主要是以最后的期末试卷成绩来评定。尽管也结合了平时成绩的考量,但平时成绩所占的比例非常低,仅20%—30%,而期末成绩则占70%—80%。[1] 这就导致平时考核得不到学生的足够重视,学生平常不怎么花时间在学习上,反而过度地将学习精力放在最后的期末考试上,每当临近期末考试,许多学生就考前临时抱佛脚,挑灯夜战来复习,无法保证学习的连贯性,使得学习效果大打折扣。

七、教学方法方面的问题

随着多媒体信息技术的发展和普及,教师对于课堂教学方法的观念有了巨大转变,高校对于教学方法的应用创新也越来越重视。但总体上,教学方法仍存在许多问题。

---

[1] 闫永海,鲍步云.深化课程考核改革 提高人才培养质量[J].市场周刊(理论研究),2012(8):110-111.

第三章　高等教育人才培养存在的问题及原因分析

（一）教学方法以教师为主体，过分依赖课本，忽视学生主体地位

受中国传统文化的影响，课堂上学生保持沉默被认为是对教师的一种尊重，有问题须待教师讲完，再提问，以至于上课过程中教师与学生的互动、学生与学生之间的交流与互动很少。课堂上主要以教师为中心和主导，教师负责教授，学生负责听讲，教师与学生互动和沟通不频繁。如果在课堂上师生之间缺乏有效的互动和沟通，那么，学生的学习方法和教师的教学方法就难以得到改进和提升，最终教学效果不甚理想。另外，教师在教学过程中过分依赖课本，教学活动成为简单的知识搬运，学生完全成为知识的被动接受者，学生在教学中没有充分发挥应有的积极作用，这非常不利于培养他们独立思考问题、分析问题和解决问题的能力。

"促进人的全面发展是马克思主义关于建设社会主义新社会的本质要求"，也是促进政治民主化最有效的途径之一。社会发展的本质应该在于人的全面发展，然而要促进人的全面发展，首先要承认个体本身具有的主体地位，这样才能使人作为一个全面的人得以充分、自由的发展。它在高校中的具体体现，就是使学生作为一种教育教学活动的服务对象，个性得以张扬，才能得以展现；使其作为教育购买者的权益得以保障，可持续发展的权利得以维护；使其作为一名社会成员，成长为具有理性能力的、能够参与民主的合格一员。也就是说，保障学生主体地位的必要性在于，我们面对的每一个学生，不仅是学习的主体，而且是学习的主权者。尽管这个思想起点很高，却是教育民主的具体体现，是作为社会主义国家国民教育制度建设应当秉持的基本底线。

（二）教学方法陈旧、单一

教学方法如果一成不变、陈旧滞后，就很难激发起学生的学习兴趣。当前高校教学方法仍以教师讲授法为主，讨论、试验、调查研究等其他教学方法只是辅助手段，并且，研究生阶段与本科阶段的教学手段没有本质区别。尽管以教师灌输知识为主的单一讲授法具有严密的逻辑性，并且有利于知识在短时间内系统传授。但这种教学方法给予学生独立学习的时间很少，给学生留有的思考空间也小，导致学生缺乏学习的主动性、积极性和创新性，学习兴趣降低，学习潜能受到限制，以至于在课堂上出现"教师口若悬河，学生呆若木鸡"的被动局面。

(三)教学方法局限于室内授课

我国高校教学重视学生对理论知识的掌握,教学的绝大部分时间均在教室中完成,而在其他环境中的实践教学非常少。教学局限于教室,教师过于注重在学生课堂上的听课效率,而忽视课堂之外的学习时间。教室授课的方式可能会局限于理论层面的课本知识传授,学生单凭想象很难体会这些理论在实践中具体是如何运用的,从而使课程内容缺乏实用性。相比之下,实验室、图书馆、企业等环境在一定程度上更能调动学生的学习积极性,培养学生理论联系实际的能力。[①]

八、教学资源方面的问题

高校现有的教学资源无法满足高校人才培养的需求,加上教学资源缺乏管理、利用效率低以及共享平台的缺乏,导致教学资源的供需矛盾日益明显。

(一)教学资源缺乏完善的管理制度

教学资源的管理制度是指与教学资源管理密切相关的各种规章和制度的总称,包括教学管理制度、人事管理制度、资金管理制度等。高校教学资源管理制度的不完善主要体现在两个方面:一是缺乏配套规章制度,二是缺乏实时管理监督。许多高校虽然已建立起了基本的教学资源管理制度,但在日常管理和教学实践中出现的一些新问题和新情况在规章制度中得不到及时反映,导致管理过程中遗漏了许多亟待解决的问题,从而制约着教学资源的有效利用。此外,有的规章制度设置过于宽泛、不够具体;有的则过于死板、不够灵活,对实际教学资源的监督管理缺乏可操作性、可执行性。[②]

(二)教学资源利用效率低

我国高校在课程、师资和教学硬件等方面资源分配比较零散,教学资源利用效率低、浪费现象严重。许多有价值的教学资源形同虚设,其利用

---

① 杨惠芳.从中西对比看我国高校教学方法与教学手段的改革[J].教育探索,2003(8):71-73.
② 熊正德.管理类拔尖创新人才培养与质量评估研究[M].北京:华文出版社,2016.

第三章　高等教育人才培养存在的问题及原因分析

价值没有得到应有的体现。就网络教学资源来说,其优化和整合还存在许多问题,对高等教育人才培养的作用效果远远没有发挥出来。原因主要有四个方面:第一,目前我国高校真正可用、好用、实用的网络教学资源较少;第二,网络教学资源缺乏持续性的维护和开发,高校对于开发和维护网络教学资源不够重视,在这方面的人力和财力投入非常不足;第三,教学资源配置为部门所有现象比较普遍,教学资源的所有权和使用权基本上属于院(系)或某些个人所有,一些院(系)和个人把自己拥有的教学资源视为私有,宁可自己不用也不与他人分享,导致分属于各部门的教学资源不能得到共享;第四,缺乏一个专门的机构对教学资源进行综合使用的设计、协调、配置,以致部门间各自为战,很多教学资源重复购置,并且使用率不高。[1]

(三)教学资源缺乏共享平台

教学资源的共享一般是通过互联网实现的,我国许多高校虽然创建了自己的网络资源库,但是,网络技术水平的限制和高校的自我封闭意识使得高校内部教学网络资源库仅在小范围内实现共享,如此分散独立的教学资源给人们的选择和利用带来了许多不便。

目前,有关网络教学资源共享的技术不够完善,有些学校的教学及科研部门连自己的基本信息管理系统都没有,各部门的信息不能及时沟通,根本无法谈及"资源共享"[2]。高校的自我封闭意识、对教学资源共享平台建设的不重视是实现资源共享的一大障碍。

第二节　高等教育人才培养问题出现的原因

要解决存在的问题,必须对存在问题的原因进行剖析。正视我国高等教育人才培养存在的主要问题,并探寻这些问题背后的原因,可以发现我国高等教育人才培养面临诸多困难主要是由于缺乏配套的管理制度、创新的培养理念以及优质的教学环境。

---

[1] 沈记全,赵俊伟.关于高校校内教学资源共享问题的几点思考[J].实验室研究与探索,2012(1):185-187.
[2] 张丽君,段万春,赵霞.高校教学资源共享的思考[J].高教论坛,2008(6):176-178.

一、缺乏配套的管理制度

关于制度的含义,不同的学者有着不同的看法。美国学者道格拉斯·C.诺斯(Douglass C. North)认为,制度是为人类设计的,构造政治、经济和社会相互关系的一系列约束。在《经济制度学:社会秩序与公共政策》一书中,制度被定义为由人所制定的规则,它抑制着人际交往中可能出现的任意行为和机会主义行为。① 而在《辞海》中,制度指要求成员共同遵守、按一定程序办事的规程。制度划分为三种:第一种是宏观制度,是指社会形态,即国家上层建筑,如社会主义制度和资本主义制度;第二种是中观制度,是指专门适用于社会中某一领域的制度,如经济制度和教育制度;第三种是微观制度,是指社会组织、集体为了对其内部事务进行管理而自行制定的制度,如高校的管理制度。我们所指的管理制度是指高校的管理制度,在我国现行体制下,高校管理制度属于内部规则,不属于法律体系的组成部分,但可作为教育法律体系的延伸和补充。因此,高校内部管理制度是在国家宏观制度框架下的子制度,适用于高校内部成员,同时也是由高校内部成员制定的。借鉴相关文献中的定义,本书认为,高校的管理制度是高校为了实现组织管理工作的各项目标,依照法律法规和上级有关规定,制定的在全校范围内具有普遍约束力的条例、规定和管理办法等规范性文件的总称,它可以协调、规范高校成员在工作、学习、生活方面的各种行为,使之成为一个有机整体,以有效适应环境。从制度经济学的角度来看,制度作为一种规则,在本质上负载着某种思想或理念,因此,如果能建设好高校管理制度,就可以使教育理念、管理思想在无形中渗透到各项工作中去,并影响师生员工的思想和行为,以达到教育和激励的作用。

管理制度是保证高校各方面工作有序、有效进行的一个重要条件,在高等学校日常教育教学活动中,加强高校管理制度的规范化、科学化、系统化的建设是确保高等教育完成人才培养目标和任务的最基本、最重要的途径。但是,由于各种原因,管理制度已成为我国高等教育人才培养的绊脚石,主要表现在高校自主权难以落实、公平和效率难以兼顾、制度运行难以实现市场化、过度强调权力的集中统一等。

---

① 黄杰.我国高等教育评估制度变迁研究[D].桂林:广西师范大学,2010.

第三章 高等教育人才培养存在的问题及原因分析

(一)高校自主办学落实不彻底

我国高校办学自主权虽然有所扩大,但是,高校办学自主权的落实并不彻底。现行高校行政管理体制改革的基本政策比较笼统、阐述不明晰,导致高校办学自主权的落实情况不理想,尚有许多可放权也该放权的地方还未放。例如,在招生自主权上,教育行政部门不仅在宏观上把控高校招生的总体规模,并且在微观上对高校招生的具体人数也有一定的限制,而在一些试点的自主招生高校,自主招生的权力更加有限。尽管高等教育法明确了高校在招生计划、专业设置、教学、科研、经费等方面的权力,但实际上,制订招生计划、决定生源分布仍由教育行政部门掌管,确定收费标准也是地方政府物价部门的权力,高校无权确定标准。总的来说,高校的自主权问题难以落实到位。

(二)高校难以兼顾公平与效率原则

公共政策的价值观一般可以分为效率至上、效率优先、兼顾公平、公平优先等价值取向,不同的政策价值观会导致不同的政策效果。如果缺失合适的政策价值观,就会致使公平与效率问题难以兼顾,呈现出许多高等教育不公平的教育现实,最主要的表现是高等教育资源利用不充分、不合理,使有的部门教育资源严重不足,而有的部门教育资源过剩。

(三)高校独立运行受牵制

高校在制度运行过程中难以实现完全的市场化,政府在一定程度上垄断了对高校的控制和管理,高校主要依靠政府财政拨款来实现收支平衡,即使出现收不抵支,也不会面临倒闭和停办的结局。如此一来,高校独立于市场之外,没有生存竞争的压力,从而使得政府的教育投资效率普遍不高,高校人才培养的质量得不到有效提高。最后,我国高校的管理制度还存在过度强调权力集中和统一的问题,导致其他利益相关者难以参与到学校管理。例如,制度制定的过程中缺乏法律专家和学生代表的参与,在程序上不是十分规范,主观性和随意性较大。师生员工作为管理对象,只是被动地接受命令和服从安排,导致师生员工在管理过程中缺乏主动性和积极性,而管理者在工作中也比较吃力,管理工作效率不高。总之,过度强调统一、规范与所谓的实效,不利于师生员工利益的保障与自身的全面发展,也不利于管理制度的有效实施,更加不利于人才培养质量的有效提高。

二、缺乏先进的培养理念

理念属于哲学的范畴,它指引着人们从事理论探究以及实践活动,是一个精神、意识层面上的上位性、综合性的哲学概念。

《辞海》中对理念的解释是这样的:理念和观念是可以互用的,观念是指看法、思想、思维活动的结果,有时亦指表象或客观事物在人脑里留下的概括的形象。理念既包含认识、思想、价值观、信念、意识、理论、理性、理智,又涵盖了上述思维产品的表现物,如目的、目标、宗旨、原则、规范、追求等,而后者使抽象的理念具有了直观的形象,能更真实地反映和表现理念的内涵。理念也可以理解为理性认识及其成果的集大成。由于理念是意识层面的,传统哲学观点认为,物质决定意识,意识具有能动的反作用,正确认识意识作用有利于充分发挥主体的创造性。因此,理念是具有能动创造性的。理念可以支配思想,形成认识,认识指导行为、影响政策,政策巩固体制、局限理念,理念、思想、认识、政策、体制之间存在互相联系、互相影响的关系。高校人才培养理念是指高校对人才培养问题所持的具有系统性、稳定性、延续性的理性认识、理想和观念体系,这些理念对它们所对应的实践活动起着先在、先决和先导的作用,高校以什么样的理念和方式培养人才,是人才培养质量的关键所在。

高校在人才培养上存在的一些问题与高校人才培养理念上存在的偏差有直接关系。目前,我国高等教育人才培养过程中培养目标、课程设置和考核机制等存在的问题,与培养理念的落后密切相关,主要表现在缺乏自主创新的理念、缺乏对高等教育人才的认识与重视。一方面,我国高校人才培养理念滞后。长期以来,我国的教育方式深受儒家文化影响,重传统、重权威;注重知识的传授,而忽视学生潜能和创新能力的培养,强调吸收,轻视表达,比如死记硬背就是保证完整地吸收信息的一个极端方式,没有给个人意见的陈述留下任何空间。因此,在传统教育背景下很难培养出具有创新精神和批判精神的人,而这种人才培养理念也亟待革新。另一方面,我国高校对高等教育人才的认识和重视程度不够。高等教育人才属于应用型人才,[①] 近年来,许多高校将应用型人才作为人才培养目标,表明许多高校对教育发展规律有了新的认识,开始关注培养人才

---

① 熊正德. 管理类拔尖创新人才培养与质量评估研究[M]. 北京:华文出版社,2016.

第三章 高等教育人才培养存在的问题及原因分析

的性质和定位问题。但由于应用型教育在我国发展时间较短,无论是在应用型人才的基本规格、内涵以及培养体系建构,还是在培养模式改革与实践等方面,都还没有明显的、鲜明的特点和规律可供把握和遵循。对于如何培养高等教育人才仍然存在许多共性和个性问题需要探索,其培养理念要么过于强调学术,要么过于强调技能。此外,高校对高等教育人才培养不够重视,有的高校虽然态度上高度重视,但在实践中却缺乏行动。高校对人才培养理念认知不充分直接导致了培养目标定位不准确、课程设置与实际脱节以及考核评价机制不合理等问题,使得在人才培养过程中,学生的主体地位得不到充分尊重,教师的主导作用不能有效发挥,企业的人才需求无法得到满足。

三、缺乏弹性的高校办学体制

中华人民共和国成立以后,受苏联影响,我国逐步建立了由政府部门和教育主管部门共同举办高等教育的体制,形成了以系为基本教学管理单位,统一招生、统一分配,强化专业和学科的高校办学模式。但是近年来,我国政治、经济、文化、科技等的迅猛发展对高校不断提出了各种新要求,要求高校能满足社会和人们日益增长的各种需求。而要满足这些需求,客观上高校就必须通过教育教学的改革、办学体制的改革,以及办学模式的改革来优化人才培养的质量,这些改革是全方位的。《中国教育改革和发展纲要》就提出,随着经济体制、政治体制和科技体制改革的深化,教育体制改革要采取综合配套、分步推进的方针,逐步建立起与社会主义市场经济体制、政治体制以及科技体制相适应的教育新体制。而高等教育体制改革的目标是建立国家宏观管理、学校面向社会依法自主办学的新体制。因此,高校办学和管理体制改革的重点应放在促进多种形式的联合或合作办学上,要通过多种途径和形式,积极争取地方政府和社会各界参与办学,改变高校单一的办学和管理体制。高校在保证完成国家人才培养和重点科研任务的同时,还要加大为地方服务的力度,积极参与地方经济建设和社会发展的工作,努力成为区域经济和社会发展的中坚力量。通过办学和管理体制改革,在加强国家统筹规划、宏观管理的同时,要进一步扩大学校面向社会依法自主办学的权限,使学校真正成为法人实体。具体来说,主要包括以下几方面的改革。

(一)高考制度改革

中国农业大学原党委书记瞿振元认为:"高考制度当前存在的问题

既有考试方面的,也有招生录取方面的。"当前的高考,在考试内容上,对记忆性的内容考查比较多,对能力测试的内容相对不够。在考试的方式上,当前一次集中考多个科目的考试形式也使考生备考负担过重。从招生录取方面说,如何改变单纯依靠高考成绩、选拔标准单一的局面,如何进一步扩大高校的招生自主权,如何确保招生录取过程中的公正、公开、公平,包括在信息技术高度发展的条件下防范考试舞弊和考试安全等,都是需要我们妥善解决的问题。所以,高考改革应与我国高等教育走向大众化的趋势相适应,与经济社会发展对人才多样化的需求相适应,与人才成长规律相适应,与增强我国高等教育国际交流能力相适应。因此,一是要改革考试内容,改变单一的"死记硬背"方法,注重考查学生掌握知识、运用知识的能力以及对新知识、新信息的接受能力;二是改革考试方式,减少一些"大一统"的考试科目,一些科目实行经常化、标准化考试,使学生有多次机会,从而降低学生"一考定终身"的压力;三是改革录取模式,根据学生的资质、发展特点及专业培养方向,实行多元因素选拔和分类考试,以适应人才发展的需要,即实施以高等学校普通本科招生统一入学考试为基本方式,结合学业水平考试和综合素质评价,进行择优录取的高考录取方式。

(二)现代大学治理体制改革

现代大学制度的共性在于有一个科学高效的治理结构。"学术自治""教授治校"是在柏林大学创办时期就提出的办学思想,也被欧美很多大学奉为治校的不二法门。把我国高校"党委领导下的校长负责制"和"学术自治""教授治校"的理念有机协调起来,应该是改革缺乏弹性的高校办学体制的基本思路。现代大学治理理念,并不是简单的"自治"和"教授治校",而应该确立"共同治理"的理念,切不能简单、片面甚至偏激地对待这个复杂而重大的问题。从学校外部看,大学是一个独立的办学实体,不是教育行政机关的附属机构;从学校内部来看,大学是一个以育人为根本任务的学术机构,不能由行政权力决定一切、管理一切。对此,天津大学原校长龚克认为:"在大学内部,共同治理主要是讲学术人员和行政人员的共同治理。事实上,中国的《高等教育法》已经规定了高校内部治理的四个元素,即党委、校长(以其为首的行政机构)、学术委员会、教职工代表大会。应该说,这一框架是非常好的共同治理框架。但是在这四个要素中,我认为目前最弱的便是学术委员会,而它之所以不能很好地发挥作用,也跟外部的影响有关。比如相关法律规定,学术委员会审议学校的专业设置,但实际上高校的专业设置很大程度上是归教育行政部门管理的。"[1]

清华大学原副校长谢维和也认为:"大学本身是一个二元化结构,在这个系统中,同时有学术和行政两条系统,行政重在追求效率,学术重在追求知识创新,但它们并行不悖,应该强调两者的协调配合。"[2] 完善现代学校制度,旨在释放大学潜力、发挥大学活力,使大学为国家的经济发展培养拔尖创新人才、提高自主创新能力的作用更好地发挥出来,而不仅仅是为大学本身有一个平稳的环境。建立现代大学制度,涉及两个问题:行政和学术,要强调行政和学术的"共同治理",但目前应该更多地加强学术的权力,减少行政的干预。

民进中央原专职副主席朱永新则认为,现在的办学体制,不是"教育家办学",而是"教育局办学"。[3] 例如,上课时间、课程内容、考试方式等许多教学方式都被教育行政部门规定了。因此,要真正实现教育家办学,首先应转变政府职能。教育的管、办、评职能必须分开,让教育家办教育,让社会机构评估教育,让政府管理教育。其次,高校应通过选举委员会,向全社会乃至于全世界征集最优秀的学者、教育家担任校长;以公开竞争或教工推荐的方式,由教授委员会聘任校长。大学校长、院长应成为荣誉性、服务性的职位,且在职期间不应再参与学术领域的评奖、评职称,防止行政权力瓜分学术权力。实践中还应当适当"解放"校长,使他们能集中精力思考教育问题,成为教育的行家里手。要真正实现教育家办教育,还应鼓励民间资本、调动社会资源参与教育。政府应尽快制定办法鼓励社会资金进入教育领域,调动社会贤达人士参与教育管理。此外,还应在大学建立董事会,邀请地方贤达、企业家、官员进入董事会并参与学校重要决策。

(三)高校内部管理创新的改革

传统的高校管理比较强调管理的维持职能,而忽视了创新职能。内外部的竞争与挑战,迫使高校要敢于走新路。因此,创新应成为高校管理的基本职能。从管理过程与要素看,高校管理创新的主要内容包括:解放思想,敢于否定自我、超越自我,创新管理目标,实施管理技术创新,实

---

[1] 袁新文.集众智求共识 教育规划纲要大家谈[N].人民网,2010-03-20.
[2] 谢维和.大学行政系统和学术系统并行不悖[EB/OL].http://www.sinoss.net/2010/0325/19970.html,2010-03-25.
[3] 袁新文.集众智求共识 教育规划纲要大家谈[N].人民网,2010-03-20.

现管理理念的创新。创新管理目标,主要表现为对学校发展目标的优化和对人才培养模式的变革,以观念变革为先导,对组织运行方式的原则、规定进行革新,包括组织结构、权责划分、运行规划和管理规章的调整与完善等。管理技术创新指现代信息技术等先进管理手段、方法的使用和管理过程的革新,实现办公的自动化与信息化,促进高校管理的科学化和现代化。在高校内部管理创新的改革中,管理理念创新是先导,而管理制度创新是关键。目前,我国大学外部关系的处理并非是大学一厢情愿所能解决,而对于大学内部制度创新,大学是可以大有作为的。

四、缺乏优质的教学环境

有关教学环境的内涵,顾明远在《教育大辞典》中指出:"环境是影响我们发展生存的所有外部条件的总和,而教学环境则是影响教学活动的外部条件的总和。"李重德在《教学论》中指出:"教学环境是教学活动所必需的客观条件的集合。"有些学者认为,教学环境分为大环境和小环境,大环境是指一个国家的政治经济发展状况和国家教育政策等,小环境是指学校风气、教室气氛、教学方法、教学手段和教师风采等,还有些学者认为,教学环境分为显性环境和隐性环境,显性环境包括教育仪器、设备、教室内外等物理设施,而隐性环境则包括教育理念、教学氛围、习惯、规范、人际交往氛围等。实际上,教学环境可以按空间和功能上来分别进行定义。在空间上,教学环境是一种特殊的实体存在,比如,教室环境、宿舍环境、校园环境、家庭环境和社区环境。在功能上,教学环境可以是一种特殊的文化,比如,生理文化、心理文化、物质文化、交往文化、符号文化和活动文化等。因此,高校的教学环境可以从实体环境和功能环境分别进行阐述。实体环境由地理位置和经济条件决定,人文环境则包括社会风气和大学校园文化。我国古代思想家早就论述过环境对于教育的重要性,两千年前的《荀子》中有句"蓬生麻中,不扶自直;白沙在涅,与之俱黑",就是阐述环境对于成长的重要性,《三字经》中"昔孟母,择邻处"说明了环境可以改变一个人的生活和学习习惯。环境可以塑造人,也可改变人,影响着人的生长发育、智力水平、情感态度、思维方式、行为方式等。教学环境也不例外,它是学生学习活动赖以进行的主要环境,潜在地干预着学生的学习活动,影响着学生学习的效果。[1]

---

[1] 熊正德. 管理类拔尖创新人才培养与质量评估研究[M]. 北京:华文出版社,2016.

第三章　高等教育人才培养存在的问题及原因分析

对于高等教育人才培养来说,良好的教学环境能使教师和学生在教学过程中都受益。例如,在一个良好的科研环境中,个人能得到充分发挥和赞赏;个人价值可以得到充分尊重和承认;个人贡献能得到相应的回报。研究者拥有平等的竞争机会,因而能够让真正有能力、有创新意识的人才脱颖而出。目前,我国高校教学环境满足不了高等教育人才培养的需求,这主要表现在以下方面。

第一,课堂上一些先进的教学技术没有得到充分利用,教学仍然停留在以使用陈旧、传统的教学设备和设施为主,师生的互动效率低。随着计算机技术、网络技术和多媒体技术日趋成熟,以网络化、数字化、多媒体化和智能化为代表的现代教育技术正在改变着高校的课堂教学方式。现代课堂教学环境中,应该更多采用无纸化教学,广泛采用多种技术和手段来辅助教学,增强教学效果,单一的黑板教学应逐渐被淘汰。而就目前来说,我国高校仍停留在传统教学模式中,教师主要是讲述、讲解、提问和提示,教学内容的呈现方式有语言、黑板和图片实物。

第二,教学设施缺乏有效的管理,大多数高校多媒体教室、机房、语言实验室分属不同部门,设备无法共享、重复购置、利用率低,资源得不到有效的利用。与此同时,由于设备的重复购置使得维护和管理人员增多,在一定程度上也造成了人力资源的浪费。最后,高校对于创新教学资源的投入力度不够。网络教学平台是实际教学环境的延伸,目前我国高校在网络虚拟校园社区平台的构建和改善上的人力、物力和财力都投入不足。许多学校虽然构建了网络教学资源平台,但形式和内容上不太实用,需要花费大量精力和物力来维护和改善,这一问题长期得不到解决,使得网络教学平台未能得到充分的利用。

第四章 高等教育人才培养的模式的基本理论、目标与实施方案

和谐社会的构建呼吁综合人才的出现,社会主义现代化建设也需要高素质的综合人才。马克思主义哲学认为人的全面发展是指人的体力和智力的充分、自由、和谐的发展,并从分析现实的人和现实的生产关系着手,提出了人的全面发展的条件、手段与途径。实现人的全面发展就要兼顾德、智、体、美、劳各个方面的协调发展,就是要使人的个性得到自由的发展。这种理念贯彻到人才培养的具体实践中,就是要培养各方面都和谐发展的多样化发展模式的高素质人才。

第一节 高等教育人才培养模式的内涵

人才培养模式既不是一般的办学模式,也不是具体的教学模式。办学模式是一个涉及办学体制、管理体制、投资体制、招生与就业体制、校内管理体制等制度结构,以及教学、科研、社会服务等办学功能,是一个外延宽泛的概念。高等教育办学模式的改革必然会引起人才培养模式的变革,如我国高等学校"面向社会、依法自主办学"办学体制的改革直接导致了"厚基础宽口径"人才培养模式的兴起。教学模式是一个涉及由教学环境、教学内容、教学方法与手段、教学主体等要素组成,是一个具体的教学活动过程的概念,是人才培养模式的一个重要组成部分。

一、人才培养的目标:培养身心和谐发展的人才

(一)身体上的和谐

人类的身体结构十分复杂,有学者曾称其为"小宇宙"。人体就像是

第四章　高等教育人才培养的模式的基本理论、目标与实施方案

一个和谐的小宇宙,而身体的和谐是人体和谐的基础。我国的传统教育长期以来都将身体健康和生理健康作为一个重要的价值标准。孔子提出的"六艺"中将身体素质和运动技能教学放在了较高的位置。曾任北大校长的蔡元培提出了"五育并举"的教学理念,将生理的发展列入和谐的人不可缺少的一部分。教育家马君武认为学校的人才培养目标是将学生培养成具有"强的体力,活的头脑,干的双手,好的性格,锐的勇气"的青年,强调学生不仅要具备良好的性格、足够的勇气、灵活的头脑,也要具备强壮的身体。这都体现了教育家们对学生生理发展的极大关注。

《中华人民共和国教育法》是我国教育的根本大法,此法的颁布标志着中国的教育工作进入了全面依法治教的新阶段,对我国教育事业的发展以及社会主义物质文明和精神文明建设都产生了重大而深远的影响。它总结了我国多年来的教育改革经验,指出"教育必须为社会主义现代化服务,必须同生产劳动相结合,培养德、智、体全面发展的建设者和接班人",也将生理和谐、身体的健康发展作为人才培养的一个基本要求。[1]

生理和谐的人首先应具备良好的身体素质。身体素质通常是指人体在活动中所表现出来的速度、力量、耐力、灵敏、柔韧等机能。身体素质是一个人体质强弱的外在体现。良好的身体素质是人类进行生产劳动和各项社会活动的基础,又是保障人的各项素质得到发展的重要物质条件。良好的身体素质不仅能够产生巨大的能量,还能有效保证人的各个器官与肢体高效率地进行各项工作。从人类的生物进化历程我们可知,人类肢体的活动和功能的进化促进了脑的进化过程。即使现代社会出现了各项高科技,人类的智能在人的活动中扮演着越来越重要的角色,仍然代替不了身体素质的作用。首先,人的生产活动、审美活动、认识活动、社会活动都需要人类付出体力。其次,良好的素质体现着心理机能的健康发展,肢体的发育促使心理活动的进行。肢体的活动能够提供给脑充足的氧气,引起脑体内核糖核酸的增加,促进脑的成长发育,提高脑的机能和活动效果。与此同时,高效的身体活动和良好的身体素质能带动与心理活动密切相关联的感觉器官、神经系统的发育和身体机能水平的提高。再次,良好的身体素质可以支持人类肢体进行深刻而复杂的活动,使人类获得准确的信息,从而使人获得坚强的意志、愉悦的心境、乐观的性格,促进人的科学素质、心理素质以及其他素质的发展。

生理和谐的人能够较好地顺应人体发展的自然规律。首先,高校学

---

[1] 班秀萍,叶云龙.全面质量管理与高校人才培养[M].长春:东北师范大学出版社,2017.

生应基本了解人体系统的结构和机能,当他们具备了充足的知识储备,才能更好地按照人类生理活动的规律与特征锻炼身体、参加活动。相反,如果学生对人体的结构系统毫不了解,盲目地进行锻炼和开展活动,就有可能损害身体健康,甚至阻碍身体的发展。其次,高校学生应该培养自己的良好作息习惯,按时休息,注重穿着、饮食以及身体的卫生,讲究正确的姿势坐、立、行、卧,积极开展体育活动,进行健康的娱乐活动以及适当的体力劳动。适度使用大脑和眼睛,及时纠正不良的生活习惯和嗜好,尽量避免有损身体健康的行为出现。高校学生还要培养自身对体育活动的兴趣和爱好,只有对体育活动产生了兴趣,才会从心底里接受它、关心它,并参与其中。再次,高校学生还要掌握体育课程的基础知识和基本技能。对体育运动知识的掌握有利于加深学生对体育活动的认知,了解体育活动的规律与特征,并结合自身的特点,将知识与体育实现完美结合。体育运动技能是一种熟练的动作方式,它形成于体育运动的具体过程中。高校学生具备了一定的体育运动技能,才能促使他们体育锻炼的顺利进行。体育运动技能的不断提升,不仅能激发学生对体育活动的浓厚兴趣,还能增强学生进行体育训练的信心,培养他们自主进行体育锻炼的良好习惯。最后,大学生要有主动参加体育活动的决心和毅力,有自觉锻炼身体的意识。个体身体素质的提高必须通过自身的积极锻炼,这是任何人都无法替代的。因此,高校应当培养学生参加体育运动、锻炼身体的自主性和积极性,自觉强身健体。

(二)心理的和谐

人体是一个复杂的系统,由生理与心理、社会与环境等多方面因素综合作用而形成。心理素质以自然素质为基础,在后天环境、教育、实践活动等因素的相互作用下逐步形成,是人类整体素质的重要组成部分。心理素质是先天和后天的有机组合。心理素质包含认知能力、兴趣、需要、动机、意志、情感、性格等智力及非智力因素。这些心理素质具体到日常生活中,表现为人的情感状态、承受挫折的能力、独立行动的能力、自信心、健康的人格状态等。心理的和谐发展表现为这些方面的良好状态,以及与环境、社会和人自身发展的关系。

心理和谐,首先表现为具有保持心理健康的能力。心理健康是现代人健康不可分割的重要部分。人的生理健康标准不同,心理健康也有不同的标准。有人认为心理健康的基本含义是指心理的各个方面及活动过程处于一种良好或正常的状态。

第四章　高等教育人才培养的模式的基本理论、目标与实施方案

　　心理和谐的第二个方面在于能够合理化解不同压力。随着整个社会的不断变迁以及生活节奏的加快及激烈的竞争,人们生活的稳定性和安全性降低,利益的均衡性被不断打破,导致了人类生理和心理发展的失衡。在这种社会背景下,很多人表现出了消极的意志,如焦虑不安、理性自控能力减弱、感情易冲动、行为失范、产生身体疾病等。在高校中也如此,科技的快速发展和经济竞争的日益激烈,使大多数教师处于高度紧张的状态之下,从而导致精神疲惫、身心劳累。而心理和谐的人就能够应对这些状况,保持一种淡然的心态,以平和的姿态面对快速变化的环境。

　　心理和谐的第三个具体表现,是拥有优良的个性心理倾向、主动的自我意识、优良的性格特征和独立主体的意识。个性心理倾向又称为个性的动力结构,是构成一个人的心理和行为的动力系统,主要包括动机、需要、兴趣、信念、理想、人生观和世界观等心理成分,对个性的形成和发展起着一定的调节作用。

　　动机是由需要引起的,想要满足各种需要的特殊心理状态及意愿,引起动机的内在条件是需要,外在条件是诱因;兴趣以需要为基础,具有稳定性、倾向性、广度、效能四种品质。需要是一个人产生心理活动的基本动力,是个体对生理和社会的需求在人脑中的反映,人不仅有最基本的物质需求,还有多种精神需求。

　　信念是意志行动的基础,是个体的动机目标与其长远目标的相互统一。没有信念就产生不了意志,更不会产生积极主动的行为。

　　理想是对未来事物的想象和希冀,是人们的世界观、人生观和价值观的集中体现,它是人们在实践的过程中形成的、有实现可能的、对未来社会与自身发展的向往与追求。

　　人生观指人们对人生目的和意义的根本看法,主要通过人生目的、人生态度和人生价值三个方面具体体现,它不仅决定着人们实践活动和行为的目标、人生道路的方向,还决定着人们的价值取向以及对待生活的态度。

　　世界观是指人们对世界的基本看法和观点,具有实践性,人的世界观不是静止不变的,而是不断更新、不断变化、不断完善的。

　　主体性指的是人在实践过程中所表现出来的地位、能力和作用,也就是人的主动、自主、自由、能动、有目的、有计划地进行活动的地位和特性。它是市场经济社会对人的心理素质的较高要求,是人的现代性的突出特征。

　　高校学生应该做自我学习、自我生活和自我发展的主体,明白自己是生活和学习的主人,尽力发挥自己在各方面的主观能动性,主动学习如何

管理自己的生活、学习和教育,确定自己的发展目标,挖掘自身的潜能,发挥自己的个性特长。人的个性心理特征,就是个体在社会实践中表现出来的较为稳定的成分,如能力、气质与性格。高校大学生应树立积极向上的人生态度,养成良好的意志品质和情感品质。良好的情感品质也就是性格的情感特征,具体表现为稳定、适度、正常并充满活力和朝气,它能够促进身体健康与智力发展,提升实践活动与智力活动的效率,有助于人们正确做出选择和决定。良好的意志品质也就是指性格的意志特征,是指个体在调节自己的心理活动时表现出来的一系列心理特征,自制力、自觉性、果断性、坚定性等是主要的意志特征。

自制力是指人们能够自觉控制自己的行动和情绪,不仅善于阻止与既定目标不符的动机、愿望、情绪和行为,又善于激励自己勇于执行决定;自觉性是指个体自觉地执行或者追求长远目标任务的程度,其外在的突出表现是兴趣、热情等,内在的主要表现是职责意识、责任心等;果断性指的是人们能够快速合理地做出判断,并及时采取决定和执行决定,人们若能具有果断性的品质,能够快速地思考行动的目的、动机、方法和步骤,并准确估算可能出现的结果;坚韧性指的是一个人具有坚韧不拔的意志和顽强不屈的精神,敢于克服一切困难并执行任务,在任何困难或者威逼利诱面前都不动摇,持之以恒地实现目标。此外,高校大学生还应该热爱生活,积极创造自己的生活,正确享受美好生活,养成活泼、开朗、乐观、朝气蓬勃的性格。有了这种积极的性格,在面对生活中的各种紧急事件和情况时都能坦然应对,快速地适应环境的变化,保持身心的健康,提高活动的效率。自我意识是指对自己身心活动的关注,也就是自己对自己的认识,不仅包括对自己生理状况、心理特征的认识,也包括对自己与他人的关系的认识。自我意识具有社会性、意识性、同一性、能动性等特点。自我意识的结构包括知、情、意三个层次,由自我认知、自我体验及自我调节三系统构成。它属于人的心理调节系统,协调着人自身的心理活动间的关系,协调着人的心理、行为与环境间的关系。自我意识是在人自身的先天条件与一定的环境条件下形成的,有了积极的自我意识,人才能够积极地发展和完善自己的基础。因此,自我意识也是心理和谐的基本内容。

(三)身心的和谐

高校学生的身心和谐不仅表现为动手能力与动脑能力的和谐,也表现为智慧操作与技能操作的和谐,还表现为身体机能与心理机能的和谐。

第四章 高等教育人才培养的模式的基本理论、目标与实施方案

人的身心和谐,是指一个人身体健康、知识渊博、人格完善、能力全面,应该包括生理和心理的和谐两个方面,并在这两者之间达到一种平衡协调、整体互动的状态。无论是高校、教育者还是大学生,在进行评价时,都应把能力作为衡量身心和谐发展的重要标准。[1]其中,智力和能力一直为人们所关注。智力和能力之间的关系存在以下三种观点:第一是苏联学者认为能力包括智力,能力是一个整体概念,而智力只是其中的一个组成要素,即与一般能力相对的特殊能力;第二是西方学者的观点。他们认为智力是一个大范围的概念,而能力是其组成部分;第三是我国学者的观点。认为智力和能力是两个相互独立的概念,既有联系,也有区别。智力是能力的基础,而能力是智力的表现。我们可以将二者合称为智能。现在实施的素质教育要求提高公民的思想品德、科学文化水平、身体和心理素质以及劳动技能,培养各种能力,发展人的个性。培养智能对学生智力和能力的提升起着主导作用,在不断完善人的其他素质方面,也起着一定的作用。如智力因素对非智力因素就有一定的促进作用,智力因素的多种特征可以直接转化成性格的理智特征,有益于人的个性的完善。此外,智力素质的提高能够优化学生的品德,提升他们掌握科技知识及技能的能力,增强学生体质。

值得一提的是,培养创新型人才是高校人才培养的重要目标之一,在这其中,智能发挥着巨大作用。创新素质是指人在先天因素的基础上通过后天环境和教育的影响所获得的在创新活动中具备的基本心理品质与特征。

由此可见,智能素质是人的创造意识和创造能力的基础。高校学生智能素质的提高关键在于创新素质的培养。

人才培养要以创新素质为核心,培养和提升高校学生的智力和能力水平,使他们具备较强的创新能力、适应能力以及研究拓展能力,以便更好地为知识经济服务。在知识经济时代的市场带头人应具备七种基本素质:扎实的知识基础,突出的创造才能;对市场发展方向具有敏锐的洞察力和判断力;具有经济头脑,对当前以及未来的市场需求极其敏感;善于学习,不断从行业和市场中汲取能量;设计出让消费者满意的产品;拥有锲而不舍的决心和持之以恒的毅力;能够团结和带领一支队伍。这些素质都要以高水平的智能素质为基础。

知识经济的发展,意味着人类正在逐渐迈入以知识储备为依托的经

---

[1] 班秀萍,叶云龙.全面质量管理与高校人才培养[M].长春:东北师范大学出版社,2017.

济时代。知识经济所带来的影响将决定着全球经济的力量。在未来的发展中,知识将是最重要的经济因素,推动社会生产中的诸多劳动形式向以智力为主的方向发展。知识的生产必须要依靠人脑的力量,而人脑是智力的主要载体。未来的国际竞争演化为人脑智能开发的竞争,各国都非常重视智力的发展。近些年来,各国对大脑的研究投入逐渐加大,并不断取得新成果。我国高校也应将人脑开发作为人才培养的一项长期任务。

二、人才培养的过程:建立协调的人际关系

人际关系是指人们在生产和生活的过程中逐渐建立的一种社会关系。这种关系会影响人的心理,在人的心理上形成一定的距离感,具体表现在人与人交往中关系的亲密性、深刻性、协调性、融洽性等心理方面。高校中的主要人际关系有师生关系和同学关系。师生关系指教师和学生在教育、教学过程中形成的相互关系,包括彼此的地位、作用和相互态度等。它是一种较为特殊的社会关系和人际关系,是高校教师和学生为实现教育目的,通过各自独特的身份和地位通过教学活动而形成的多层次、多质性的关系体系。师生关系与师生间的共同需要、意愿、个性特征等有着密切的联系,尤其是教师的工作作风对师生关系有着重要影响。同学关系的内涵比较丰富,既包括正式的同志关系、学习关系、领导和被领导的关系,也包括非正式的志趣相投、心理相容的同伴关系以及相互排斥的竞争关系。[1]

(一)和谐的人际关系在人才培养过程中有着极大的促进作用

和谐的人际关系能够帮助学生了解自己以及了解他人,《老子》第三十三章中说:"知人者智,自知者明。"所谓自知就是自我意识,是对自己身心活动的觉察,也即是自己对自己的认识。这种需求一旦得到满足,就会产生一种安全感和归属感;如果这种需求得不到满足,则会产生抑郁、不安、孤独的情感,同时也会产生更多的生活和情感问题,不利于身心的健康发展。

---

[1] 班秀萍,叶云龙.全面质量管理与高校人才培养[M].长春:东北师范大学出版社,2017.

第四章　高等教育人才培养的模式的基本理论、目标与实施方案

(二) 如何实现人际交往的协调

1. 协调的人际认知

人的认知指在与他人进行交流接触时,根据他人的外在行为表现判断他人的性格特征、心理状态、行为动机和意向的过程。人际认知是人际心理关系的前提。交往双方通过彼此的交往确立认知,有助于实现良好的人际关系。在建立认知时,对他人要公正对待,不能抱有偏见,要全面认识交往对象,既看到他的优点,也不能忽视他的缺点。在进行评价时,应注意给交往对象以更多的积极、肯定的评价,少给否定评价。求实、正确、公正的评价能够赢得交往对象对你的肯定和理解,这在一定程度上也会增强对交往对象的信心。这样的做法有利于建立和保持良好的认知关系。另外,由于认知经验、价值观的不同,会出现认知不协调的现象。这时就要设身处地地为对方着想,站在对方的角度考虑问题,进行自我认知,不断提高自身的素养。

高校学生人际关系的协调突出表现在对待人际冲突上的反映和态度。冲突包含两个必要因素:一是被双方感知;二是存在意见的对立或不同,并带有某种相互作用。冲突主要有破坏性冲突和建设性冲突两种。破坏性冲突具有以下特点:双方的目标不一致;双方对自己的观点都非常自信;不愿意倾听对方的意见和建议,由开始时对观点和问题的争论发展为性质恶劣的人身攻击;相互之间很少或者不再交换情报。这种冲突十分不利于组织或者群体的发展。而建设性冲突则具有相反的特征:双方具有一致的目标;双方都很关注要实现的共同目标;愿意倾听对方的意见和建议;双方围绕着争论的问题,互相交换情报和材料。这种冲突有利于组织和集体的团结。高校学生对双方交往的目标、利益、关系等都要先有一个正确的判断,这样才能找到双方的共同点,促进冲突、矛盾和分歧的解决。高校可以通过开设一些专门的训练课程帮助学生掌握一定的解决问题的方法和技巧,针对不同的问题应该采取不同的应对措施。当冲突不激烈,或者还有更为紧迫的问题需要解决时,就要先解决紧要的问题。当收集信息比立刻解决问题更为重要时,就要优先收集资料。当这一问题是其他问题的导火索时,可以采取回避式解决方案。当其他人能够更快地解决问题时,就要寻求他人的帮助。当发现自己的想法是错误的,想要倾听他人的正确做法时,当该问题由别人组织比自己组织更有利时,当别人超过你,占有更大的优势,为了给以后的事情建立基础时,就要根据实际情况确立不同的解决方案。

2. 协调的人际情感

情感是态度的部分,它与态度中的内向感受相互协调,是态度体现在生理方面的一种稳定而复杂的生理体验。交往双方在交往过程中形成的情感相互作用、相互影响、互为因果,其中一方的情感和行为会影响另一方的情感体验和行为。一方对另一方流露真情,对方会接受这种情感,对他们产生信任和依赖,并欣赏和认同对方的行为。这时双方之间的关系就变得和谐,一方也会朝着另一方的期望发展。这种良性关系的构建,关键就在于提升学生们的基本素养。反过来,如果学生之间的关系紧张,情感疏远,拒绝对方提出的合理要求,这都会对双方的关系产生影响。高校学生最突出的两种情感是竞争与合作、吸引与排斥。人际竞争指的是个体或者群体充分发挥自己的潜能,按照优胜的标准使自己的成绩超过对方的过程;人际合作指的是人们为了某种共同的目标而在一起学习、工作或者完成任务的过程;人际吸引指的是个体与他人之间情感上相互需要、相互喜欢、相互依赖的状态,它是人际关系中的一种肯定形式,按照吸引的程度,可以将人际吸引分为亲和、喜欢与爱情;人际排斥指的是交往对象之间发生的相互敌视、相互疏远的现象,主要特征有感情冲突、认知失调、行动对抗。

3. 协调的人际交往

人际交往又称为人际沟通,指个体借助语言、文字、肢体动作或者表情等手段将有效信息传达给其他个体的过程。协调的人际交往首先要具备一定的交往品质。高校学生应注重培养四种交往品质:

一是待人亲切温和。在与人交往的过程中,温和很重要。"和"的具体内涵包括:为人和蔼、说话和气、和睦相处,与人交往要和颜悦色,有意见时要和风细雨、心平气和地讲出原因。亲切温和的态度主要通过言语、面部表情以及对别人的热情关心等方面表现出来。只有为他人着想,与他人一起分享快乐和痛苦、成功与失败,才能获得真正的友谊。

二是宽容豁达。这表现在能够听取来自不同群体的意见,包括相反的意见,能够容忍他人的过错,能够原谅他人的错误,做到不计前嫌,还表现在能够虚心接受别人的批评,发现错误及时改正。对小事不斤斤计较,不耿耿于怀。

三是诚实正直。诚实是指真实地表达主体所拥有信息的行为,正直是指与人相处时坦诚以待,没有隐瞒。敢于伸张正义,同不良现象做斗争。诚实正直能够带来尊重、信任、钦佩和友谊。反过来,如果一个人不怀好意、心术不正,就不会赢得大家的尊重。

第四章　高等教育人才培养的模式的基本理论、目标与实施方案

四是忍让克制。生活在这个日新月异的社会,我们应该学会适应社会,而不能要求社会为自己改变。一个人若不尊重别人的想法、一意孤行,这在人际交往中是不可行的。忍让和克制是人人应该必备的修养。高校学生在与人交往的过程中要有一定的克制力,不能被不良事物所影响。

和谐的人际交往还要求高校学生掌握相应的交往技能。与人相处需要具备一些基本的技巧,这通过交往的实践才能实现。第一是倾听的技巧。倾听是实现有效沟通的最佳选择,善于倾听才能达到思想感情的通畅。善于倾听他人意见的人也能更好地处理人际关系。倾听他人意见时,要耐心、虚心,并主动反馈,给予其答复。第二是与人交谈的技巧。交谈是人与人之间、人与群体之间思想与感情的传递和反馈的过程,以求思想达成一致和感情的通畅。在人际交往的过程中,与人交谈时,要能够意识到双方的重要地位和角色,意识到言语双方的合作性。也就是说,要清楚自己的责任不仅仅是要表达清楚心里的想法,还要兼顾通过何种方式交谈才能引起对方的兴趣。谈话时,要表达清楚自己的意见,并主动根据对方的反应来调节自己的谈话内容和谈话方式。交谈时要注意选择合适的话题和谈话的方式,同时还要注意话题的转移以及交谈时的一些细节问题。

要实现人际交往的协调,高校学生还应尽量克服交往中出现的障碍,及时处理交往中存在的各种问题,做到具体问题具体分析。每个人的个性不同,有的人胆小怕事,有的人不擅长交友,有的人小心谨慎,有的人嫉妒心很重,有的人比较小气。应对这些具体的问题也是和谐的人际关系的内容。有的学生在与陌生人交往时,往往比较拘谨,甚至还伴有焦虑、抑郁、恐惧等不良情绪。面对这些情况,大学生要树立信心和勇气,在丰富自己知识的同时增加一些实践活动。要特别注意嫉妒所带来的不良影响。嫉妒是指人们为争取一定的权益,对幸运者或者潜在的幸运者抱有的一种贬低、冷漠、排斥或是敌视的心理状态。这对学生的身心发展来说是不利的。要想克服这种心理,大学生要提升自己的认识水平,掌握正确思考问题和解决问题的方法,同时不断地反省自身,弥补不足。

三、人才培养的途径:群体性与独立性相统一

(一)人才和群体的统一性

人的根本属性是社会属性,高校学生作为社会中的一员,必然会受到来自社会的影响。高校学生对群体产生一定作用和影响的前提是充分考

虑学生个体与群体的复杂关系。首先,要明确群体教育的手段,并使群体决策成为实现群体教育的基本手段。群体的规章、纪律、行为规范都制约着大学生的行为。如果只是由少数群体参与规范和纪律的制定,那它们对学生的制约力不会很高。因此,在制定规章制度时应选用群体决策的方式。所谓的群体决策是决策科学中一门历史悠久与应用价值较高的学科。它研究如何将群体中每一个成员对某类事物的偏好汇集成群体偏好,促使该群体对此类事物中的所有事物进行优劣排序或者从中挑选质优者。作为一种常用的决策手段,群体决策在处理重大事情的过程中发挥着较大的作用。在群体进行讨论时,每一个成员都是决策的参与者,都能表明自己的态度,奉献自己的一份力量。制定决策时,群体间的交流使大家互相交换意见,每个参与者都能看到问题的方方面面。并且,群体决策是通过大家的讨论而产生的,因此能够得到广大学生的支持。

事实上,许多高校的规章制度都是由教育管理者制定的,大学生根本没有参与的机会。大学生只是被动的接受者,以自己的经验和立场来理解这些决策,并不能获得他们的支持。这就减弱了大学生学习的积极性,而这些规章制度也不能发挥其应有的教育制约作用。群体决策的主体并不都是大学生。由于高校学生的知识储备、生活经验都存在着局限性,高校教师应该积极发挥引导作用,有机地将个人决策与集体决策结合起来,使这些规章制度对高校学生具有教育和规范作用。其次,要发挥群体凝聚力在群体教育中的作用。群体凝聚力也可称为群体内聚力,由群体对成员的吸引力与成员对群体的向心力以及成员之间人际关系的紧密程度综合而成,并使群体成员固守在群体内的内聚力量。要发挥群体对大学生的教育作用,学生首先要愿意融入这个群体,以所在的群体为荣,群体对高校学生有足够大的吸引力。若群体具备了较高凝聚力,群体舆论、群体风气以及群体的制度规范对学生才具有一定约束力,才能更好地实现群体的教育作用。

提高群体凝聚力,可以从以下途径进行:一要明确目标。高校学生要树立群体活动的目标,这是培养群体凝聚力的基础。大学生确立了学习和工作中的目标,才能明确自己的职责所在以及与其他同学之间的关系。通过大家的共同努力,学生间增强了了解,关系更加融洽,友谊得到了提升,并且增加了彼此间的吸引力,从而提升了学生间的凝聚力。二要改善群体间的奖罚方式和手段。研究表明,无论是个人奖励还是群体奖励都会影响群体成员间的情感。个人奖励与集体奖励的有机结合有利于群体间凝聚力的提升。在培养优秀学生时,适当进行个人奖励能够促进成员之间的团结协作。过分强调群体的成绩,忽视个人的成功,则会削弱

第四章 高等教育人才培养的模式的基本理论、目标与实施方案

个体的积极性和创造性。高校教师在运用奖惩时,不仅应从整体上鼓励和奖励集体行为,也要重点奖励和表扬那些做出突出贡献的个人,将群体奖励与个人奖励有效结合起来。三是促使群体满足学生程度的不断提高。高校学生往往希望通过参加群体活动来提高自己的能力,满足学生的各种物质需要和精神需求。如果这种需要能得到较大的满足,群体对学生的吸引力也会越来越大,个体对群体的依赖程度越高,群体的凝聚力也就越高。人的需求是多种多样的,学生在群体中不仅要满足求知的需要,还要与人交流,获得尊重和友谊。高校教师不仅要关注学生的学习,还要发展学生其他方面的能力,通过各种途径,促进大学生与他人的沟通和交流,发展学生间的友谊,满足他们的各种需求。四是完善多种领导方式。研究表明,在不同领导方式下的群体凝聚力的表现程度也不一样。在民主型的领导方式之下,群体间的成员团结互助,感情融洽,交流频繁,思想活跃,积极性高,群体凝聚力也较高。在专制型或者放任型的领导方式下,学生人心涣散,积极性不高,冲突较多,群体凝聚力也不高。

(二)人才在群体中的相对独立性

人不是被动的接受者,而是具有主观能动性的主体。高校应该培养出在群体中能够保持独立人格和独立思想的人。现代科技的发展促成了网络的产生,网络时代给当代大学生提出了新的要求。网络社会主要具有三个特点:一是开放的信息。网络社会给人类提供了广阔的交流空间,在这个空间中信息得以流通,组建成一个宽阔的信息空间。网络中信息的开放对学生的影响既有积极层面又有消极层面,它能够培养学生的交流能力,也可能导致他们受到不良信息的侵害。二是空间的虚拟性。网络社会是以虚拟技术为核心的虚拟社会,人与人之间的交往是虚拟的,由符号组成,人的行为也具有了虚拟的特点。三是交往的广泛性。网络社会具有分散式的结构,没有中心,也没有层次。与现实社会相比较,网络社会具有更为广阔的空间。在这一广阔空间中,人与人的交往更容易实现,既能够与一个人联系,也能够同时与多人进行沟通,交往具有普遍性,每一成员都能广泛地加入社会生活。

为更好地应对网络时代所带来的各种挑战,不能单纯依靠学生的自身力量,高校也要承担一定的责任。高校要转变观念,对学生加强教育。高校可以从以下几个方面进行改进:第一,增强教育的开放性。实践证明,单纯的教育已经不能适应当今社会的发展。高校的教育也是如此。在网络化社会,高校要充分利用网络资源和技术,不断地创新教育方式。

第二,转变教育形式。传统的教育尤为注重学生接受知识的能力,而忽视了培养学生的自主选择和判断能力。第三,更加注重自律的作用。要引导学生在使用网络资源时,进行自助筛选,要抵制不良信息的侵蚀。

四、人才培养的方式:产教融合教学法

为适应当前经济发展,提高企业核心竞争力,亟须培养一流的人才。人才培养是当今社会赋予高等教育的重要使命。高等教育培养的人才在具备一定理论知识的基础上,更加强调岗位操作技能,使其既能适应当前职位需求,又能可持续发展。因此,在人才培养方式上,构建符合高等教育特色的产教融合教学模式,以平等互利、优势互补为原则,以培养高素质技能型人才为目的的教学模式。产教融合教学法,学校充分利用产业部门的教育资源和教育环境,把以课堂获取的理论知识付诸实践,将教学活动与生产活动深度融合。

(一)生产过程与教学过程相接

生产过程是指围绕完成产品生产的一系列有组织的生产活动的运行过程。生产过程的特性包括:第一,不间断性。指在空间和时间上都是连续的过程。第二,平行性。指在生产过程中对加工对象实行平行交叉作业。第三,比例性。即生产能力与生产任务相配。第四,协调性。第五,适应性。教学过程是教育者以社会发展需求及受教育者身心发展规律为依据、以教学资源为载体、以师生双边良性互动为基本形态,指导受教育者系统掌握科学文化知识和操作技能,实现学生认知、技能、情感协调发展从而达到预期教学目标的活动进程。其主要分为感知、悟知、行知三大阶段。其特征体现在双边性与周期性、认知性与个性化、实践性与社会性。

培养和产教融合的学分与工时互换模式,生产工时与课程学分的相通是产教融合教学模式得以实施的重要保障。两者的相通主要有三种形式:一是双证制度,理论课和实训课都占据一定比例的学分,实训课的学分由工时兑换,学生修完课程并达到标准后即可获得学分,累积学分达到教学计划标准后可向学校申请职业鉴定,并获取毕业证书;二是学分互认机制,即学生获取的技能证书和技能奖项可兑换成相应学分;三是工学交替,充分考虑职业教育工学结合的特点,允许学生学习时间的间断,对于学生就业或创业过程的学习经历也可以折合成学分,如同零存整取的"学分银行",充分注意生产工时与课程学分的互换。

如长沙航空职业技术学院在产教融合的交替教学模式中,坚持生产

第四章 高等教育人才培养的模式的基本理论、目标与实施方案

工时和课程学分相通的评价方式。即对学生技能实训的工作量有明确的要求,按生产工时来计算,对学生课程学习也有学分要求,两者可以相互置换,共同计入学生总的学业成绩,建立以能力为核心的综合型评价模式。这种模式涵盖了学生学业能力考评和素质能力考评,具体而言,学业能力考评的内容包括生产工时量、产品质量、技能竞赛成绩等,素质能力考评包括道德品质、工作态度和实训表现等。如数控加工专业学生在学习零件的数控车削加工时,多零件加工包括多个工时,占了这门课程成绩的70%,其中安全文明生产20%,出勤作业课堂10%。并且还根据学生所在年级不同设有不同的工时标准:学生第一个学期不算工时,第二个学期学生完成一个工时折算成一个熟练工人的20%,依此类推,第三个学期为35%,第四个学期为50%,第五个学期为75%,第六个学期为100%。这种产教融合教学模式将教学内容变抽象为具体,教学环境变静态为动态,教学资源变单一为多元,并将理论知识、岗位技能和素质教育培养相融合,促进了高等职业教育的健康发展。

(二)基于资源集约的共享式融合

共享式融合是为培养社会经济发展所需的人才,政府借助教育公共基础建设的契机,整体规划,合理布局,综合开发,完善基础设施建设,为职业学校发展创造有利的条件,通过投入共享资源在空间上或组织上的有序有效集聚,使多个主体共同使用的一种融合方式。共享式融合是职业教育集约发展、集中建设、共同利用的一种方式。聚集经济是交易活动在市场力量作用下,资源或生产要素的空间集聚及配置,实现成本节约的一种经济形态。职业教育资源聚集有助于内部成员之间资源共享,提高资源利用效率,发挥组织功能。共享式融合的原则是提高资源的利用效率,发挥资源集聚的协同优势,通过资源共享实现职业引领与教育教学的融洽,校企合作促成现代企业与现代教育融合,工学结合推动工作规律与学习规律融通。共享式融合的内容是,跨越学校与企业之间的沟壑,消除空间障碍,提高职教资源的使用效率。随着产教融合发展成为普遍共识,"抓经济必须抓职教,抓职教就是抓经济"的观念深入人心。为提高人才培养质量和服务区域经济的能力,各地方政府为推进职业教育进行公共投资,建设公共资源,成为产业和学校的"磁石",在资源共享过程中提高经济效益,促进产教融合。

社会组织在不断分工的过程中促进了社会各项事务的精细化发展,同时也导致很多公共资源的分散,社会利用率降低。为了提高资源利用

率,就需要我们运用理论联系实践、经济结合效率来尝试解决此类问题。在实践中,职业教育园区作为对共享式融合的一种有益探索,是以职业学校为主体,以实现资源共享、优势互补和产学研一体化为主要目标,以专业建设、人才培养、科技研发或某种资产为主要联结纽带与共同行为规范,基于地域,立足行业,依托校企合作平台,推动区域产业的成效却不尽如人意,在很大程度上是由企业和学校的性质、产权、利益等关键要素决定的,其中企业的营利性和学校的公益性(即非营利性)是一对难以调和的矛盾,为了探索有效的校企合作方式,学校办企业或工厂是一种大胆尝试,在一定程度上消解了学校和企业之间存在的鸿沟,这也是许多学校积极创办企业或工厂的重要原因。校办工厂作为职业学校内部良好的实训基地,能够形成新的互动机制,推进产教融合,最终形成以"职业关键能力培养为核心、企业关键岗位技能深化为目标、综合知识水平提高和文化融合为宗旨"的培训方案,形成深度融合的校企一体的高技能人才培养机制。如:天津现代职业技术学院长期推行"产教融合",即产品、产业、产销和产能与训育、训技、训体和训形结合,系主任兼车间主任,充分利用有利条件,开办工厂,可以有效地提高职业学校学生的素质,促进人才培养水平的提高。

五、人才培养的制度:创新型人才培养制度

顾名思义,高等教育人才培养体制指的是关于教育的体系和制度方面的课题。由于中国高等教育人才培养的发展历史以及构成中国人才培养体系和经济基础极具中国特色,造成中国的高等教育人才培养体制也彰显出自己的特点。

中国传统教育是以儒学为核心的"选士"教育,在教育的体系上,基本是以私塾为主,根本没有现代意义上的学校,在教育内容方面,多以"四书五经"为主体,很少涉及科学技术方面的知识,在考任制度上,实行"科举制",只看八股文写得如何,缺乏对人才的全面评价。新中国成立后,特别是社会主义市场经济体制的建立,高新科学技术的发展,为我国高等教育的改革和发展创造了新的机遇,同时也提出了新的挑战。为此,我国高等教育正进行着自上而下的、全方位的改革。改革的核心是如何培养全面发展的、具有创新精神和实践能力的高素质人才的问题。21世纪高等教育的一个突出特征是从人的个性出发,尊重学生主体地位和主体人格,培养学生的自主性、主动性和创造性。教学管理作为学校管理的中心内容,不仅仅是一个过程管理,更是一个目标管理。为了实现新的更高的

第四章　高等教育人才培养的模式的基本理论、目标与实施方案

目标,改革传统的教学管理制度势在必行。人才培养制度适应了市场经济下社会、经济、科技发展对教育培养人才的客观要求,是培养新型人才的一种比较好的高效教学管理制度。尤其是改革开放后,伴随着政治体制和经济体制改革,我国高等教育体制改革的步伐也加快了,为人才培养制度的实施创造了有利的外部条件。

（一）高校自主办学

高校自主办学为人才培养制度的实施开辟了自由发展的空间。教育体制的改革使学校和学生都享有较大的自由度,学校实行自主办学,包括自主招生,自主制订教学计划和教学大纲,学生毕业不包分配,上大学收取学费,学校自筹一部分经费并自主使用。学校是独立的法人实体而不再是行政部门的附属体。学生在学习上也有较大的自由度。如学生在学科范围内自主选择专业方向,自主选修课程,可以跨专业甚至跨学校学习;学生可以根据自身情况自行安排学习进度,可提前或延后毕业;学生可以选择任课教师;毕业后学生可以进入人才市场自由择业。

（二）引入竞争机制

竞争机制的引入为人才培养制度的实施注入了活力。学年制时期,同一门课往往只安排一位教师,学生没有比较,教师也可以在毫无竞争的情况下按部就班地、年复一年地讲下去,因为没有竞争也就无需认真备课,研究改进教学方法,虚心听取学生的意见了。竞争机制的引入,使同一门课至少有两位老师讲授,学生可以选择教师。而听课学生人数少,课就不能开,教师就有被解聘的危险。学生的学习也充满了竞争,不是每个学生进入大学就能够毕业,而是有相当的淘汰率。在这种情况下,人才培养制度的实施显得充满生机。

（三）确立人才全面发展的培养目标

高等教育培养目标的重新确立为人才培养制度的实施创造了有利条件。近年来,伴随着高校的不断扩大招生,高等教育的培养目标由过去的"精英"的培养目标重新确立为提高全民的文化素质的培养目标,这个培养目标的确立使学分制的实施成为可能和必需,因为学分制不存在严格的年级和学习年限,也便于不同年龄、不同身份、不同职业的学生灵活地自行掌握学习进度。

第二节　高等教育人才培养模式的目标与教学方法

大学承担了人才培养、科学研究和社会服务三项主要职能,其中人才培养是它基本的职能。大学人才培养目标是高等学校教育目的的具体体现形式,应该成为大学特色的根本所在,它是依据大学所承担的任务和办学目标而确定的,集中体现了所要培养的人才的根本特征。大学的人才培养目标确定了人才的规格和发展方向,决定了一所学校的整体水平、发展前景和人才质量。

一、高等教育人才培养的目标

培养模式的建立与运行、课程体系的构建与优化、教学内容的选择与重组,都必须依据培养目标而确定。这就意味着制定科学、合理的人才培养目标是一所学校办学成功的关键所在。

(一)确立人才培养目标的依据

要确立科学、合理的人才培养目标,首先应正确把握人才培养目标的内涵和结构,科学表述人才培养目标。培养目标是在展开教育活动之前,在教育管理者的观念中存在的教育结果,是对教育结果的一种设想。对这种设想起决定作用的因素主要包括以下几点。

1.高等教育机构的层次

高校的整体水平决定了其人才培养的水平,无论是专科生、本科生,还是硕士、博士研究生,完成学习与研究任务最终都将走向社会接受考验。接受完高中阶段教育后的学生分流进入不同形式、不同层次、不同类型、不同区域的学校(包括各类教育机构)的比例构成与纵横联结方式,主要包括流层结构、流向结构、流型结构和流域结构。

拥有一技之长,具备实用技能的专科生一般多毕业于职业技能类的院校,具备本科学历的专业人才一般多毕业于普通高校,硕士和博士研究生大多是由一些具有学术能力的高校培养的。因此,不同的院校、不同的专业为社会各行各业培养出相应的人才,是高等教育人才培养的最基本的目标。

第四章 高等教育人才培养的模式的基本理论、目标与实施方案

2. 对所要培养的人才的质量标准的选择

坚持培养高质量人才的价值取向,注意反思和克服各种片面的价值取向,完善公平与质量并重的高等教育管理体系,建立公平与质量并重的高教分流绩效评价体系和民主与科学合璧的高等教育政策决策机制。实行高等教育多向分流,推进高等教育职普沟通,强化高等教育上下衔接与促进高等教育前后循环。更新人才培养理念、改革专业设置方式、优化课程设置方式、改革教学制度、革新教学组织形式、加强隐性课程建设、扩大学生教育选择权与改革教学评价方式等。明确高校办学特色的内涵特征,研究高校办学特色不明的多重原因,探寻高校特色发展的有效路径。落实政府责任,推进高等教育资源配置均衡:突破传统壁垒,拓展高等教育资源供给渠道;突出绩效导向,发挥高教资源配置的激励作用;加强统筹协调,推动高等教育培养高质量人才。

3. 对所要培养的人才的功能和类型的选择

从学生来讲,高校人才培养能考虑高中毕业生已有的文化知识基础、身心发展特点与其他各方面的条件,更好地发挥因材施教的功能,促进他们的志趣、才能、专长全面而和谐地发展。对社会来说,能全面反映国家的要求,更好地发挥教育为社会主义现代化建设服务的功能,对口培养社会所需要的各级各类人才,促进形成合理的社会结构。从协调社会与个人的关系来讲,能将学生个人、家庭与国家的利益尽可能地统一起来。

(二)高等教育人才培养目标的特征

高等教育是社会大系统中的一个极其重要的子系统,它与经济、政治、文化等子系统之间有着相互依存的关系。高等教育作为培养高层次专门人才的社会活动,与人的发展更有着极为密切的联系。同时,高等教育自身又是一个多层次、多类型、多主体的系统,不仅大学之间,大学内部各组织之间,领导、教师与学生之间关系错综复杂,而且与社会的方方面面都有着千丝万缕的联系。高等教育人才培养目标的确立体现如下特征:

1. 培养目标应遵循高等教育规律

随着时代的发展,多层次的高等教育与多元化的社会之间形成了越来越密切的互动关系。现代社会,高等教育的存在和发展越来越离不开政府和社会在人力、物力、财力,以及政策、环境等方面的支持与促进;社会的发展也越来越离不开高等教育及其研究的引领与推动。美国经济学家弗里德曼用经济学"核心—边缘"理论研究二战后的经济社会现象与

教育特别是与高等教育的关系时,发现在知识成为经济社会赖以存在和发展的基本资源与生产要素后,高等教育逐渐从游离于社会之外的"象牙塔"进入社会的边缘区,并渐次成为推动经济社会发展的"中心"要素,从而提出了著名的高等教育"从边缘走向中心"的发展趋势理论。从二战后高等教育对许多国家发展的实际影响来看,高等教育已成为促进国家科技振兴、经济发展、政治民主、文化繁荣的必要条件;从高等教育对社会个体的影响来看,高等教育不仅是提高个人素质、开发个人潜能的重要基础,更是促进社会流动、实现人生价值的主要途径。的确,高等教育对社会及个人的影响力从来没有像今天这样巨大,社会变革对高等教育的影响也从来没有像今天这样深刻。

2. 培养目标应富有时代特征

社会转型必然引起与原有社会结构相配套的规则与程序不同程度的失效,而新社会结构要素的生长亟待制度创新来促进和保障。高等教育制度如何调适与创新,如何形成与各种新的社会结构要素协调发展的关系,如何实现高等教育自身健康发展与着眼于学科发展,促进社会全面协调发展的双重目标等问题,必须通过高等教育社会学的研究才能作出科学的回答。

3. 培养目标应该突出特色、实现价值追求

社会结构的全面转型必然对高等教育产生巨大的影响,并使高等教育与社会的关系出现一系列新变化。在这种情况下,如何重新认识高等教育的社会价值,如何重构高等教育的各种社会功能,如教育对市场经济的适应、支持与矫正功能,对政治的维护、监督与批评功能,对国外文化的选择、吸收与融合功能,等等,也是高等教育社会学研究的重要任务。社会全方位的变革使高等教育赖以生存的基础发生了变化,高等教育本身也进入了一个剧变时期,旧的运行机制正在被打破,新的运行机制尚未被建立,高等教育与社会的冲突大量存在。如社会经济发展对高等教育的人才需求结构与高等教育的人才培养、输出结构的冲突,高等教育发展对投入的需求与社会经济承受力的冲突,高等教育对理性精神的追求与社会现实的功利取向的冲突,高等教育的价值观念取向与社会文化观念更新的冲突,等等。

4. 大学的人才培养目标是主观性和客观性的结合

在我国,随着社会现代化进程的加快,人们已愈来愈清楚地认识到高等教育与社会的良性互动和协调发展不仅是政治稳定、科技振兴、经济发

第四章　高等教育人才培养的模式的基本理论、目标与实施方案

展、文化繁荣、人民幸福的必要前提,而且是保障高等教育健康发展、高效运行的基本条件。从客观的层次讲:社会结构转型与高等教育制度的调适问题。社会转型主要包括政治结构、经济结构、文化结构等在内的社会结构的整体性变迁过程。社会转型必然引起与原有社会结构相配套的规则与程序不同程度的失效,而新社会结构要素的生长亟待制度创新来促进和保障。高等教育制度如何调适与创新,如何形成与各种新的社会结构要素协调发展的关系,如何实现高等教育自身健康发展与着眼于学科发展、促进社会全面协调发展的双重目标等问题,必须通过高等教育社会学的研究才能作出科学的回答。从主观的层次看,主要有社会行为无序与大学行为失范问题,高等教育时空拓展与高校师生关系变化问题,大学校内、校外环境变化与大学教师角色冲突问题,商业的价值原则渗透与大学生的功利行为问题,等等。这些现实的问题,都是令人感到困惑的新的教育问题、社会问题,迫切需要高等教育社会学的探讨与解决。

(三)高等教育人才培养的目标

在社会大转型的今天,新旧体制、新旧观念与新旧因素的对立与摩擦,以及由此产生的社会失序、混乱与震荡,不仅使高等教育与社会的互动日趋复杂,也使高等教育与社会的协调发展严重受阻。有关高等教育与社会发展的关系的研究也面临着一系列值得研究的新问题。在这种情况下,高等教育社会学理应顺应时代的要求,调整研究的视角,真正树立起高等教育与社会一体化协调发展的目标,加强对高等教育与社会互动机制的研究,努力探寻高等教育与社会协调发展的规律,促进我国高等教育的健康发展和社会的全面进步。

高等学校的人才培养目标是回答"培养什么样的人"的问题,是高等学校对受教育者的身心发展所提出的统一标准和总体要求。高等院校的主要任务就是为社会经济发展提供多种多样的高素质的急需人才,那么高校究竟为社会提供何种规格的人才,才会为社会广泛接纳和欢迎,这就要求高等院校必须定准学校位置,科学确定人才培养目标,使学校办学目标科学清晰,发展方向明确,以适应经济社会发展的需要。

1. 发展公平而有质量的高等教育

在我国,随着社会现代化进程的加快,人们已愈来愈清楚地认识到,高等教育与社会的良性互动和协调发展不仅是政治稳定、科技振兴、经济发展、文化繁荣、人民幸福的必要前提,而且是保障高等教育健康发展、高效运行的基本条件。社会转型带来的各种社会分化引发了一系列

新的高等教育社会问题：如区域分化与高等教育发展的失衡问题，阶层分化与弱势群体子女的高等教育问题。急剧的社会转型使原有社会阶层结构产生了前所未有的大分化，进而导致利益的大分化，这必然会在不同利益主体间产生广泛的矛盾和冲突。由此引发了地区之间高等教育差距扩大、高等教育资源配置不合理、高等教育机会不均等等新的高等教育社会问题。

党的十八届三中全会提出，必须紧紧围绕更好保障和改善民生、促进社会公平正义深化社会体制改革。要发展公平而有质量的教育，要办好人民满意的教育，让每个人都有平等机会通过教育改变自身命运、成就人生梦想。习近平同志也提出把促进公平作为教育工作的战略重点，要努力让13亿人民享有更好、更公平的教育，努力让每个适龄儿童少年都能享受良好的教育，都有人生出彩的机会。因此，不可无视大学是在中小学普通教育的基础上进行专业教育的特殊机构，是培养具有创新精神和实践能力的"高级专门人才"，学生要"学有所长"，而不是一般性的"通用人才"。地方性普通本科院校以培养应用型人才为主，应树立务实致用的人才培养理念，以社会需求为导向，以提高学生的市场就业竞争力为重点，应该使学生通过四年的专业学习，真正将专业知识、专业技术学到手，具备做事的真本领，成为真正意义上的高级专门人才。

2. 实现学术性与职业性的完美结合

高等学校层次培养目标，是根据高等学校总的培养目标和各层次教育的任务和特点来确定的，是高等学校培养目标在各层次教育中的具体化。《中华人民共和国高等教育法》分别对专科教育、本科教育、研究生教育（硕士研究生、博士研究生）等三个层次的培养目标进行了说明，其中对本科教育培养目标的表述是："本科教育应当使学生比较系统地掌握本学科、专业必需的基础理论、基本知识，掌握本专业必要的基本技能、方法和相关知识，具有从事本专业实际工作和研究工作的初步能力。"

从高等学校层次培养目标来看，应用型本科人才是地方性普通本科院校的人才培养目标，应该遵循我国本科教育所设定的基本学业标准，又符合自身类型定位的个性化要求。地方性普通本科院校在培养目标的设计上，要尽量实现学术性与职业性的完美结合，培养出具有研发创新知识的潜力和服务能力，亦即具有从事本专业"实际工作"和"研究工作"初步能力的高素质应用型人才。

首先，应该体现应用型本科人才的本科层次要求，即高等学校本科教育对本科人才在知识、能力、素质三个方面所应达到的基本规格和质量标

第四章 高等教育人才培养的模式的基本理论、目标与实施方案

准的共性要求。遵循本科教育的学术性、专业性和基础性这三个核心理念,专业口径方面应该比高职专科更宽一些,专业基础理论应该更厚实一些,使学生掌握本专业的基础理论、基本知识和基本技能,有发展潜能和创新能力,与专科教育应有所区别。

其次,应该突出应用型本科人才的类型特征,即地方性普通本科院校在人才培养目标的知识、能力、素质三个方面的设定上要有特殊要求。遵循应用型人才培养的社会需求导向、地域性特征以及以能力培养为核心的个性特点,应以较强的实践动手能力和分析、解决生产实际问题的能力区别于理论型人才。

3. 合理调整和配置教育资源,加强应用型学科专业建设

高等学校科类培养目标,是根据高等学校总的培养目标和各科类的任务和特点来确定的,是高等学校培养目标在各科类教育中的具体化。根据1998年《普通高等学校本科专业目录和专业介绍》的划分,我国高等学校现设置了哲学、经济学、法学、教育学、文学、历史学、理学、工学、农学、医学、管理学等11个学科门类。早在1988年4月,国家教委在《关于加强普通高等学校本科教育工作的意见》中提出,"高等学校的培养目标是使受教育者在德育、智育、体育等方面得到全面的发展,成为符合社会主义建设实际需要的高级专门人才",并分别对文、理、工、农、医、师范等科类的培养目标提出不同的要求;并要求,要尽快制定本科教育培养目标的基本规格,这是进一步明确和落实本科教育培养目标的关键。

从高等学校科类培养目标来看,应用型人才是应用性学科人才培养的重点。在我国专业目录的11个门类中,工学、农学、医学、管理学是应用性学科专业,其培养的人才类型应以应用型人才为主。文科专业有基础文科类专业,如哲学、汉语言文学、历史学等;也有应用文科类专业,如社会工作、新闻学、广告学等。理科专业有基础理科类专业,如物理学、化学等;有技术科学类专业,如生物技术、海洋技术等;也有应用理科类专业,如应用物理学、应用化学等。应用文科类专业、技术科学类专业、应用理科类专业都是应用型学科专业,其培养的人才类型是应用型人才。

地方性普通本科院校在学科专业设置与调整中,应该体现"注重应用"的基本原则,紧密结合地方经济建设发展需要,合理调整和配置教育资源,加强应用型学科专业建设,积极设置主要面向地方支柱产业、高新技术产业、服务业的应用型学科专业,为地方经济建设输送各类应用型人才。

4. 克服片面、狭隘的高等教育价值取向

高等学校专业培养目标，是根据高等学校总的培养目标和相应的科类培养目标，并结合本专业所需人才的特点来确定的，是高等学校专业培养目标体系中的基层目标。1998 年的《普通高等学校本科专业目录和专业介绍》对 249 个专业的业务培养目标都有明确的规定。业务培养目标的文字表述中主要包含业务方向，必须具备的知识、能力、素质，人才类型与标准，服务面向等。

克服各种片面、狭隘的高等教育价值取向与思维方式，丰富高等教育学的理论体系，深刻认识到高等教育人才培养目标在推进教育公平与提高质量方面所具有的双重效应。

从性质上讲，高等教育人才培养目标有合理与不合理之分。这种合理性应反映在以下三个方面：一是合目的性，即高等教育人才培养目标既有利于社会生产力的提高，又有利于社会民主与教育机会均等的推进，还有利于人的个性的发展；二是合规律性，即人才培养目标既能反映社会分工的规律与职业结构的要求，又能遵循教育自身发展的规律；三是合条件性，即人才培养目标必须因地制宜，因时制宜，因人制宜，根据条件选择不同的策略。

（四）高等教育人才培养目标的作用

高等教育是一个历史的、发展的概念。随着社会经济及教育的发展以及内涵的丰富，本书认为，高等职业教育（职业型高等教育）是与研究型高等教育并行不悖的，以培养生产、建设、管理、服务第一线的高等应用型专门人才为目标的一种高等教育类型，是职业教育的高级层次和一种全新的教育形式，兼有高等性、职业性和教育性。在学历教育上包括专科、本科和研究生层次的教育；在非学历教育上包括职业资格证书、技术等级培训和高雅的闲暇教育。如果按照这个定义划分，现行的研究型大学以外的本科院校、专科学校、成人高校、高职院校及实施中级以上职业资格证书教育的高级专门机构等均属于高等职业教育范畴。

高等职业教育培养目标对人才培养具有决定意义和导向作用，是高等职业教育的出发点和归宿。本人认为，综合素质是高等职业教育的理智选择，提升人性是高等职业教育的终极追求，全面发展是高等职业教育的价值取向。因此，高等职业教育培养目标就是培养生产、建设、管理、服务等一线高等应用型专门人才。高等职业教育人才培养目标应由学校和企事业单位共同确定，企业既是需求主体，又是重要的办学主

第四章 高等教育人才培养的模式的基本理论、目标与实施方案

体,高职能否办出特色取决于企业参与的程度,其根本性标志是毕业生是否受企业欢迎。

高等职业教育人才培养目标的实现,有赖于建立具有特色的课程结构。高等职业教育的课程是指高职课堂教学、课外学习以及学生自学活动的内容纲要和目标体系,是教师教学工作和学生学习活动的总体规划。这种课程以21世纪技术应用的需要为基本特征,并强调"理论技术"和"智能技术"应用的需要,倾向于"基础知识适度"和"知识面较宽"。高等职业教育课程设置在目标上要着眼于人的全面发展,在内容上注重知识技能、态度和价值的综合化,在结构上实施"三模块,两系列,一主线",即"通识教育、专识教育和特识教育"三模块,"必修和选修"两系列,"素质本位"一主线。

二、高等教育人才培养模式的实施方案

目标决定过程,内容决定形式。不同的人才培养目标与规格、不同的课程教学目标与内容有着不同的实施方案。

(一)高水平师资队伍要有相关专业背景

教师教学是创新人才培养方案实施的主要渠道,因此,创新人才培养的关键是建设一支高水平的教师队伍,使教师增强竞争意识,教学积极性容易被调动起来。学生通过选课,自然地对课程和教师教学进行比较和评价,这样有助于充分发挥教师的主动性、积极性,促进教师改进教学方法,提高教学效果。发挥学校的综合优势,有些教师及其开设的课程,仅为少数院(系)的学生服务。有些短线专业的教师教学任务不足,改变这种现状,可以为全校学生开设选修课、双专业等,英雄有了用武之地。学生可以自主地选课、选教师,对教学质量不好的教师,内容陈旧的课程,学生可以不选,教师感到压力很大,这对促进教师提高教学质量,改革教学内容有积极意义。

(二)需要良好的教学环境与条件

在教学活动中,影响教师教和学生学的一切内外条件共同构成一定的教学环境,教学环境是按照发展人的身心这种需要而组织起来的育人环境,这是学校的一切教学活动所必需的各种条件的综合。要想提高教学效果,就要为学生创设一个生动、温馨、丰富、新颖的教学环境。提供一

个有准备的教学环境,环境体现出丰富性、个别化,并依据学生的发展需求不断投放、调整环境材料。

(三)教学方法的创新

知识的程序性是关于知识的"怎么做",是创新的基础。大量的实践和练习证明,个人可以获得知识的程序性,而且还能实现自我知识的自动化,提高自身的创新能力。学生创新思维、创新能力的培养,首先要开始改革课堂教学,改变以前单一的灌输式授课方式,采用启迪学生思维的多种教学方法。对学生大胆发表见解要给予鼓励,营造出一种活跃的教学气氛。加强在教学中的实践和让学生尽可能地参与,引导学生在实践中学习、发现问题和解决问题。这里列出并分析了一系列以学生为主体的教学方法。

人们把实验、实习、实训、课程设计、毕业论文等称之为实践教学环节。而实际上,这些更是能力培养的方法、方式,只不过这些方法、方式一般处于人才培养过程中的不同时段和环节。从性质上划分,实践教学方法一般可分为实验教学方法、实习(实践)教学方法、设计(论文)教学方法等。

随着数字技术的发展,虽然现代化实验教学方案还不能替代实际操作,但是地方性普通本科院校还是应该在应用型本科人才培养过程中积极采用这些现代实验教学方案,并为开放式实验教学、自主性学习提供条件。

总体而言,按照人才培养方案规定的时间和内容,以专业或班级为单位,完成实践教学任务依然是我国高等学校实践教学的基本组织形式。这样的实践教学组织形式由学校统一安排、统一组织,每一个学生都必须在人才培养方案规定的时间、地点里完成同样的学习任务。在一些验证性实验项目以及专业技能培养方面,它具有十分明显的优势,能够保证全体学生达到规定的基本目标和规格要求,而且组织方便,节省时间,实践结果也便于考核。

(四)产、学、研相结合

学科竞赛日益成为地方性普通本科院校应用型人才的重要培养途径。这不仅在于学科竞赛的获奖可以提高学校的声誉,更在于学科竞赛有利于培养学生的创造力、应变能力、拼搏精神和综合素质。学生在竞赛准备的过程中,要综合运用方方面面的知识,这是学生综合运用理论知识

第四章 高等教育人才培养的模式的基本理论、目标与实施方案

解决实际问题的过程。在学科竞赛整个过程中,是先有问题,然后求诸知识,这是一种自主、能动的学习模式,能激发学生学习的内在动力。例如,在浙江万里学院学科竞赛推进会上,获奖学生纷纷表示,竞赛结果并不重要,而竞赛过程则终生难忘、一生受益。参加学科竞赛不仅是一个能力锻炼的过程,更是团队合作精神的培育过程。[①]

产学研相结合是高等教育发展的时代潮流,高等学校人才培养的重要走向。对于应用型本科人才培养而言,产学研相结合包含着两个方面:一是高校人才培养要与企业实际生产紧密结合,以提高学生的社会适应性,为顺利就业做好铺垫;二是高校人才培养要与科学研究紧密结合,以培养学生的创新意识和研发能力。

高校人才培养与科学研究结合的形式,一是可以组织学生直接参加教师的科学研究活动,使学生在科学研究过程中提高创新能力和研究水平。二是在学生毕业论文的选题上紧密结合科研与生产实际,使得学生学习的知识和能力在生产实践中得到综合训练和提高。三是可以设立大学生科研基金,设立研究项目,鼓励学生开展以应用研究为主的、与第一课堂紧密结合的科研活动,激发大学生进行知识创新和开展科研活动的热情,培养学生的创新精神和实践能力。

人文与科学的融合在于改变高校的教育模式,使理科大学生不成为"机器人"、文科大学生了解"科技"的性质,科学与人文由殊途走向圆融,体现了现代人健全成熟的认识与智慧,也为高校人才培养指明了路径。

---

① 钱国英,徐立清,应雄.高等教育转型与应用型本科人才培养[M].杭州:浙江大学出版社,2007.

第五章 高等教育人才培养模式的构建

高等教育人才培养是一个系统的工程,在这个工程中要实现人才培养的高质量化需做好以下工作:树立鲜明的人才培养理念、设定清晰的人才培养目标、筛选合格的人才培养对象、选择合理的人才培养途径、优化人才培养过程、制定完善的人才培养制度等。其中,人才培养过程与人才培养模式之间有着密切的联系。可以说,人才培养过程离不开人才培养模式。通过构建人才培养模式,教育者明白了应该按照什么样子去实现人才培养目标。由此可知,人才培养模式是人才培养系统中的一个非常重要的要素系统。因此,为了更好地实现高等教育人才培养目标,我们需不断构建、更新、完善适合高等教育人才培养要求的人才培养模式。

第一节 高等教育人才培养课程模式的构建

一、课程与高等教育人才培养课程

(一)对课程的理解

课,指课业或功课,即教育教学科目的总和;程,是指对教育教学时间和教育教学深度的规定,其含有程度和程序及进程的意思。"课程"在我国最初出现于唐宋年间,在西方,斯宾塞第一个提出这一术语。"课程"英语称为"curriculum",源于拉丁语"跑道",是指运动员沿着运动场跑道赛跑,那么学生也像运动员一样,沿着学习的"跑道"学习。后指学生学习的路线和学习的进程。由此可知,课程一般是指学习的进程。目前,国内的课程研究学者对"课程"都有自己的理解。这些理解大致可以总结为:课程即教学科目、有计划的教学活动、预期的学习结果、学习经验、社会文化的再生产及社会改造。

当前,在我国的教学活动中,课程有广义和狭义之分。广义的课程是

第五章 高等教育人才培养模式的构建

指按照学校的培养目标,对学校教学和学生学习活动做出的总体规划,以及教学和学习过程的全面安排及实施。狭义的课程是指一门学科或者多门学科交叉综合应用结合在一起的教学内容组合全体。

广义的课程突破了以书本知识教学为主的教学模式,已将课程和学生的全面成长联系起来。从教育教学过程和课程所处的地位来看,课程是对教育教学目标、内容、活动方式及方法的规划和设计。从课程内部结构来看,课程包括课程计划、课程标准和教材等教学文件预定的教学目标、教学内容、教学活动的各个方面。

(二)对高等教育人才培养课程的理解

高等教育人才培养课程是指高等院校为实现特定的人才培养目标,在课堂教学、课外学习及自主活动等方面的内容纲要和目标体系,是教师教学工作和学生学习活动的规划和安排的总和。

从理论上来说,高等教育人才培养课程可以理解为是一系列体现教育目标和学校培养目标的课程方案(包括课程原则、目标、类型、模式等),是一系列教学指导,包括教学和训练活动的书面文件或媒体,以及教学计划、教学大纲、教材和计算机辅助教学软件等,是一系列活动内容,包括实验、实习、实训、实践、劳动、调研和参观等。从教学活动来说,高等教育人才培养课程可以理解为是学校设置的一门或全部教学科目。[①]

广义的课程包括显性课程和隐性课程。显性课程是指按照教学计划必须学习的课程;隐性课程是指属于教学计划外学生学习的课程,它是学校教育活动中,采用间接的、内隐的方式呈现的课程,如建筑、文化、教室布置、师生关系等。

现代高等教育人才培养课程按照课程内容组织的教育哲学基础和价值准则可分为学科课程、活动课程、能力中心课程和核心课程四类。

1. 学科课程

学科课程,又称分科课程,是目前学校课程的主体,它以各门科学的知识体系为基础,以学科为中心进行课程设计。学科课程经历了几百年的发展历程。在发展过程中,人们不断加工改造学科课程,为其增添新的内容,使其在形式上更加完善。学科课程是以文化遗产和科学为基础,在这一基础上建立的各学科最传统的课程形态的总称。学科课程具有逻辑性、系统性和简约性,有助于学生学习知识和巩固知识。但是,独立的一

---

① 王前新,孙泽文.高等职业教育教学论[M].汕头:汕头大学出版社,2002.

门学科课程很少与其他学科相关联,这导致了学科之间相分隔,不能与实际生活相联系,也阻碍了新知识的吸收和新科学的融合,严重影响课程内容的更新。

2. 活动课程

活动课程,又可称为经验课程或生活课程,它是根据学生的兴趣、经验和需要而组织的一系列活动的课程。活动课程的目的在于开发和培育学习主体的价值,突出学习主体。活动课程的主要内容与实际生活和社会有关。高等教育人才培养的活动课程是将强调主体与客体直接地相互作用的实习、实验、社会服务等实践活动本身组织成的有独立地位的活动性实践课程。这类课程有助于学生进行职业训练,并能与学科性的理论课程相配合。活动课程的主要目的是巩固新学的知识、技能,借助主体与客体之间的相互作用,整合彼此分散的知识、技能,使已学知识、技能能更广泛地进行迁移。高等教育中的实践性教学环节大多采用这种课程类型。这种课程主张学习必须与个人的经验发生联系,尊重学生主动精神,关注学生的兴趣爱好,重视学生创造能力的培养。但是,这种课程背离了人的发展所必需的文化知识体系和科学所具有的逻辑,忽视了教育活动中的关键性的社会目标,课程内容庞杂,难以适应高等教育的快速发展。

3. 能力中心课程

能力中心课程主要以职业能力为基础,通过职业分析和工作分析,选择岗位工作必需的知识、技能、态度等要素来编制课程。能力中心课程又分为工作任务型和工作规范型。工作任务型按工作任务的总体要求组织胜任该工作任务所必需的知识、技能和态度等。工作规范型按照工作规范中每个操作步骤的具体要求组织和排列相应的知识、技能、态度等。工作规范型适用于熟练工人的培训,工作任务型适用于技术员培训。与工作任务型相比较,工作规范型在课程组织方面更具体,针对性更强。能力中心课程能够使课程内容模块化,一个模块对应一项或几项能力。教学计划根据学生的需求,借助课程模块进行灵活组合。课程模块化有助于课程的个性化发展,避免课程受传统时间框架的约束。通过课程模块化,学生自主决定学习进程,自行选择模块学习先后顺序。

4. 核心课程

核心课程,也可称为问题课程,是围绕问题来组织课程内容。核心课程与学科课程和活动课程都不相同,它既不以学科体系为中心,也不以学生的活动为中心,而是以解决实际问题的逻辑顺序为主线,将多门学科的

第五章 高等教育人才培养模式的构建

知识及技能综合起来。显而易见,核心课程明显地交织了多门学科,这对于知识的综合与创新具有重要的促进作用。核心课程一般都需要提前计划,所有学习活动都从一个社会问题展开,这就避免了学科课程脱离实际,活动课程过分迁就学生兴趣的偏向。

除此之外,高等教育人才培养课程按性质还可分为理论课程和实践课程,按内容可分为基础课程、专业基础课程和专业课程,按呈现方式可分为显性课程和隐性课程。随着科技和经济的发展,高等教育不断变革,高等教育会产生更多的课程类型。

二、高等教育人才培养模式与课程模式

人才培养模式以一定的教学理论为指导,以人才培养为教学目标,采取一系列的教学活动。人才培养模式具有明显的计划性、系统性和范型性。从外延来看,人才培养模式包括专业设置、课程体系、教学方式、教育教学活动运行机制和非教学培养途径等。人才培养模式的特点更多地体现在人才培养活动的特殊性方面,即一种模式与另一种模式是不同的。也就是说,每种人才培养模式都有特定的目标指向、组合形式、操作原理和动作方式。高等教育人才培养模式的构建就是按照一定方式,优化和整合传统教育模式中的合理内容与新的有利于人才培养活动的要素。[1]

课程是指学校为了实现一定的教育目的而构建的各种学科、各种教学活动的系统。课程模式就是课程的结构形式,它包括课程设置、课程实施、课程管理等。高等教育人才培养课程模式就是指高等教育人才培养课程的结构形式。

课程模式是实现人才培养模式的主要形式。高等教育人才培养的目标都反映在课程中,学生在达到课程要求的同时也就实现了人才培养目标。因此,高等教育人才培养模式需切实落实到课程模式中。课程模式的构建和改革需以人才培养模式的要求为依据,而且课程模式也应随着人才模式的革新而不断调整和变革。

三、我国高等教育人才培养课程模式的发展

我国高等教育人才培养课程模式的发展主要经历了三个时期的变革。第一个时期是解放初期。这一时期,我们学习和借鉴苏联的专才教

---

[1] 罗长虹,罗德海.高等学校中长期人才发展规划纲要2010—2020贯彻实施手册[M].北京:北京大学出版社,2010.

育模式,将现成工程师作为培养目标。课程模式主要表现为分科教学和经典知识传授,重点强调学科专业理论知识的系统性、顺序性和渐进性。这一时期的人才培养课程模式忽略了人才能力的培养。第二个时期是从20世纪80年代中期开始。这一时期人才培养课程模式强调了学生能力的培养,即在传授知识的同时,也要关注学生能力的培养。在这一时期,人才培养理念发生转变,提出了通才教育理念。高等教育不再是人们受教育的最终环节,素质教育、终身教育逐渐渗入到高等教育人才培养中。高等教育人才培养提出了学生知识、能力、素质的和谐发展,更加关注学生学习方法和自身品格的养成。第三个时期是20世纪90年代后期。这一时期,我国高等教育人才培养课程模式逐渐发展为加强学科基础知识,增加实践环节,培养学生综合素质的模式。

四、高等教育人才培养课程目标的构建

课程目标,又称课程标准,是国家意志在课程领域的体现。它由政府或院校制定和颁发,能具体规定教学目标、教材纲要、教学要点、教学时数和编制教材的基本要求。高等教育人才培养的课程目标依据高等教育人才培养目标来制定,将学生的职业能力和技能的形成作为重点内容,使学生在一定的时限内达到预期的标准。

构建高等教育人才培养课程目标是非常有必要的。首先,课程目标是培养高级技术人才的需要。高等教育的教学重心是人才素质的培养与训练,因此,应确立与之相应的课程目标。其次,课程目标是课程组织与实施的纲领性文件。课程目标对课程的知识、能力、技能的范围和深度,以及结构体系、课程评价标准、课程组织与实施等提出了具体要求,这是取得良好教学效果的必要条件。最后,课程目标是编写教材的重要前提。由于高等教育的专业面广、课程门类多、内容繁杂、专业的地方性强,上级政府部门难以制定统一的课程目标,因此高等教育的课程目标大都由高等院校根据当地的经济发展及本校教学实际的需要自行制定。不过,在制定课程目标的过程中,最好有课程专家、教学人员、课程管理人员参加,特别是企业、行业中有一定理论水平和实践经验的工程师和技术人员的参与和合作。

高等教育人才培养课程目标设置要具体化。具体化主要体现在两个方面。第一,不论高等教育人才培养的课程目标还是整个高等教育课程开发的工作目标,都必须有明确的指导思想,以便能很好地统领其他各项工作。第二,总目标、分目标等各种目标,都要具体,有针对性,有明确的

第五章　高等教育人才培养模式的构建

内涵。课程总目标要尽量标准化,分目标要尽量行为化。课程开发工作要以目标为中心来展开,不能与目标的具体要求偏离太远,也不能搞形式主义。目标必须合理,能充分反映职业结构、岗位要求和学生学习等方面的需求。课程目标具体化还应突出重点,将与职业核心能力形成有直接联系的知识与能力作为重点,并建立相应的指标体系,衡量专业核心能力和核心技术掌握程度。

五、高等教育人才培养课程内容的构建

(一)对课程内容的理解

长久以来,对于课程内容的理解有三种观点。

1. 课程内容即教材

这是一种比较早、影响相当深远的观点,这种观点把重点放在向学生传递知识上,从而使教学工作有据可依。在世界范围内,课程现代化的历史进程主要是在这种观点影响下展开的。目前,尤其是国内,这种观点具有代表性和广泛性。其基本思想是学校开设的每门课程都是从相应的学科中精心选择的,并且是按照学习者的认识水平加以编排到教材中去的。作为知识的课程内容的表现形式是教学计划、教学大纲、教材等看得见、摸得着的客观存在物。当课程内容被认为是知识取向并付诸实践时,呈现出如下特点:课程具有科学性和逻辑性;课程充分体现了社会选择和社会意志;课程是既定的、静态的;课程凌驾于学习者之上,学习者要服从课程。[1]

2. 课程内容即经验

这种观点主要是在对前一种观点的批评和反思的基础上出现和形成的。如果将课程内容当作知识,极容易导致"重物轻人"的倾向,强调了课程内容的严密、完整、系统、权威,却忽视了学生的实际学习体验和学习过程。因此,许多人在谈到课程内容时,开始使用"经验"一词。一些学者认为,学习经验是学生与外部环境相互作用的结果。课程内容是学生本身获得的某种性质或形态的经验。学生是组织者和参与者。教师的职责就是通过设置各种情境为学生提供有意义的经验。当课程内容被认为是经验的取向并付诸实践时,呈现出以下特点:课程从学生的角度出发;

---

[1] 蔡炎斌.高等职业教育人才培养模式研究[M].长沙:湖南人民出版社,2006.

课程与学生的个人经验紧密联系；学生是学习的主体。经验课程跳出了认知的范畴，强调了学习个体的主动性、积极性、选择性以及情感、兴趣、态度。但这种观点设置的课程内容范围过于广泛，混淆了课程与教学的界限，对课程计划的制定没有作用。

3. 课程内容即活动

活动分析法是指伴随着科学技术对社会发展的影响，课程专家通过对人的活动进行研究以识别各种社会需要，并把它们归纳为课程目标，然后把目标转化成学习活动。活动分析法被认为是一种有效的、科学的课程编制方法。活动分析法重视课程与社会生活的结合，注重学生的主体性。活动分析法的课程内容可概括为学生的各种自主活动的总和。学生通过活动对象的相互作用来实现自身的发展。当课程内容被认为是活动取向并付诸实践时，呈现出如下特点：学习者是课程的主体，具有主观能动性；以学生的兴趣、经验、能力及需求为基础开展课程；强调活动要完整，课程要综合；强调活动是人心理发展的基础；重视活动的水平、结构和方式，尤其还需重视学生与课程各因素之间的关系。活动分析法侧重关注学生外在的活动，却无法关注到学生同化课程内容、获得经验的过程，这很容易使学习活动流于形式。

总之，这三种观点都有一定的理论基础，都有一定的合理性，但也有各自的缺陷与不足。因此，我们在组织高等教育人才培养课程内容时，应同时兼顾学科体系、学习经验和学习活动。

(二)高等教育人才培养课程内容的结构

高等教育人才培养课程内容结构是指课程内容各部分的配合、比例和组织及其相互间的纵横关系。它是为完成培养高级技术专门人才任务而设计的蓝图。高等教育人才培养课程内容结构可分为外部形态结构和内部形态结构。

外部形态结构包括人文社会科学课程与专业课程结构、基础课程与专业课程的结构模式。人文社会科学课程与专业课程结构包括"H"型结构、"A"型结构、"X"型结构。"H"型结构是指人文社会科学教育与专业教育并行兼施，并要协调和沟通。这种模式一般用于人文社会科学知识要求较高且对学生工作后再提高赋予较大期望值的专业，如新闻、文秘、广告学和财会专业。"A"型结构是指人文社会科学教育与专业教育经过必要的沟通后统一在直接为就业服务的目标上。这种结构模式适用于培养目标明确专一和直接从事某一职业的技术知识及操作技能要求较

第五章 高等教育人才培养模式的构建

高的专业,如服装、烹饪和电力机车驾驶等专业。"X"型结构是指从人文社会科学教育与专业教育阶段性统一后再度分流,形成以拓宽专业面、适应广泛就业需要为目标的高层次二元结构。这种结构模式适用于一些职业分工精细,但专业基础课程综合性较强的专业,如机械、电子等。基础课程与专业课程的结构模式包括直线式和阶段式。直线式是在基础课程与专业课程密切结合的基础上,着重向某一专业方向发展,呈直线递进关系。这种结构按不同课程类型有明显的阶段划分,即基础理论、专业理论及专业技术。阶段式是指基础课程与专业课程分段实施。前阶段按产业大类划分专业方向,组织专业基础课教学,后阶段根据社会经济发展需要,有针对性地确定专业和工种,集中学习专业课程和进行技能训练。

内部形态结构包括综合结构和模块结构。高等教育的专业技术课程内容是一种综合结构,必须符合未来复合型人才的培养要求。模块结构是把课程内容编成便于进行各种组合的单元。每个模块都是针对某个职业的多项能力中某一项或几项能力的定向教育,是让受教育者掌握从事某个职业必需的知识、技术和能力。学生既可根据自己的需要选学不同的模块,也可以在教师的指导下对模块作适当的增减。

(三)高等教育人才培养课程内容结构的构建方向

高等教育人才培养课程内容结构必须把握好构建的方向。具体来说,要做到以下几点。

1. 课程内容结构要"宽"

"宽"是指高等教育人才培养的课程内容应从学生的可持续发展出发,让学生学习相关行业、专业岗位所需的各种知识和技能。因为随着科技的进步和社会的发展,职业岗位内涵不断变化,若课程设置专业性过强,则不能满足社会对人才的多样性需求。我们要把握好宽的"度",不能片面地追求知识的宽广和技能的精深,而是要培养学生进一步学习职业技术的能力和步入社会后尽快适应不同职业要求的能力。此外,"宽"还体现在学生可根据自己的个性、兴趣并结合市场需求进行多方面的知识和技能的学习,从而为将来就业打牢基础,以保证有能力应对人才市场的各种竞争和变化。

2. 课程内容结构要"活"

"活"是指高等教育人才培养课程可根据教学需要设计多个知识模块和技能模块。课程内容结构根据市场需求变化不断进行调整,学生根据自身的特点和个人发展的需要自由选择课程模块,这充分体现了高等教育人才培养的灵活性,既满足了学生终身学习的需要,又考虑了学生实际就业的需求。

3. 课程内容结构要以人为本

以人为本是指高等教育人才培养要坚持学生为主体,课程内容结构设置要以完善学生个体人格,提高学生个体素质为目标。在知识经济时代,学生作为教育的主体,必须具有宽广扎实的知识和技能、健康的职业人格、自主创业的意识、终身发展的能力。这些都是我们在设计高等教育人才培养课程内容时必须要考虑的问题。

(四)高等教育人才培养课程内容设置的原则

1. 课程设置保持稳定性与灵活性相统一

高等教育人才培养课程内容设置既具有稳定性又具有灵活性。一方面,高等教育人才培养课程设置若没有相对的稳定性,那么高校就不能为课程实施做好准备,尤其对于一些师资条件、教学设施落后的学校,若没有相对稳定的课程设置,就难以保证人才培养的质量。另一方面,影响高等教育课程的外部因素不断发生变化,学生的认识不断改变,每个学生的兴趣各不相同,如果试图用原有的课程计划指导当前的教学,那么课程质量就无法被保证,课程设置就显得不合理。因此,高等教育人才课程内容的设置,既要相对稳定,又要有一定的灵活性,只有时刻紧跟科技进步、时代发展、技术革新的步伐,才能培养出现代化建设需要的合格人才。

同时,高等教育人才培养的课程建设是一项长期的工作,需要不断地研究新问题,吸纳新知识,采用新方法,不断检验和调整教学内容,不断丰富课程内涵,根据社会需要的变化及科学技术的发展变化与应用来完善课程的结构和创生新的课程,使课程的设置处于一种动态的发展之中。

2. 课程内容设置保证系统性

高等教育人才培养课程内容设置要紧密围绕人才培养目标来设置,需综合考虑各种因素,满足各方面要求。课程内容设置要考虑学时分配,要设计科学的课时结构,以减少课时浪费,避免内容重复。课程内容设置要参考课程目标,保证设置的课程的可操作性和可实施性。课程内容设置要满足学生技术应用能力和解决问题能力的提升。课程内容设置要注重理论与实践的结合,重新审视已有的教学课程经验,合理整理知识,建构出有特色的课程。此外,高等教育人才培养课程内容设置还应着眼未来发展需要,统筹规划现有资金、人员、设施、制度,积极创造条件,合理利用资源,充分调动各方面积极性,以促使课程系统更加完善,保证课程在有限的时间内获得最好效果。

3. 课程内容坚持多样化

课程文件表达形式的有限性,必然会限制课程内容的多样性,从而不利于教学目标的实现。因此,高等教育人才培养的课程形式要多样化,不能单纯局限于书本,还应包括录音、录像、多媒体,以及通过设计问题和任务来激发和形成解决的愿望和活动的"动态形式"。除此之外,每一种科目都应采用多种表达形式。因为以多种器官接受信息和做出反应的效果,要远远高于单一器官接受的效果,而且现实职业世界是一个动态的世界,因而课程表达形式也就必然是多种多样的。高等教育课程设置除向学生传授最实用的知识和技能,满足生产、建设、服务与管理等第一线岗位对高等技术应用型人才的实际工作要求外,还要充分考虑现代社会对人才的综合要求,提高学生的科学文化素质和创新能力。

4. 教学课程保证全员参与

高等教育人才培养课程设置时,要鼓励与高等教育有关的各类人员积极参与,充分发挥他们的智慧和能力,以构建出符合高等教育教学要求,结构合理,内容新颖实用的有特色的课程体系。课程内容设置需要各类人员的参与,包括各级教育行政部门的领导和课程专家,高等院校和企业培训机构的广大教师、教学管理人员,以及在校学生和已经在实际工作岗位中工作的毕业生。全员不仅要参与课程设置的各个环节,而且要参与检验、评价、反馈课程开发成果。实践证明,单纯依靠走访、座谈等传统的调研方式难以奏效,必须邀请一部分相关的社会人员参与课程内容设置,与他们共同分析、共同研究,以促成课程内容设置有效完成。

六、高等教育人才培养课程的组织与实施

(一)高等教育人才培养课程的组织

1. 学分制

近年来,高等院校计算学生学业成绩大多采用学分制。学分制是一种依靠学分衡量学生学业完成状况的课程组织形式。学分制起源于选课制的产生和发展。我国最早提倡学分制的是蔡元培先生,在他任北大校长时首次推行了选科制。随后,东南大学等高校也将学级制改为选科制。

直到新中国成立之初,我国大学几乎全部采用学分制。20世纪50年代初,我国高校又学习苏联,将学分制改成了学年制。直到1978年,一些高校才又试用学分制。1985年5月,我国颁布的《中共中央关于教育体制改革的决定》,明确指出要减少必修课,增加选修课,实行学分制。1994年后,我国高校逐步由学年制向学分制过渡。截至2001年底,全国大部分高校已实行学分制。

学分制反映了因材施教的教学原则,有助于挖掘人的潜能,尊重人的个性差异;有利于学生全面发展,调动学生的学习积极性和主动性,使学生按照自己的兴趣和特长,科学合理地构建自己的知识结构;有利于培养学生的创新能力,以适应未来工作的需要,培养出具有宽厚学科基础的跨学科人才和各种无特定对象的技术人才;有利于教师发挥自己的学术专长和业务专长,增强教师的竞争意识;有利于文科与理科相互渗透,实施素质教育。学分制除了具备上述优点外,还体现出了一些缺点,如教学计划性差,管理程序复杂,对学生学习过程的约束力小,具体操作难度大,学生被淘汰和重复受教育的比率较高,相对地增加了培养经费。

实行学分制,必须要有充足的保障,如完善的课程体系、充分的教学条件、科学的教学管理、雄厚的师资力量等条件,否则匆忙实行学分制往往会适得其反,会打乱教学秩序,影响人才培养的质量。另外,要加强教师对学生的指导,以免产生片面追求学分而肢解智能结构体系的倾向。

2. 学年制

学年制是一种根据教学时数来组织课程的课程组织形式。学生按学年计划学习课程,通过考试按规定以学年为单位予以升级、留级、毕业、肄业。学年制的起源较早。自12世纪起,西欧的一些大学开始实行学年制,现在东欧一些国家仍然实行这种教学制度。我国高校在1952年到1978年期间,学习苏联实行学年制,目前还有少数学校继续实行学年制。

学年制规定学生在校学习一律按入学先后,编入相应年级上课,同一年级所学课程除选修课外都完全相同。学年制课程设置和教学内容整齐划一,一般与必修制联系在一起。实行学年制的高等院校由于不同专业的培养目标不同,其学年学时也不相同。学年制有利于计划招生和分配工作,培养规格可控制性较强,能保证各专业具有一定的教学质量,也有利于开展班级活动和党团活动,便于管理,培养经费也较低。学年制的不足是培养模式和进度整齐划一,人才培养规格单一,人才知识面窄,不利于学科间的相互渗透和交叉,也不利于因材施教,不利于学生个性的发展和拔尖人才的脱颖而出,因此培养出来的学生就业适应能力较差。

3.学年制与学分制相结合

学年制与学分制相结合的课程组织形式,既吸取了学年制的特点,强调人才培养的计划性和基本规格要求的统一性,又具有学分制的特点,开设比较多的选修课,让学生的学习有较大的选择余地。学有余力的学生可以多选几门课程,学习有困难的学生可以少选几门课程,允许学生免修而经考试取得学分。这种形式的课程组织,既保持了一定的计划性,又具有一定的灵活性,但现实中,必修课所占的比重远大于选修课,仍然限制了学生智力潜能的发挥,因材施教的自由度也不大,在一定程度上还是限制和阻碍了学生个性发展和创造力的形成。[①]

(二)高等教育人才培养课程的实施

高等教育人才培养课程的实施在日常教学活动中多采用课程表的形式。课程表可以说是一个"指挥调度表"。通过它,各级各类学校教学管理部门可以把全校教师、学生和其他工作人员的全部工作有机地组织起来。课程表对教学和课外活动所作的安排,对建立学校正常的教学秩序有着重要的作用。

课程表的内容包括一周内每天上课的科目及次序、每次上课的起止时间和休息时间、每次上课地点及任课教师的姓名,以及班会、周会、课外活动、党团活动和自习课时间。

课程表的编排要遵循一定的原则,如德、智、体、美、劳全面发展的原则,有利于提高学习效率的原则,有利于教学设备和条件充分利用的原则,有利于学校教学、教育、生产、科研各项工作全面安排、协调配合的原则。

第二节 高等教育人才培养教学模式的构建

一、高等教育人才培养教师队伍的构建

(一)"三师型"教师是高等教育人才培养教学模式的必然要求

根据高等院校的发展需要及根本任务,逐步培养、形成一支教育观念新、创新意识强、师德高尚、有较高教学水平和较强实践能力、专兼结合的

[①] 柳中海,林尚信.高等学校教学概论[M].济南:山东教育出版社,1995.

"三师型"教师队伍是构建高等教育人才培养教学模式的必然要求。

目前,"双师型"是我国教育界对专业教师普遍提出的基本素质要求,但由于复杂的高等教育情况,人们对"双师型"产生了不同的看法。第一种看法是,具有工程师、技师、医师等技术职务的人员,获取教师资格证后从事高等教育教学工作的,即可视为"双师型"教师。持有这种看法的人认为"双师型"教师应采用社会招聘,高等院校不可能培养出"双师型"教师。第二种看法是"双师型"教师没有统一的标准,只要从教学实际出发,能胜任理论教学和实践教学的教师,就可作为"双师型"教师。第三种看法是"双师型"教师可以通过一定的培养和培训来实现。

但是,根据当前学生就业的实际情况,"双师型"已不能适应高等教育发展的需要,高等院校应提倡"三师型"教师,即教师应是专职教师、工程师、职业指导师的合体。高等教育的特点决定了高校教师队伍具有自身的特色,这个特色不仅体现在高等教育教师个体上,也体现在高等教育教师队伍的整体上。要把高校教师个体的特征充分反映到教师队伍的整体中,与高校教师队伍整体的特色相适应,在高校教师队伍的建设和管理上体现高等教育的特点,建立起适应高等教育人才培养教师队伍要求的管理模式。[①]

(二)构建"三师型"教师队伍的现实意义

构建"三师型"教师队伍对于高等教育人才培养具有明显的现实意义。

1. 构建"三师型"教师队伍符合现代化建设需求

21世纪,我国现代化建设进一步发展,社会主义市场经济体制进一步健全、完善,政治体制、教育体制、科技体制沿着具有中国特色的社会主义道路不断向纵深发展,经济增长方式向集约化道路不断迈进。这些现实情况都对高等教育提出了更新、更高的要求。作为社会经济发展基础的高等教育,将为我国社会主义现代化建设培养专业的技能人才。而这需要有一支"三师型"的高等教育教师队伍来保障人才的培养。

2. 构建"三师型"教师队伍是高等教育发展规模和速度的需要

高等教育作为教育系统的一部分,其发展规模应以适应生产力发展水平为基础,以满足社会经济发展和劳动就业对各类技术、技能人才的需求为目标。高等教育规模的迅速扩大和发展速度的加快,社会对技术人才要求的提高及学历高移化的趋势增加,这些都需要我们构建"三师型"

---

① 周明星. 职业教育学通论[M]. 天津:天津人民出版社,2002.

第五章　高等教育人才培养模式的构建

高等教育教师队伍,以适应高等教育本身发展的需要。

3. 构建"三师型"教师队伍是优化高等教育专业结构的需要

高等教育专业结构即不同学科领域高等教育的构成状态。高等教育的专业结构是否合理最终要看它同生产力发展水平、产业结构是否相适应和吻合,能否对经济、社会和科学技术的发展产生重大影响。

目前,我国高等教育在专业设置上仍然存在不合理的现象,如专业规模过小、专业结构不合理等。新世纪的信息革命将推动高等教育更快融入社会发展之中,高等教育也将成为连接学校和产业社会的纽带。为了满足经济建设、经济结构调整的要求,高等教育专业领域也需要进行调整、优化。在城市,特别是在国家的老工业基地,某些传统的产业将进行改造或转移,而在沿海开放城市中,新兴的科技含量较高的产业及为国民经济发展服务的第三产业蓬勃发展;在农村,我国农民崇尚科学种田,合理养殖,开发绿色环保农业,农民这种对技术的前所未有的强烈需求,都需要高等教育为他们服务。可见,高等教育教师队伍建设的任务是何等迫切。"三师型"教师队伍的建设也要适应这种调整和变化,适应国民经济发展的需要,只有这样才可能为经济建设培养出合格的技能、技术人才。

(三)"三师型"教师队伍的素质结构

随着科学技术的发展和人类社会的进步,许多职业岗位对从业人员的专业能力提出了更高的要求,社会对高等专业人才的需求也趋于多样化。为了适应需求,"三师型"教师应满足以下素质要求。

1. 师德高尚

新世纪,人类社会全面进入信息时代,信息产业的发展对社会产生了巨大而深远的影响,高校学生的思想道德素质也深受其影响。在这种情况下,高校教师需发挥其重要的引导作用。教师具备高尚的师德会极大地影响学生的发展。教师要具有高尚的师德,就要以身示范,做好表率。教师不仅要传授知识和技能给学生,更要教会学生如何做人。教师的教学手段不单是教材和教学工具,更包括他们高尚的道德品格。

2. 学识广博

未来的市场需要学生具备较宽的专业知识面、较强的解决问题的能力、良好的合作能力和组织协调能力。因此,高校教师在教授学生理论知识的同时,还应关注学生能力的培养。这就要求高校教师必须具备广博的学识。随着科技迅猛发展,新知识、新技术层出不穷,高校教师就不能把自己的教学局限于某一个专业领域,而要不断学习,不断更新知识,转换思维,努力让自己既精通专业知识,又掌握前沿知识及技术。只有这样,教师在教学中才能根据市场需求,培育出具备扎实理论知识和较强实践能力的人才。

3. 理论探究能力和教学研究能力强

高等教育改革成败的关键在于高等教育的教师,高等教育教师这一群体的专业发展水平是通过每一位教师个体的专业水平体现的。社会在进步,时代在发展,知识更新换代的速度不断加快,教师所具备的专业理论知识有可能已经有所发展。因此,高校教师必须吸取新的研究成果,丰富自己的专业知识,拓宽自己的知识领域。同时,教师还要善于发现、研究和解决问题,通过改进教育方法来促进教学质量的提高。

4. 实践教学能力强

理论教学与实践教学是高等教育的两个重要环节,教师不仅要具备教授理论知识的能力,还需具备较强的实践操作能力。但在实际教学中,很多教师缺乏实践教学经验。经过近20年的研究和探索,走出了一条适合中国国情的高等教育师资培养的新路子,即"三师型"师资培养模式。事实证明,这种既具有较高的理论知识水平,又有较强的实践教学指导能力的教师,才能适应时代对高等教育教师的要求。

5. 情商高

随着我国改革开放的深入发展,教育事业也加快了向产业化发展的速度,教学水平的优劣、学生素质的高低,决定了高校的生存与发展,进而使每一个高校教师也面对优胜劣汰的考验。因此,为更好地教书育人和完善提高自我,教师必须具备高情商,即良好的心理自控能力、较强的抵制诱惑的能力、情绪调控能力和承受挫折能力以及沟通、协调和组织管理能力。高校的影响力和知名度与学生的能力水平相关,而学生的能力水平与教师素质息息相关。"三师型"教师只有通过不断完善自我、奋发进取、勤奋工作,才能为培育一代人才做一份业绩,为学校的发展贡献一份力量,为祖国的建设尽一份责任。

(四)"三师型"教师队伍的管理制度

要保持"三师型"教师队伍的稳定和继续发展,就要有一套可操作性强的管理制度作保障。

第五章　高等教育人才培养模式的构建

1. 建立"三师型"教师的标准制度

从当前实际来看,高校教师的任职和职务晋升已经产生了种种不利于高校教师队伍建设的后果。因此,必须建立能充分体现高校教师特点的标准制度,包括任职标准和职务晋升标准。在任职标准方面要提出能力素质的要求,在职务晋升标准方面要明确科技开发和技术应用的成果要求。

2. 建立"三师型"教师职务评审制度

高等教育要使学生具备较强的技术应用能力,高校教师自身就必须具有相应的能力。而这种能力不可能在书本上获得,只有在科技开发和技术应用的实践中获得,并通过技术革新、产品开发、设备运行的技术工作或参与生产、技术管理等工作加以提高。在高校的专业教师中实行教师系列职务和所从事的专业技术系列职务的双职务制,将高校教师的专业水平、能力和技术成果有机地结合起来,更有利于教师业务素质和高等教育质量的提高,从而推动教师队伍的建设。[①]

3. 建立高校教师培训体制

教师是一种具有特殊资格的职业,他们接受的通常是学科理论的教育,具有"研究"和"设计"的能力,但缺少高等教育所需的实践经验和多样的能力素质,也缺乏从事职业所需的技能培训和教育。因此,必须建立起适应高等教育要求的教师培养体系,以提高高校教师能力。

4. 建立高校教师培养经费投入制度

要解决高校教师队伍存在的整体素质不高和教师的来源问题,必须加大对高校教师的培训和培养的力度,主要是带头人和骨干的培养、高校师资培养基地的建设,这些都必须有经费的投入,因此需要建立高等教育教师培养经费的投入制度。

5. 建立高校教师流动制度

从高校教师个体来看,他们一方面同其他人才一样需要流动,实现职业的转换,以求得自身的发展;另一方面也应面对职位变更、实行结构优化的现实。而这些流动的实现必须有一整套制度来保证。从高等教育的需要角度看,从其他单位吸纳高等教育需要的人才特别是具有丰富的工程、生产等实践经验者从事高等教育或兼职存在着重重困难。因此,建立

---

① 卢红学.高等职业教育人才培养模式构建论[M].桂林:广西师范大学出版社,2007.

高校教师流动制度,不仅是高校教师自身的需要,而且是高校教师队伍结构优化的需要。高校教师流动制度必须体现向社会流动的合理性和吸纳社会人才的保障性。

二、高等教育人才培养教学方法的构建

(一)对教学方法的理解

到目前为止,学术界对于教学方法的概念没有形成一个统一认识。从教学论来说,教学方法是由教学活动的特点所决定的一种特殊方法。作为社会活动系统中开展活动、作用对象、实现目的、运用手段的联结物的方法,作为心理活动系统中人的自主控制的行为程序的方法,是一般意义上的方法。从教学活动来说,教学方法是在师生控制下运用知识这种手段,使学生成为合格人才,实现教学目的的教学方法。这种特殊的方法,是由教学活动的特点所决定的。

教学活动的基本特点是教师按照确定的教学目的,通过传授知识完成教学任务,培养合格人才的师生多边活动。根据教学活动的这种特点,我们可以较为清晰地理解教学方法:教学方法要通过教学活动使学生掌握知识技能,发展智力、体力,形成一定的世界观和道德品质。

我们还需明确,教学方法有狭义和广义之分。上述教学方法即狭义上的教学方法。广义的教学方法是指为实现教育目的而采用的手段、技术和途径。它包括教学组织形式、教学设施、教学技术,甚至包括教学原则。

(二)教学方法、教学方式、教学模式和教学策略之间的关系

1. 教学方法与教学方式

教学方式是构成教学方法的细节,是教师和学生的具体的基本活动,即教师和学生进行的个别智力活动或操作活动。教学方法是具体教学方式的总称和组合。一种教学方法可以由不同的教学方式构成,而一种教学方式也可以运用于不同的教学方法之中。教学方式是构成教学方法的基本要素,它要为达成教学目标,完成教学任务服务。

2. 教学方法与教学模式

教学模式是指在一定的教育思想、教育观念、学习理论的指导下,运用一定的教学策略和方法所形成的教学进程的稳定结构形式,是教学系

第五章 高等教育人才培养模式的构建

统要素(如教师、学生、教学媒体)相互联系、相互作用的具体体现。一种教学模式可包含多种教学方法。与教学模式相比,教学方法更加具体,可操作性更强。①

3. 教学方法与教学策略

教学策略是指为完成特定的教学目标和教学任务,依据教学的主观条件和客观条件,对所选用的教学活动程序、教学组织形式、教学方法、教学模式和教学媒体等的总体考虑。在教学过程中,一种教学策略不适用于所有教学情况,而且没有所谓的最佳教学策略。有效的教学需要有可供选择的策略来达到不同的教学目标和完成不同的教学任务。策略选择是在教学目标确定后,按照教学任务和学生特征,有针对性地选择与组合教学内容、教学方法、教学模式和教学媒体,从而形成特定的教学方案。

(三)高等教育人才培养教学方法的特殊性

高等教育作为教育体系的一个分支,其教学方法具有一定的特殊性,主要表现在以下几个方面。

1. 教学中,学生独立性与群体合作性加强

随着社会实践领域的扩大,高校学生的逻辑思维能力和创造思维能力也得到进一步的发展,为独立自主与合作学习的形成打下了基础。因学生学习独立性、责任感、团队合作、求知欲的增强,高校教学模式变成了以学生为主的自学与群体合作的模式。在教学中,教师在课堂上讲授知识,学生在课后消化理解课堂上学习的内容,同时大量阅读相关方面的书籍和文献资料。学生自学时间越来越多,学习方式趋向多元化,自学的成分更多地进入教学。自学能力的高低已经成为影响学生学业成绩的重要因素。

此外,高校除了要向学生传授知识外,更要不断潜移默化地培养学生的怀疑精神、理性思维和创新能力,让他们接受一定的专业训练。因而,教学过程由简单的知识传授转化为对学生的指导和启发,教学中加入了更多的以培养专门技能为主的实验、实训等教学方法。学生不仅从教师那里获取信息,而且在与同学的交往中获得有价值的信息,这就打开了一条新的信息通道。特别是现代信息技术的发展,学生通过互联网搜索,获取自己感兴趣的信息并自主学习,彻底改变了传统的教学方法中以教为

---

① 卢红学.高等职业教育人才培养模式构建论[M].桂林:广西师范大学出版社,2007.

核心的教学模式。

2. 教学方法与研究方法相互结合,重视培养学生探究能力和探索精神

在目前经济高速发展的时期,高校要传授知识给学生,培养技术型、实用型的人才,同时还肩负着加速地方科技成果的转化、哺育知识型企业的职能。因此,依托地方与高校发展经济,促使高校走向经济舞台前方,促使高校成功将地方科技成果转化为生产力,这既是高等教育自身保持可持续发展的需要,也是高等院校推进地方经济向前发展的需要。高校要走向经济舞台前方,需要高校向技术传播中心转变,坚持走教学、科研相结合的道路,积极与地方企业合作,促进教育科研成果的转化,以体现技术传播的直接实现,增强高校科研成果的辐射力。因此说,高等教育的教学方法不仅要具有很强的专业性,还要具有很强的探索性。

3. 教学注重实践环节,注重培养学生的实践能力

高等教育培养的是创新型、应用型人才,这就要求学生必须掌握专门的科学文化知识和专业能力,为未来的职业生涯做好准备。因此,在教学中,高校要重视实践,注重学生专业技能的训练和培养。高校积极加强校企合作,让学生参与生产实践。增加教学实践活动,邀请企业家、专业人士开设实训课程。

(四)高等教育人才培养教学方法的创新

1. 发现教学法

发现教学法是学生在教师指导下,通过探索和学习,发现事物变化的起因和内部联系,从中找出规律、形成概念、学到知识。问题教学方法的核心是提问。教师要在教学过程中设置问题情境,编制使学生回忆、理解、思考、分析、应用、评价所学内容的各种问题,并鼓励学生提出问题,促进学生的思维过程并将它扩展到一个更高的认知水平;程序教学法是把教学内容分成若干的学习步骤,每一步提一个问题,由学生循序回答。其优点是分散难点,循序渐进揭示概念的内涵,使问题逐步深化,有利于调动学生学习的主动性和积极性。

2. 案例教学法

案例教学法主张以学生为主体,强化学生的主动参与,其核心的内容是帮助学生将所学的内容与实际的生活联系起来。案例教学法以案例为

第五章 高等教育人才培养模式的构建

教育工具,通过案例引发学生做出批判性分析并仔细规划其行为。所谓"案例",是指以故事描述的手法,刻画真实人物或事件在复杂的真实情境中所面临的困境及必须采取的行动或决定。案例的基本要素包括丰富的情境描述、反映真实事件的故事情节及足够的相关信息以供学习者思考及讨论。

案例教学法是在学习者的认知冲突中,激发学习者主动学习的动机。因此,撰写案例就如同撰写故事一般,必须有明确的主题、人物和情节,案例的陈述必须如戏剧般地具有吸引力及剧情性,包含人、事、时、地、物,反映社会或文化情境,具备适度的复杂性,及对多元观点的包容性,足以产生学习者认知冲突的要素。只有这样,才能促使学习者养成主动学习及批判思考的推理能力。案例中的人物和情节必须取材自生活中的事件,具有真实性,而非小说般的虚构故事,情节的铺陈必须有真实感,但须采用匿名方式,以保护真实事件中的人物。案例的素材可以是以第一人称撰写亲身经历的个案报告;或是以系统化的资料搜集技巧所获得的资料,经过分析整理后,以第三人称撰写的个案研究。[1]

案例教学法是在分析及批判思考的过程中,帮助学习者建构知识,因此,案例本身所提供的信息和资料必须涵盖重要的概念和议题,且能与课程内容结合,具有思考性、检测性,足以呈现个人主观意识对于事件的影响,凸显不同观点之间的冲突性,引发学习者关切,赋予学习者自由选择权,使其可以自由检测,以此激发学习者的思考。每个案例之后均应有研究问题,以此引导学习者在检测过程中应用知识分析资料,加深对案例的了解,促使学习者提出解决方案,鼓励学习者将讨论内容与个人的经验结合起来,要求学习者为自己的论点提出合理的解释。

案例中所提出的研究问题必须以重要概念为依据。研究问题可分为探索性问题、分析性问题、产生性问题、反思性问题四类。探索性问题主要用来帮助学习者掌握案例中的重要信息和资料,而具有开放性、发展性和分析性的问题,则用来引导学习者针对事件分析,发现隐藏于事件背后的重要问题。产生性和反思性研究问题,主要用来激发学习者的思考,引发评价或价值判断的需求,激发案例与个人真实生活之间的比较思考,协助学习者了解个人的价值观、信念和心理需求对个人决策的影响,提出具体的行动策略,培养学习者对于没有明确答案的问题的分析判断能力。总之,实施案例教学法所采用的案例必须能够与课程结合,反映课程内容

---

[1] 卢红学.高等职业教育人才培养模式构建论[M].桂林:广西师范大学出版社,2007.

的重要概念,清晰易读,适合学习者的阅读程度,涵盖适度的复杂性及反映真实世界的两难抉择的情境。

3. 直观演示法

直观演示法有三种最基本、最常用的方法,即演示法、示范法和参观法。

(1)演示法

它是通过展示实物、模型、图片等教具或者是采用现代化视听手段,进行示范性教学以指导学生获取知识的。在教学中使用现代教学技术,标志着教学方法走向现代化。在教学中充分运用各种教学媒体(如电脑、录像、电视、幻灯、投影、模型等)与教学内容合理组合,运用演示法,以提高教学效率。

常用的教学媒体具有以下几个特点:模型——立体模拟;投影——平面模拟;幻灯——静态、局部动态模拟;电视——动态模拟;计算机辅助教学软件综合交互作用。其中,计算机辅助教学在演示教学法中具有的重要作用。

计算机图像处理能力的增强,使计算机开发的课件图文并茂、抽象概念形象化,人机界面日趋友好,机器速度提高,磁盘容量增大,增强了计算机交互式的教学能力。随着多媒体技术、网络技术的发展,计算机集录音机、录像机、电话于一身,变得有声、有像、智能化,可以远距离传输等。这些特点决定了计算机在教学中有着不可替代的作用。第一,它可以对学生进行个别教学。计算机辅助教学的最大优点就是既适合于群体教学,也适合于个别化教学,它可以给每个学生以不同的学习序列,为因材施教开辟了新的途径。计算机可以为学生提供系统的教材,穿插适当的问题,让学生进行训练和练习,并能对学生的训练、练习等情况及时作出反馈,使学生可以自觉、自主地学习。第二,计算机模拟可以使学生学习到他们用其他方法学不到的东西,如对某些微观或客观的过程或历史事件的模拟,这些教学内容是难以用实验或实际生活来演示的。第三,计算机可以进行双向教学。计算机辅助教学不仅克服了老师讲、学生听及广播、电影、电视固定单向的弊端,可以使学生随时、随意选择学习内容,而且允许教师和学生不论何种场合都可以相互交流,共同讨论,提高学习效率。第四,计算机可以在短时间内为学生提供丰富的感性材料和认识,不仅帮助学生理解概念,形成概括能力,而且也能帮助学生形成某些技能。因此,计算机辅助教学在整个教学活动中作用非常广泛而重大。

第五章　高等教育人才培养模式的构建

（2）示范法

它是教师通过规范性的程序或动作做有效刺激，以引导学生做出模仿行为。它是直观演示教学法的一种具体形式。示范法包括操作示范、语言示范、书写示范、表演示范等。在教学中，教师运用示范法要注意以下几点。第一，教师要引导学生系统地观察示范的行为、过程或动作，让学生直观地理解某种技术现象或原理，认识构成对象的各种复杂环节，并掌握操作要领。第二，根据需求和可能性，采用全班示范、小组示范、个别示范等不同的形式。第三，边示范边讲解，示范突出要领和难点。第四，要向学生讲明课程的特点和要求，根据不同课程内容，要求学生准备好学习用具，如笔记本+绘图模板、彩色标尺、计算机等，笔记本+万用表、电烙铁、螺丝等，笔记本+晶体管、电阻、线路板等，教师做完示范后，要求学生自己演示，以加深对课程内容的理解，促进实际动手能力的培养。[1]

（3）参观法

它是根据教学内容和要求，组织学生到特定场所，观察接触客观事物或现象以获取新知识或巩固、验证已学知识。参观法可以根据教学内容或任务分为准备性参观、并行性参观、总结性参观等。在教学过程中，教师运用参观法要注意以下几点。第一，前期准备工作要做好，如选择好参观场所、明确参观目的、设计好参观顺序等。第二，在参观过程中，教师要引导学生观察事物的本质，做好参观记录。第三，邀请现场工作人员结合参观课题作必要的讲解，以加深学生对参观事物的理解。第四，做好参观后的资料整理、答疑、总结等工作。[2]

综合来说，伴随着新经济兴起，中国社会不断向前发展，中国的高等教育也进入了一个新时期。新经济呼唤新教育，为了实现创新性高等教育目标，高等教育教学方法也必须创新。而高等教育教学方法创新要充分体现自主性，重视合作性，强化实践性，突出探索性与创造性，强调多样性与综合性。

---

[1] 卢红学.高等职业教育人才培养模式构建论[M].桂林：广西师范大学出版社，2007.
[2] 首珩.高职学院教学管理[M].北京：中国铁道出版社，2005.

第三节　高等教育创新型人才培养的难点与对策

一、对创新型人才培养模式的理解

创新型人才是指具有创新精神和创新能力的人才。而高校创新型人才就是在自己从事的研究领域和工作范围内,利用自己的知识和能力,开展创新活动,从而产生能促进经济发展和科技进步的新观点、新思维和新方法。创新型人才必须具备健康向上的人生价值取向、勇于挑战的创新精神、充足的知识储备和科学的创新观念。

二、创新型人才培养存在的难点

伴随着科技的快速发展和众多创新产品的问世,社会对于创新型人才的需求不断增加,高校为了满足社会需求,也越来越重视学生创新精神的开拓和创新能力的培养。为此,高校积极采取各种举措以促进创新型人才的培养,但是从整体上看,我国高校创新型人才培养还比较迟缓,实施创新型人才培养模式还存在难点。

（一）市场经济追求利益最大化在一定程度上制约了学生的全面发展

市场经济遵循通过价值交换,追求价值增值。市场经济以经济效益为主。而包括高等教育在内的教育具有经济价值和社会价值双重功能。同时,高等教育还重视社会发展与科学文化方面的价值取向。高等教育的多重价值取向与市场经济的单一价值取向截然不同,两者存在明显的差异,这对高校人才培养具有强大的冲击力。

在市场经济大环境下,生存竞争、等价交换成为生活常态,促使人们过多地关注利益。这种追求利益最大化的市场经济形态导致教育产生诸多矛盾,如追求崇高理想与追求经济利益之间的矛盾,基础知识结构与知识实际应用之间的矛盾等。在市场经济机制影响下,学生形成了务实的学习、工作态度,产生了强烈的竞争意识,但同时也呈现出功利化。从教育结构和教育内容来看,矛盾主要表现为素质教育与技能教育、基础教育与应用教育、理论教育与技术教育等之间的矛盾。因受市场经济利益的驱动,高等教育呈现出"轻视理论知识、重视技术应用"的现象,由此导致

第五章　高等教育人才培养模式的构建

学生在毕业后择业时,优先考虑经济收入,其次才会考虑自己的专长、理想及国家的需求。

综合来看,在市场经济追求利益最大化的驱使下,学生很少再依自己的兴趣、爱好、理想来选择专业、学习技能、提高能力,而更多的是根据社会就业形势和职业人群收入高低来选择自己的专业和培养自己的技能,这在一定程度上来说是适应了市场经济发展的需求,促进了学生在某一方面能力的提升,但从长远来说,不利于实现学生的全面发展,是有悖于高等教育创新型人才培养目标的。

(二)传统教学模式阻碍了学生的协调发展

未来国家经济的发展和经济竞争能力的提高,越来越需要知识的生产、传播,以及综合能力的应用。社会越来越重视能力,一个人满腹经纶,但是没有能力将知识转化为生产力,在工作岗位上也不会取得更大的成就,若有很强的能力将知识灵活应用于生产中,那么就有可能取得创造性的成就。但是,当前我国的高等学校仍然以传授知识和学历教育作为办学思想,仍然使用传统的教学模式。他们依然认为教育就是教授知识,用知识去充实大脑,学习、获取的知识越多,则代表越有学问。他们将记住多少知识作为教学效果评价的重要指标。课堂上采用满堂灌,片面追求知识的教授,而忽略学生能力的培养,忽略学生自学能力、思维能力、表达能力、组织管理能力、创新能力的培养。这导致学生高分低能,进入社会后无法适应社会的需求,不能满足经济发展和社会竞争的需求。随着知识经济时代的到来,这种传统的教学模式已不再适应社会对人才的需求。

当前,我国已进入知识经济时代。知识经济的发展导致社会经济结构发生了巨大变化,同时也引起人才需求结构的巨大变革。在知识经济时代,社会不再需要无个性的标准化人才,而需要有个性特色的创新型人才,人们的思维方式和生存方式将发生变化,人们接受的教育将不再是单纯的知识灌输,而是包括综合素质和能力的培养在内的全面教育。因此,高校要培养创新型人才,就必须改变传统的教学模式,由以教师为中心的教学模式转换为以学生为中心的教学模式,充分重视学生的个性发展和综合能力培养,尊重学生个人的选择,实行个性化、多样化和民主化的教学方式,以最终实现学生的全面发展。

(三)现行的专业设置和课程设置不利于学生知识结构的优化

为了满足现代社会和经济发展的需求,高等学校的教学必须做出调整,重新调整专业设置和课程设置,以促使学生具备扎实的理论基础、宽广的知识范围和强大的分析、解决问题能力和创新能力。在当前的社会发展形势下,我国现行的高等教育教学在专业设置和课程设置上出现了一些问题。例如,专业设置和课程设置狭窄,专业分得有点细,每个专业相互独立,学科之间联系少,缺乏共通的观察、思考、分析、综合的方法。在当今社会,创新能力的发挥需要雄厚的知识背景支撑,强大的职业适应能力需要宽广的专业知识和专业技能做基础。但是,过细的专业设置导致学生知识面狭窄,知识结构欠缺合理。因此,我国高等学校必须改变现行的专业设置和课程设置。

高等学校教育的目的是培养适应社会需求的人才,而社会对人才的需求会随着社会的发展而发生变化,因此,高等教育教学也必须进行一定的改革,以适应不断变化的社会需求。以往,高等学校改革的方式主要是增减专业或更换名称。一般来说,高等学校的专业是相对稳定的,虽然说会根据社会的需求变化做出相应的调整,但是社会变化速度飞快,高校相对稳定的专业在短时间内难以跟上社会变化的步伐,因此快速变化的社会与相对稳定的高校专业和课程之间就产生了矛盾。要缓和矛盾,主要的解决方法就是扩大专业口径,淡化专业,重视课程。与专业相比,课程具有较强的灵活性,能根据社会需求及时做出调整。这样就能保证教学始终处于动态的运行中,学生也就能不断获取适应社会需求的新知识和新技能。

(四)高校有限的选修课机制阻碍了学生创新能力的发挥

在我国现行的高等教育中,学生主体性不强,没有过多的选择自由,一般只能是进入了某所大学选择了某个专业,基本上就要接受同样的教学内容。

同时,高等学校的课程绝大多数都是必修课。学生每天的学习被安排得满满的,几乎没有选择的自由。在这种情势下,学生就养成了被动学习的习惯,自身的兴趣和个性得不到展现,最后就丧失了独立思考性和创新能力,形成了依附性的人格。当前,大多数的高等学校都有开设选修课,但学生自由选择性很小,很多选修课属于必选,导致选修课变成了必修课,选修课的教学目的也就失去了本身原有的意义。

过往的教学实践证明,压制个性和兴趣的强制性学习只会阻碍学生创新精神和创新能力的培养。因此,高等学校必须改变传统的教学模式,改变以往的教学机制,注重学生的主体性发挥,促进学生个性和兴

第五章　高等教育人才培养模式的构建

趣展现。

(五)高等教育师资现状不利于创新型人才成长

教师是培养人才的关键因素。教师在教育过程具有重要的指导作用,它贯穿于一切教育活动中。学生创新意识和创新能力的培养离不开教师的引导。而教师要充分发挥引导作用,就需要教师具备较高的教学素质,具备深厚的知识储备,具备较强的研究探索能力,具备全新的教学理念。同时,学校也要实施相应的利于教师队伍发展的机制或政策,如有效的竞争激励机制等。

目前,很多高等学校在师资队伍建设方面还比较欠缺有效的竞争激励机制和竞争氛围。虽然,高等学校每年都会对教师进行考核评估,但有效的合理的评估方法欠缺致使一些考核评估较差的教师得不到合理的处理,这就导致教师考核评估流于表面,起不到应有的鞭策作用。同时,学校不重视提出的教学建议,教师依然按部就班进行教学。总体来说,高等学校对教师教学欠缺严格的明确的监督监管机制,这在一定程度上影响了创新型人才的培养。

同时,因受市场经济机制的影响,高等学校教师的职业观也发生了变化。一些教师不再满足于单一的高校教学工作,而根据自己的能力大小和专业程度选择从事"第二职业"。教师从事"第二职业",这在一定程度上有助于提高社会的技术和文化水平,有利于发展经济。但长此以往,教师不能全身心关注高等教育教学,其敬业精神缺失,这严重影响了人才培养的质量。

三、创新型人才培养的对策

随着知识经济时代的到来,传统的人才培养模式已不适应社会发展需求。高等学校将培养创新型人才作为重要任务,就必须转变传统教学理念,改革传统教学模式,树立全新的创新型人才教学理念,构建全新的创新型人才教学模式。高等学校要加强创新型人才培养就需做好以下几个方面。

(一)转变传统教育质量观,重视知识、智能与素质的培养

高等学校要培养创新性人才就必须转变教育思想,坚持知识、智能、素质协调发展。高等学校应充分认识到培养学生创新精神和创新能力的

重要性,在教学中要充分激发学生的想象性和创新性,引导学生站在新的思维角度,按照新的思维方式来认识客观世界,然后创造出具有社会价值和经济价值双重价值的物质成果和精神成果。高等学校必须重新审视以往的传统教学理念,摒弃不利于创新型人才培养的思想、方法和模式,树立新的教学理念,确立新的教学目标和教学模式,以促使学生在知识、智能、素质方面得到协调发展,促使学生提高自己独立思考和解决问题的能力。

(二)更新教学内容,调整教学方法,注重知识与能力的结合

新时代,知识经济占主导地位,知识的重要性更加突显。随着科技飞速发展,知识量也不断增加,但学生学习时间有限。这就产生了不断增加的知识量与学生有限的学习时间之间的矛盾。为了解决这一矛盾,高等学校必须改革教学内容和教学方法。首先,舍弃过时的、重复的教学内容,增加学科前沿知识、相关学科知识、人文科学、自然科学等方面的知识。其次,为学生提供充足的自学时间,鼓励学生广泛学习,拓宽知识面。最后,也是最重要的一点,培养学生获取知识、综合运用所学知识和解决实际问题的能力。

此外,科学技术的发展有综合化的趋势,各学科之间相互交叉、相互渗透。高等学校在培养创新型人才的教学中也要注意加强课程的综合化,构建新的课程体系和新的课程设置方案,以有助于学生形成合理的知识结构和能力结构,促进学生全面发展。

(三)构建新的教学体制,充分激发学生主体性

高等教育培养创新型人才需要构建新的教学体制。目前,具有创新性的教学体制有弹性学制、学分制和互动式教学等。

除了医学和建筑学采用5年学制外,我国高校大部分都采用4年学制。除有特殊情况外,学生一般都顺利毕业,很少出现提前或延期毕业的情况。其实,这样的状态在一定程度上是不利于学生的个性发展的。因此,高等学校可以采取弹性学制,允许一部分学生在完成规定的教学任务,达到教学目标和教学质量标准的情况下提前毕业。

目前,学分制是最常用的教学体制。学分制贯穿于教学管理和教学进程中,具有高度的灵活性和开放性,有助于学生自由发展。在教学中采用的学分制,淡化了专业印记,允许学生自由选课、选专业,允许学生进行学业重修或免修,增加了选修课比例,在一定程度上使专业、学科

第五章　高等教育人才培养模式的构建

之间的交叉、渗透成为可能,促进了学生知识结构的优化。此外,学分制的采用,还有利于调动学生的自主性和积极性,有利于充分发挥学生的特长和潜能。

互动式教学,强调学生为学习的主体,有助于提高学生自学能力,提高学生独立分析问题、解决问题的能力,有助于学生创新思维和创新能力的培养,有助于学生的全面发展。

开展互动式教学,教师必须始终坚持"学生为主体"的理念,注重学生的主体意识的培养,注重自由、开放的教学氛围的创设,鼓励学生发现问题,提出问题,勇于表达自己的见解,培养学生分析问题和解决问题的能力。

开展互动式教学,教师必须明确自己的主导性作用。教师讲授学科前沿的相关知识,分享最新的科研成果,引导学生接触最新知识,感受创新的魅力,从而提高学生的创新意识,激发学生的创新兴趣,促使学生形成创新思维。同时,教师的主导性作用还体现在要正确处理教师教的主导性与学生学的能动性之间的关系。教师通过自己的主导性充分调动学生学习的积极性和自主性,确定具体的教学方法,促使课堂活动有序进行,依据语言的力量和思想的交流去感染和说服学生。鼓励和引导学生进行自学和研究,指导学生收集、提炼、分析与整合资料信息,引导学生对自己的成果进行科学剖析与总结。

(四)加强教学与科研实践相结合,培育学生的创新意识和创新能力

高等教育培养创新型人才的目的就是要培养学生具备创新意识、创新精神和创新能力。而创新意识、创新精神和创新能力的培养离不开社会实践活动的辅助作用。学生只有提高实践能力,解决实际问题,才能有发现、有创造、有前进。同时,学生只有通过参加实践活动,才能巩固理论知识,磨炼意志,提高抗挫能力。

因此,教师必须重视实践教学。要加强实践教学,需要做到以下几点:改变实验教学,设计以综合性、应用性为导向的实验教学内容;重视现代化实验技术的使用,采用多种形式调动学生的积极性;鼓励学生积极参与实验,主动完成实验资料查询、实验方案制定、实验设备选取、实验调试。只有这样,才能充分发挥学生的创新能力;抓好实习,适度增加实习时间,为学生提供或创设实习场地,为学生提供更多的锻炼机会;采取有效措施,变学生被动实习为主动实习;指导学生开展调研活动,加强培养学生发现问题、分析问题、解决问题的能力;鼓励和支持学生参加社会

实践和课外学术科技创新活动,激发学生的创新欲。通过实践,让学生认识到自身的不足,巩固所学知识,纠正自己对社会、对工作的错误观点和看法,为实现自己的人生价值奠定坚实基础。

第六章　高等教育人才培养模式的评价

在当今人才竞争日趋激烈、毕业生就业压力不断增大的态势下,如何通过采取多样化人才培养模式,研究具有特色范式的高校人才,为社会培养和提供适应现代化的人才,已成为我国高等教育的重要课题。高等教育人才培养是一个复杂的系统,任何单一的评价方法都很难对其进行准确的测定,因此需要对人才培养的诸要素(或方面)进行综合的评价,要素的高质量、高水平是确保人才培养质量的前提。

第一节　教师教学质量评价

一、高等教育教学质量评价概述

教学质量评价是高校依据一定的教育价值观与教育目标对学生的学习进度与行为变化所进行的价值判断过程。

我国高校在对学生的考核评价工作中,进行统一、简单、硬性的要求,缺乏灵活性与宽容度。对学生的评价主要以分数、考试为前提。大学中的过级考试使学生陷入一种无可奈何的境地。尤其是英语的教学与考核标准,使大多学生将大量的时间花费在英语的等级考试上,从而占用了在许多学科领域的知识创新时间,付出了较大的代价。在考核制度上,以闭卷笔试为主,进行单一分数排队,忽视了对学生主体地位的关注,一定程度上扭曲了考核评价的功能。这导致学生丧失了创新的兴趣,只会为考试和分数而学习。在对教师的评价中出现了重科研轻教学、重数量轻质量的现象,致使整个校园急功近利。教师进行研究的动机既不是改进教学质量,也不是发现新事物或者新思想,而是为了通过发表论文获取声望、升级与加薪。这不仅制约了教师的创新精神与创新能力的开发,还会造成学术浮躁和学术腐败。

对评价制度的关注涉及社会对大学的评价、学校对教师的评价两方面。就社会评估组织与教育行政主管部门来说,不能以传统的知识质量观来衡量处于新的历史时期的研究型大学创新人才的培养,不能以教学型大学的质量尺度来衡量研究型大学的教学质量,也不能以职业技术教育所要求的大学生就业率来衡量高校精英教育的人才培养质量。而学校对教师的评价主要存在两个问题,首先是教学质量观的转变问题,其次是从不可评价或者难以评价向可评价转变的问题。由于高校创新人才的质量呈现具有一定的滞后性,学校对教师的评价具有较大的难度,学校对教师教学行为的评价既不能搞一刀切,也不能放任自流。与此同时,还应从学生感知与投入的角度对教学过程进行评价、从学生各科有效学习活动的程度来呈现高校的教学质量。

二、教师教学质量的评价

(一)教师教学质量评价的基本内容

通常所讲的教学质量,一般指的是课堂教学和实践教学质量,而课堂教学和实践教学又是教学过程的中心环节,所以,这里讨论教师的教学质量就把范围定在课堂教学和实践教学质量上。

从目前的评价现状看,有的人重视教学成果评价,而对教学过程评价注意不够;也有的人重视教学过程评价,而对教学成果评价注意不够。这两种倾向,都会影响教学质量评价的正常开展。因此,不仅要重视成果评价,还要重视过程评价,力求把两者结合起来,从而促进教学质量的提高。

1. 教学质量的评价内容及评价目标

(1)课堂教学

教学内容的评价因素比较多,设计评价目标,不宜面面俱到,可以根据学校的实际情况有所侧重。其评价要点是:

第一,课前准备:教学基本文件、学期授课计划、教案、作业。

第二,课堂讲授:教学思想与态度、教学内容与水平、教学方法与手段。

第三,教学效果:教书育人、课堂教学、辅导与作业、教学实践。

第四,教研与教学工作:为人师表、教研与教改、教学工作量。

(2)实践教学

实践教学是培养学生动手能力,适应社会环境,缩短就业岗位适应期的重要环节。它主要包括实验、校内外实习和毕业实践三大环节,其评价

第六章 高等教育人才培养模式的评价

要点是：

第一，教学态度：各项准备是否充分、指导过程情况、对学生要求、批阅报告等。

第二，实践教学能力：内容熟悉、示范操作、事先预见、培养学生撰写报告等。

第三，实践教学效果：原理方法的掌握、实践成果的分析、实践内容在实际中的应用情况。

2. 教学质量评价的教学目标

教师能够根据教学大纲的要求，较为准确地把握教学目标，这是提高教学质量的关键。正因为如此，在评价教学内容时才把教学目标的明确度放在首位。

对教学目标进行分析，使其具体化，这是完成教学目标的需要，也是实施课堂教学和实践教学质量评价的需要。教学目标具体化了，师生的行动目标就明确了，这不仅有利于教师的教和学生的学，而且有利于进行教学质量评价。

通常所说的学科教学目标，应该包括教师的教学目标和学生的学习目标，即包括教学行动的要素和学习行动的要素。但是，由于各科教学大纲对教学目标只做了原则的规定，不便于具体的评价工作，因此，进行教学质量评价，还须将教学目标变成具体目标，使抽象的目标具体化，以便判断教学目标的完成情况。

要使教学目标具体化，就应对教材内容进行认真分析，特别要分析教材的知识结构。布卢姆关于认知领域的教育目标分类学说，对教学目标分析具有指导意义。他把目标分为知识、理解、应用、分析、综合和评价六个层次，形成一个由简单到复杂、由低级到高级的目标结构。每一个低次目标都是其高次目标的前提条件，而每一个高次目标又都是其低次目标的提高和发展，各级目标之间呈现一种递进的关系。根据布卢姆的认知理论，进行教学目标分析时，教师可以自制双向细目表，在确定各项比例时，应考虑以下三个条件：

第一，各个知识单元在整个教学领域里的重要程度。

第二，分配给各个知识单元的教学时数的比重。

第三，哪些知识单元对以后的学习具有较大的保留和迁移的价值。

在运用布卢姆的分类理论时，要考虑到学科特点和学生的年级实际，六个层次的目标不一定面面俱到，可以有选择地利用，确定本学科的重点目标。

教学目标分析与教学质量评价之间的关系极为密切。有了具体的教学目标,就可以确认学生学到了什么及其达到的程度。实际上,在教学目标设计中所确定的行动目标,在评价教学质量时必须得到客观的判断。这说明,具体化了的教学目标是教学质量评价的实际依据,如果离开了目标具体化,教学质量评价也就难以实施了。因此,进行教学质量评价,必须做好教学目标分析工作,尽量使抽象目标具体化。

　　3.教学质量评价的基本观点

　　(1)要立足于教书育人

　　尽管影响教学质量的因素是多方面的,有直接的因素,也有间接的因素,但都要立足于培养新时代所需要的人才。所以,评价学生质量的时候,不仅要有知识目标、技能目标和能力目标,而且还要有行为目标。这些目标,也是教学应完成的任务。正像克鲁普斯卡娅所谈到的那样:"教养是使学生掌握知识、技能和技巧,使他们形成世界观、思想政治观点和道德观念,并发展他们的创造性素质和各种才能。所有这些过程和结果就是教养。学生通过教养而形成一定的面貌和个人特征。"这说明,教学不仅要使学生学会知识、提高能力,而且要使他们形成良好的行为习惯和科学的信念。

　　从这一观点出发,教学质量评价应扎扎实实地为提高培养人才的质量服务,使教育更好地为社会主义物质文明建设和精神文明建设做出贡献。为此,教学质量评价必须坚持培养人才的质量标准,否则,评价就失去了应有的意义。对课堂教学来说,坚持质量标准就是要按照教学大纲的要求来制定评价目标、评价教学质量。

　　但是应当看到,由于教学质量的评价主要是通过全体学生达到目标的程度来做出判断,所以有的人就可能选用较为容易评价的目标进行教学,只教与评价目标相关的内容,对其他内容就不大关心了。这样做的结果,势必把所有的学生都放到一个最低的控制线上去了,这显然不符合快出人才、出好人才的要求,同时也违背了学习能力的个性差异性原则。心理学的研究表明,人的素质、记忆速度、感知事物的方式及思维的主要特征等都是因人而异的,因此学生的学习能力和学习成果也必然存在着某种差异。如果忽略了这种差异,不仅不能促进学生的发展,相反,还可能妨碍学生的发展。

　　(2)要正确对待教师的劳动成果

　　学校是培养人的地方,而学校实施培养人的职能,依靠的是教师,所以教师的劳动是一种培养人的劳动。通过这种劳动为社会培养各级各类

第六章　高等教育人才培养模式的评价

人才。这就是教师劳动的社会价值。

教师的劳动对象不是物,而是活生生的人,即青少年学生。学生是千差万别的,他们具有不同的气质、性格,不同的兴趣、爱好,不同的思想、情感,而且又都处在不断发展变化之中。教育对象的这种特殊性,决定了教师劳动的复杂性和创造性。教师不能按照固定不变的模式授课,而要根据不同的对象,因材施教,传授知识,发展能力。

学生的学习成绩,一般来说能反映出教师的劳动成果,但要注意做具体分析,不能简单地用学业成绩去评价教师的教学质量。这是因为学生的质量是个累进的过程,是由多种因素综合作用的结果,这里有教师的辛勤劳动,也有学生的主观努力;有教师的个人劳动,也有教师的集体协作。当然,还有其他一些相关因素的作用。

我们往往会听到这样的批评:某某学生学习成绩差,是教师没有教好。此种批评不无道理,指导和帮助学习成绩差的学生,这是教师义不容辞的责任。但是,学生的学业成绩一时上不去,也不能完全责怪教师。这同医生治病的道理是一样的,从治病过程看,治疗效果是受多种因素影响的,如疾病的性质,病情发展情况,患者身体素质、年龄、机能,病人的生活方式以及与医生配合的程度,等等。这些影响治疗效果的因素,许多都是医生无法控制的。如果完全以此来评价医生的医疗效果,那就不客观了。评价教师的劳动成果也是如此,影响教学效果的因素也有难以控制的,评价教学质量时,如果忽略了教师无法控制的因素,也是难以做出客观的评价的。这并不是为教师开脱,而是应实事求是地评价教学质量。

（3）要确定教学质量的评价时限

由于学校培养人才的周期比较长,再加上教师劳动的复杂性,这就给教学质量评价带来一定的困难,就读书的时间而言,一个学生从小学到大学要经过十六七年的时间,这个过程无疑是学生成长与发展的过程,也是教学成果累进的过程。从这个意义上看,无论评价哪一个阶段的教学质量,都会有一定的困难。但又不能因此而不去评价,或者说难以评价并不等于不能评价。这里就需要解决一个问题,即教学质量评价的时限问题。

确定教学质量的评价时限,要依据一定的评价目的,比如是评价一节课的质量还是评价一个单元课的质量,是评价一个年段的质量还是评价一个学段的质量。每一级学校都有自己的特定教学目的和目标,而且各个年段又有其具体的目标。学生入学时的质量,是他们原有知识水平的标志。只有把握好学生的起点,才能判断出他们的提高幅度。这就像运动赛跑裁判一样,要判断运动员的成绩,就必须确定他们的起点和终点。

进行教学质量评价,如果不确定评价时限,就急于去评价,其结果必

· 133 ·

然是一本糊涂账,根本无法弄清某一阶段的教学质量。因此,无论评价哪一级学校或年段的教学质量,都应力争解决好这一问题。不能因为教育的周期长、需要搞些跟踪调查,而不确定评价时限。如果因此而等待层层跟踪调查,那么评价就无法进行。强调确定评价的时限,就是为了解决好各个阶段的教学质量问题,明确各自的任务和责任,否则,只能是层层推卸,成了一笔算不清的糊涂账。

(4)要判断学生达到目标的程度

教学目标确定之后,就要通过教学活动去完成它,而完成的标志则是学生达到了教学目标的要求。进行教学质量评价,从根本上说就是对此做出判断。这是因为学生的学习质量是教学质量的集中反映。

确定了评价目标,明确了评价时限,还要判断学生是否达到教学目标以及达到的程度。这个程度的表示方法,可以是定量的,即用分数来标记;也可以是定性的,即用语言来描述。用语言描述可分为两种:一种是用于判断是否达到目标,如达到、未达到或合格、不合格;另一种是用于区分程度,如达到、稍差、未达到等,但等级不要分得过多。

(二)教师教学质量评价的指标体系设计

教师教学质量是学校教学质量评价系统的核心指标,构建一套科学、合理和可行的评价指标体系,对于搞好教师教学质量的评价具有十分重要的意义。在建立评价指标和标准体系的过程中,我们必须寻找理论依据,遵循基本原则,探讨评价指标体系构建的方法以及应用实例、进行具体的设计。

1. 设计应遵循的基本原则

进行一项科学的评价,一方面,要考虑各因素对评价对象产生的影响;另一方面,要考虑评价对象最核心的内容,考虑进行评价的关键所在,以达到"以评促改、以评促建、以评促发展"的目的。因此,在设计评价指标体系的过程中,应该遵循以下的基本原则。

(1)发展性与整体性原则

历史唯物主义告诉我们,客观事物是不断运动发展变化的、有机联系的整体,因此评价指标的建立应遵循发展性与整体性的原则。一方面要注意在不同的学校、不同的时期、不同的发展阶段,指标内容不完全相同;另一方面则要以整体全面的眼光看待和设置指标,如不仅侧重评价学生在课堂或学校直接获得的知识,而且还要注重评价学生在社会生活中间接获得的知识。

第六章 高等教育人才培养模式的评价

教学评价不仅要强调学生对书本知识的掌握,而且要注重引导学生掌握不断出现的科学概念或名词,这样才能使学生学得更加灵活、更加有效。譬如,近年来"克隆"一词在各大媒体不断被提及,假如我们在成就测验中以适当的方式对学生进行考查的话,不仅能了解到学生对新的科学概念的掌握情况,而且也可以促使学生在今后的学习中有意识地吸收这方面的知识。当然,也可以利用学校的课内教学或课外活动适时地进行一些介绍。这样一来,不必花很多的时间和很大的精力就可以很好地实现培养和提高学生科学素养的目的。

(2)科学性原则

从系统工程的角度出发,科学地、合理地设计实用的指标体系,统一综合评分的衡量基准,借助于数量化方法这一统计分析工具,确定出一个相对合理的、符合社会发展需要的统一评分标准,并定期"更新",使其具有实时性、开放性、动态性。

(3)准确性原则

设计出来的指标体系必须是一个完整协调的系统,能够全面地反映评价目标,能够适应不同场合、不同层次测评的需要,既可自评、互评,又可由学校的指导教师、班主任、辅导员、用人单位及教育专家等进行测评。

(4)层次性原则

在设计指标体系的过程中,应根据评价对象的系统结构和不同侧面的特征,将指标体系划分为若干个层次,并逐层进行分解,确定出具体指标,形成具有一定层次结构的指标体系,实现对评价对象层次化的描述。

(5)全面性原则

首先,全面性是指评价指标体系设计的全面性;其次,是指要面向评价对象所涵盖的所有范围及其整体发展水平,不能以偏概全,必须比较全面地显示出评价对象的总体面貌和基本水平;再次,是指要注意评价指标体系中各要素的整体功能综合效应,重视影响到评价对象的各因素之间的关系和结构,以发挥其整体优化的功能;最后,要重视评价效率,不仅要看评价所取得的成果,而且要看所投入的时间和精力。质量和效率同等重要,都应成为我们追求的目标。

(6)导向性原则

评价结果影响今后工作的导向。指标体系的设计不仅要能够充分反映出评价对象的优势和特点,引导其继续往好的方面发展;而且要能够反映出评价对象的薄弱环节和不足之处,从而引起重视,得到完善。指标体系的建立要能够正确引导学生、教师、管理人员等参与者充分发挥评价对象的特点和作用。

(7)教育性原则

评价指标体系的设计要体现评价的正面导向作用,发挥评价的改进和激励的教育性功能。评价指标体系在产生之初,主要是通过评价证明评价对象是否达到了预定的目标,如今发展为通过评价创造适合于评价对象发展的环境,因此,在评价指标体系中应充分体现尊重和信任。

设计评价指标体系的基本原则就是对指标体系的基本要求,是评价可靠性和有效性的根本保证。评价是一个复杂的、影响因素较多的动态过程,体系指标、权重系数和评价标准都对评价结果起着决定性的作用,在设计评价指标体系的过程中,应该充分考虑三者的特点:体系指标是基础,选取的指标项目应全面、直观,才能使评价结果科学、公正;权重是关键,确定权重系数时应重点突出、主次分明,才能使评价结果合理、公平;评价标准是保障,标准描述应完整协调、符合实际,才能使评价结果令人信服。设计评价指标体系时,应满足其科学、准确、全面、有层次的要求,才能形成一个完整协调的评价指标体系,使设计的评价指标体系具有可操作性;评价过程中坚持现实评价与预期评价相结合、定量分析与定性分析相结合、总体评价与特色评价相结合,才能得到客观准确、科学合理的评价结果,使评价指标体系真正发挥作用;尊重其导向作用、教育作用,才能充分地体现评价指标体系的价值。

当然,我们不能独立地、单一地看待设计指标体系的基本原则,而应该把选取指标、确立权重、确定标准和设计体系看成一个系统的、辩证的过程,相互影响,相互补充。选取指标时要考虑是否有利于方便、简捷地确定权重和标准,确立权重时要考虑指标的选取是否合理、标准的描述是否准确,确定标准时要考虑指标之间的联系和权重所产生的影响,而设计指标体系时更要全面考虑三者的关系及其对整个指标体系的影响。每一项原则不仅仅是针对单一的个体,也是针对整个指标体系及其中的每一个组成元素。

2. 设计的一般程序

(1)拟订评价指标体系的初稿

在设计评价指标体系时,可以成立评价指标与标准起草小组,或者委托学校督导评价室进行初步拟订。

设计者要认真研究整个评价指标体系,做到对每项指标的内涵及各项指标之间的关系了如指掌。

在最初拟定指标体系时,具体操作可由某一个人专门对目标进行分解。设计者一方面要掌握国内外的有关情况,以资借鉴,另一方面则要对

第六章 高等教育人才培养模式的评价

指标的可行性进行调查,做到心中有数,在此基础上再起草评价的指标初稿。这是因为初拟的指标体系不仅内涵较为粗糙,而且数量较为庞杂。这时应当把初拟的指标体系提交草拟小组或督导室进行集体讨论,让大家各抒己见,出谋划策,尽可能多地提出与评价目标有关的指标和与指标相吻合的标准。之后,设计者再根据集体讨论的结果进行修正,形成相对合理的教学评价指标体系初稿。

(2)理论推导,归类合并

在初拟的指标体系中,不可避免地存在着指标互相交叉重叠、相互包含矛盾等,甚至出现有的指标能反映评价对象的本质特征,有的没有反映评价对象的本质特征。因此,拟定指标体系后,必须运用逻辑推理和调查统计等多种方法,对所有指标与标准作进一步的分析综合,以便取主舍次、归类合并、达到指标与标准"少而精""简而要"的要求,以体现指标体系设计的独立性、可接受性等原则。

(3)专家咨询、评判

为了保证教学评价指标体系建立的动态性、发展性、超前性及可持续性,需要聘请有关专家学者及有经验的评价人员召开一次审查会,讨论草案中指标与标准的科学性、方向性、可行性等诸方面的问题。在评判指标和鉴定标准的同时,要求专家们对每一指标的重要程度给予赋值。最后,根据专家意见进行整理汇编、统计分析,编制出正规的教学评价指标体系评定表。

(4)预评论证

在专家评判以后,将评价指标体系一起选点进行预评,以了解其可行性的程度以及存在的问题,为进一步的修订提供实践方面的依据。

选择试验点时要注意两点要求:一是采取随机抽样的方法,以保证样本的代表性。抽样直接关系着评价使用范围的可行性、合理性,所谓随机抽样就是指评价总体中的每一个单位或个体被抽取的机会均等,且彼此独立,这样可以避免试验点仅来自总体的某一部分,从而避免了试验点的偏倚性。二是考虑样本规模,即样本的代表性还需要一定的样本规模来保证,以减少抽样的误差。一般情况下,在其他条件相同时,样本越大,抽样误差越小;反之,样本越小,抽样误差也越大。也就是说,试验点可以适当多一点,这样可以保证全面性,使之可以推广。

根据预评后的结果,对评价的指标体系作出综合的修改。当然,这时我们还可以更广泛地征询一些理论工作者、实际工作者、与评价有关的人员以及社会有关人士的意见,从中吸取合理的意见,再次对指标与标准进行修正。

（5）定稿实施

经过以上各个过程，对评价的指标体系草案还需再集中讨论一次，然后才定稿。定稿后仍然需要再选点试行一段时间，根据试行的结果再次修改，才能最终形成正式的教学质量评价指标体系。

（6）实践修改

教学研究方法都是边研究，边实践，边修改的。因此，教师教学质量评价的指标体系更要在实践中不断完善。可以经过一年至两年的评价，过程中不断积累经验与教训，再集中全面修订一次，从实践上升到理论，再去用于指导实践，这样经过几个循环，确定的指标体系相对来说比较科学合理。

（三）教师教学质量评价的方法

评价方法取决于评价内容。由于教学质量评价的内容不同，评价方法也应有所不同，即使评价内容相同，往往由于学校具体条件不一样，评价方法也可以有所变动。只有允许多种评价方法的存在，才能收到提高评价质量的实际效果。

选择课堂教学质量的评价方法，应考虑的原则是简便易行，对不宜量化的评价内容可以采用定性的方法，不要去追求烦琐的计算，以免给评价者带来不便。

1. 教学质量评价的一般形态

从评价机能上看，在教学质量评价中侧重讨论三种评价形态，即诊断性评价、形成性评价和总结性评价。

（1）诊断性评价的利用

诊断性评价，有的称前提条件测验，一般是在实施新的教学计划之前进行，针对学生的学力基础进行诊断，了解和把握他们原有的学力程度，以便判断他们对实施新的教学计划所具有的知识基础。所使用的评价工具，是对学生实行诊断性测验。

在教学质量的评价过程中，使用诊断性评价时，要根据已制定的评价目标进行。这样做的目的有两个：一是了解学生是否已经达到既定的学力目标及其达到的程度；二是了解学生在基础知识方面的缺欠，并做具体分析，采取必要的指导对策。例如，经过诊断性评价后，可根据学生的学力基础，确定教学的起点目标，做到从学生实际出发安排教学计划。这样做，既有利于学生的个性发展，又有利于判断学生达到目标的程度。如果不了解学生已有的学力状态，就很难判断他们完成学力目标的程度。

第六章　高等教育人才培养模式的评价

在学校里经常可以听到这样的评价：某某班学生学习好，某某学生学习好。这个好，其实是学生学习成绩的累进结果，一般难以表示阶段目标的完成程度，其原因是没有经过诊断性评价，没有弄清学生的学力起点，当然也就无法做出准确的判断。但是，还要注意纠正一种倾向，这就是：虽然进行过诊断性测验，可是有的人却有意加大难度，导致某些学生的成绩下降或不及格。这样做的心态有两种：一是想借此机会给学生增加点"压力"，名曰"严格"要求；二是想以此来衬托教学质量提高的幅度大，诊断测验时成绩不高，后来提高"很大"。这两种倾向，目前在某些教师那里不同程度地存在着，如不及时加以纠正，势必影响教学质量评价的客观性。

对学生的学力基础或学习实态进行诊断，其方法可以灵活掌握，不一定都采用现场测验的方法，有的可以利用已有的学力资料作依据。例如，升学考试、升级考试、期末或期中考试的成绩均可利用，但须结合试卷做出诊断；有的还可以利用单元测验或练习成绩作为依据，进行诊断。对任课教师来说，如果对学生的学习状态非常了解，那也可以不进行诊断性测验。在这种情况下，教师对教学质量的评价，往往依靠平时收集到的评价信息。

（2）形成性评价的利用

在教学质量的评价过程中，使用形成性评价的目的在于及时地了解和把握学生学习的变化动态，并准确地做出判断，给予必要的指导，使评价与指导更好地结合起来，以便充分发挥评价的作用。要加强对学生的指导，就要依靠正确的评价信息，否则，指导便没有针对性。评价信息的取得，可以采取两种形式：一是编制形成性测验，通过测验判断学生完成目标的状态；二是利用观察法收集有关信息。

教师在教学中经常利用观察手段获取评价信息，以此来把握教学现状，加强对学生的指导。例如，教师在数学课上可以观察到，有的学生做题又快又好；有的学生虽然会做，但做题速度比较慢；有的学生困难较大，看到题无从下手，等等。造成这种情况的原因固然是多方面的，但作为教师应该考虑的问题是：练习题的难度是否适合于学生的学力水平。如果练习题的难度适中，那么就能做出比较客观的评价，指导也能做到心中有数了。

教师在实施教学计划的过程中，必然会引起主观和客观情况的种种变化。这些不断变化的信息是进行评价所必需的，如果没有它，评价就无法进行，也不能及时地把握教学计划的运行状态。因此，教师在教学过程中应尽量获取改进教学的有关信息，以便更好地发挥形成性评价的作用。

一般来说,在教学活动中随机性的反馈信息比较多,如能及时捕捉,并加以分析和利用,那就有助于教学计划的顺利实施。

发挥形成性评价的作用,还要调动学生的积极性,重视利用学生所取得的成果信息。这里所说的成果信息,主要是指学生从教师那里得到的"承认"和"激励"的信息。这种信息对学生是一种肯定和鼓励,有助于增强他们的学习信心,调动他们的学习主动性和积极性。心理学的许多实验都表明:学生了解自己的学习成果比不了解自己的学习成果的积极性要高得多。因此,在教学过程中,教师要善于利用形成性评价,把学习成果信息及时反馈给学生,以使他们调整自己的学习行为。

（3）总结性评价的利用

总结性评价与形成性评价不同,形成性评价可以帮助教师及时地把握和改善教学过程的实态,而总结性评价则是根据既定的教学目标,确认学生达到目标的程度,从而对教学质量做出判断。为了达到这一目的,需要进行必要的综合性测验,以便判断学生是否达到目标以及达到的程度。从这个目的出发,往往采取绝对评价的观点,利用测验的结果来衡量每个学生是否达到教学目标。但是,从目前的评价现状看,多着眼于学生的个人得分,重在相对比较,给学生排名次,忽视了目标到达度。这是一个亟待解决的问题。

为了克服重名次轻到达度的倾向,应制定判断目标到达度的评价标准。这样做,教师可以根据总结性评价的要求,以到达目标为基准进行评价。这对总结性测验就提出了较高的要求,主要是试题的覆盖面要适当加宽,并须具有一定的代表性,能测量出教学水平。但必须从各个学科的特点出发,编制出科学性较强的测验。

使用总结性评价,要及时把评价信息反馈给学生,使他们能利用这个信息,以便从知识、技能、能力及学习态度等方面进行自我评价,从而判断自己达到目标的程度。这样既能培养学生的自我评价能力,又能使自我评价得以深化。在心理方面自我评价的深化,能使学生体验到按照目标行动的满足感,能使他们正确地认识自己的缺点,并能针对产生缺点的原因进行剖析。因此,在总结性评价中,如果能有目的地引导学生这样做,就能使他们主动地调整自己的学习行为,促进教学目标的完成。

2. 教学质量评价的等级法

各级各类学校围绕着课堂教学所开展的评价活动还是比较多的,有的是校督评室组织的,有的是教研室搞的,有的是学校教育主管部门组织的等。对学生来说,为了提高课堂教学质量评价的效果,一般都要求有组

第六章　高等教育人才培养模式的评价

织、有计划地开展一些评价活动。这样的评价活动,可在一个学期或一个学年之内搞一次,间隔的时间不宜过短,以免加重任课教师和其他人的负担。究竟多长时间搞一次,这要根据学校的条件来决定,不必强求统一。

在此基础上,再进行同行评价,即组织本学科的教师参加评价,这种形式虽然比较麻烦,但同自我评价相比,其客观性还是比较强的。领导评价,可以单独进行,也可以和其他听课教师一起进行,两者相比,后者为佳。领导评价应力求帮助教师把好质量关,排除不良倾向对评价的干扰。

假如不直接评出等级分,而是直接评等级,且评价主体有若干个,其评价结果如何处理呢?

例如,评价因素为五项:教学内容、教学艺术、课堂结构、课堂管理和教学效果;评价等级为四等:优秀、良好、及格、不及格;评价者为四人:学校领导、同行教师、学生代表、教师本人。对某教师的课堂教学的评价结果如表6-1,那么其综合评价成绩怎么样呢?

表6-1　某教师课堂教学评价结果[①]

评价因素 评价者	教学内容	教学艺术	课堂结构	课堂管理	教学效果
学校领导	优秀	良好	及格	及格	良好
同行教师	良好	优秀	优秀	及格	优秀
学生代表	优秀	良好	良好	优秀	优秀
教师本人	优秀	良好	良好	优秀	良好

该表的处理方法:

统计各个等级的总个数:

优秀9+良好7+及格4+不及格0=20。

计算各等级在总个数中的百分比:

优秀占45%,良好占35%,及格占20%,不及格为0。

各等级赋值:

优秀=100,良好=80,及格=60,不及格=40。

计算各等级的数值,再将得分相加求和。

优秀:$100 \times 45\% = 45$

良好:$80 \times 35\% = 28$

及格:$60 \times 20\% = 12$

[①] 徐金寿.高等职业教育人才培养模式研究[M].北京:中国科学技术出版社,2008.

由此可以得出，该教师的综合评价成绩为 85 分。

对上表的评价结果这样处理比较简便，如果认为需要加权重，那么就按照加权重的方法处理。例如，评价因素的权重为：教学内容 0.30，教学艺术 0.20，课堂结构 0.20，课堂管理 0.10，教学效果 0.20；评价者的权重为：学校领导 0.20，同行教师 0.40，学生代表 0.30，教师本人 0.10。计算过程从略。

（四）教师教学质量评价的结果处理

评价主持者，应根据评价结果和遇到的问题，对评价工作的质量进行评价。对评价的准备工作，尤其是对以评价指标体系、数据处理方法为核心的评价方案的科学性、可行性进行分析和检验，总结工作的得失，提出改进下次评价活动的意见、建议和措施。

1. 评价结果处理对提高评价质量的作用

清楚地了解评价全过程的结构关系，对提高评价质量大有益处。

图 6-1 就是评价过程的流程图，从图中可以看出，评价的全过程包括三个阶段十余项工作。评价结果的分析处理阶段是评价准备阶段和评价实施阶段的延续，这一阶段得出的结论，是前面两个阶段工作成绩的反映。评价结论质量的高低取决于前面两个阶段工作的好坏。但是，我们也可以看出，评价过程前面两个阶段的工作质量，又依赖于从评价结果分析中获得的信息。

2. 评价结果处理应采取的激励和制约措施

开展教师教学质量的评价，是对教师教学质量的考核和认定。因此，对于评价结果的处理应有激励和制约措施，否则，教学督评员没有积极性，教师和学生感觉无所谓，教学质量评价也就失去它的真正意义。学校采取的激励和制约措施主要可在以下几方面考虑。

第一，体现优劳优酬的原则，教师教学质量评价等级为优秀的教师，课时津贴可在原有的基础上提高百分比。

第二，评先评优时，应在教师教学质量评价等级为优良的基础上进行，因为教师的主要业绩体现为教学质量。对连续三次评价结果为优秀的教师，学校应颁发荣誉证书和奖金。

第三，在现职任期内，教学质量评价等级为优者，申报高一级专业技术职称时，在同等条件下应优先考虑；对评价结果为不合格的教师可以高职低聘，晋升职称时可以实行"一票否决"，对连续两次评价结果为不合格者,应调离教师岗位,另行安排工作。

第四,教师教学质量评价结果应及时反馈给相应部门作为教师年终个人考核及其他评比的主要依据。

这样做可以促进教师更加重视教学质量评价工作,提高自身的教学水平,也对学校实施教学质量评价部门和评价人员增加了工作责任和压力,逐步使得评价工作步入良性循环的轨道。

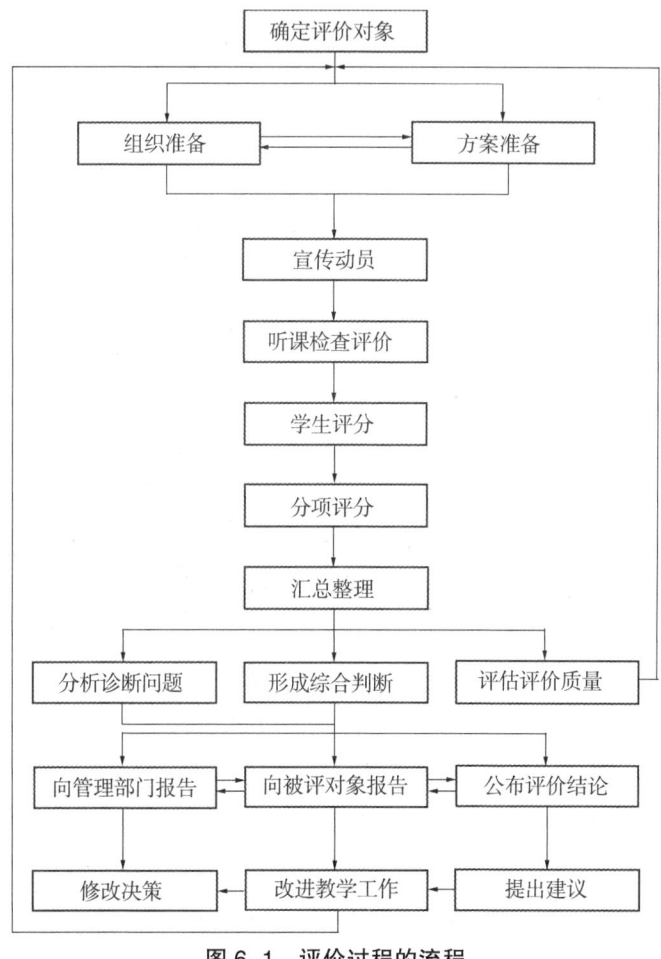

图 6-1　评价过程的流程

三、教师教学质量评价实践

进行校内教学质量自我评价,是一件很不容易的事情,而开展教师教学质量的评价更是一个难点。对教学质量高低的界定本身就没有一个既清晰又相对硬性的标准。对教师的教学质量好坏往往不敢轻易下结论，一般情况只要不发生明显的教学事故，凭良心工作就行，教学工作衡量主要还是以工作量多少来计量。随着职业教育的不断发展，各学校越来越重视教学质量的提高，都在不断研究，积极探索校内教师教学质量的评价方法，以科学的评价理论作指导，建立健全评价指标体系，精心设计各种评价用表，对学校专、兼职教师的教学质量进行大胆的等级评价，取得了比较好的管理效果。

下面以某职业技术学院开展的校内教师教学质量评价为案例，总结归纳如何进行教师教学质量等级评价。

（一）教师教学质量评价实施办法

1. 总则

（1）为了公正、客观和科学地评价教师的教学水平，促进教师增强质量意识，全面推进素质教育，根据《职业教育法》《教师法》等有关教育法规，结合学校实际情况，特制定本办法。

（2）学校教学工作委员会作为教学质量评价结果的审定机构，校教学督导评价室具体负责教学质量评价工作的组织和实施。

（3）本办法适用于我校从事普通全日制教学和成人教育教学（含课堂教学、实训、实验、毕业设计、毕业顶岗实践等各教学环节）的专、兼职教师。

2. 评价办法与程序

（1）教师教学质量评价指标包括教学态度、教学内容、教学方法和手段、教学效果、教学研究等项目，每个项目下设若干子项目，按一定权重实行百分制计分。对在教学工作中作出特殊成绩的设有附加分。

（2）学生评分统计结果为C_1，校教学督导评价部门统计结果为C_2，专业（含基础）部评分统计结果则为C_3，教师自评结果为C_4，加分统计结果为C_5，被评教师的教学评价结果分为C，则：

$$C=0.3C_1+0.45C_2+0.2C_3+0.05C_4$$

（C_1、C_2、C_3、C_4的评分指标体系和C_5记载方法另行制定）各教学质量评价等级的分值范围、统计见表6-2、表6-3。

第六章 高等教育人才培养模式的评价

表6-2 教学质量评价等级的分值范围

C 值	教学质量评价等级
C ≥ 85	优
75 ≤ C < 85	良
60 ≤ C < 75	合格
C < 60	不合格

表6-3 教师教学质量评价统计总表[①]

姓名		性别		出生年月	
职务、职称				所属部门	
学生评价 C_1	评价班级	部		班	
	统计结果	签名			日期
校教学督导室评价 C_2	得分				
	主任签名		日期		
专业(含基础)部评价 C_3				日期	
教师自评 C_4				日期	
附加分 C_5				日期	
综合评价结果 C	$C=0.3C_1+0.45C_2+0.2C_3+0.05C_4+C_5$		得分		等级
校教学工作委员会审定结果	得分				
	等级				
	主任签名		日期		
备注					

（3）教师教学质量等级评价每年度进行一次，凡担任教学任务的专、兼职教师，均须接受教学质量的评价。校教学督导评价室按第（2）条规定，统计给出评价等级，报校教学工作委员会最后审定。

（4）教师教学质量评价与"优秀教学奖"评选结合进行，参评人员的产生采取个人申报、部门推荐、校教学督导评价室组织随机抽取三结合的办法。个人申报、部门推荐的人员和督评室随机抽取的人员各占专、兼职教师总数的10%。校督评部门组织对上述教师进行教学质量评价工作，

---

① 徐金寿.高等职业教育人才培养模式研究[M].北京：中国科学技术出版社，2008.

然后,学校教学工作委员会再从评价等级为优的人员中评选"优秀教学奖",比例为全校专、兼职教师总数的5%。其余教师的评价由相应部门结合年终考核进行。

(5)调动学生积极参加教学质量评价工作。

第一,学生评教每学期进行一次,年度评价成绩为两学期的平均值。

第二,校教学督导评价室在组织学生评教前,应组织学生学习评价指标体系,提高学生对评教目的和意义的认识,认真对待评教工作,较好地掌握评教标准,客观地反映教师的教学质量。

(6)校教学督导评价室、专业(含基础)部评价工作。

评价工作分为两个阶段:第一阶段为评价阶段,起止时间为每年的3月到11月底;第二阶段为综合阶段,在每年年底前完成。

评价阶段:校教学督导评价室、专业(含基础)部应从每学期开始按教学质量评价指标体系逐项进行评价,并打出各单项评价分。

综合阶段:教师本人对本年度承担的教学工作基本情况进行总结,在评价阶段工作的基础上,校教学督导评价室将各单项评价分汇总计算综合分,并确定相应等级,形成初步结果,提交校教学工作委员会审定。

(7)教务处会同人事部门负责将评价的最终结果载入教师个人业务档案。

(8)发生下列情况之一者不得评为优。

当年出现教学事故一次。

当年不满基本教师工作量。

(9)出现教学事故二次及以上或重大教学事故一次者为不合格。

3. 奖惩

实行教师教学质量评价,是对教师教学质量的考核和认定,学校根据评价结果采取以下激励和制约措施。

(1)体现优劳优酬的原则,教师教学质量评价结果为优秀的教师,课时津贴按各专业(含基础)部规定标准的115%核发。

(2)在现职任期内教学质量评价等级为优者申报高一级专业技术职称时,在同等条件下优先推荐。

(3)对连续三次被评为优秀的教师,学校颁发荣誉证书和奖金。

(4)教学质量评价结果反馈给相应部门作为教师年终个人考核的主要依据。

(5)对评价结果为不合格的教师,高职低聘一年,原则上暂停其主讲教师资格一学期。对连续两次评价结果为不合格者,将调离教师岗位,另

第六章　高等教育人才培养模式的评价

行安排工作。

4. 附则

（1）本办法由教务处负责解释。

（2）本办法自发布之日起实行。

(二)"优秀教学奖"评选办法

为了调动教师从事教学工作的积极性，激励教师注重各项教学改革，积极参与教学研究，努力提高教学质量，特设立"优秀教学奖"。

1. 评奖条件

（1）热爱党的教育事业，遵守教师工作规范，教书育人。

（2）积极开展课程体系、教学内容、教学办法和手段的改革，并有教学改革的总结材料。

（3）教学水平较高、教学质量评价等级优秀。

（4）全年完成本岗位规定的教学工作量。

（5）重视教学研究，有教学研究成果或质量较高的教学研究论文。

（6）已获优秀教学奖者一般需隔年参加新一轮评选，并应有新的教改成果。

2. 评奖权重

（1）自评(5%)。

（2）学生评价(30%)。

（3）专业(含基础)部评价(20%)。

（4）校教学督导评价室评价(45%)。

（5）附加分(参考)。

3. 评奖名额与程序

（1）名额："优秀教学奖"按当年度全校专、兼职教师数的5%确定。

（2）候选人产生的时间和方法："优秀教学奖"每年评选一次，各教学单位应于每年10月底前，按专、兼职教师数的7%比例，将推荐名单报校教学工作委员会办公室(设在教务处)。

（3）评选：校教学工作委员会根据当年教师教学质量等级评价意见，经审议后，以无记名投票方式在等级为优秀中按名额评出"优秀教学奖"获得者。

（4）公示。

（5）报学校批准，发文公布。

4. 奖励办法

学校向获奖者颁发荣誉证书和奖金，获奖者的有关材料载入个人的业务档案，在职务晋升推荐时优先予以考虑，并作为岗位任职聘任考核的重要条件之一。

本办法自公布之日起实施，由教务处负责解释。

（三）评价教师名单的确定

参加教学质量等级评价的教师名单，原则上可以通过自荐、推荐和随机抽取的方式，确定参评教师。具体程序为：先发通知到各教学单位，教师自己申报，教学单位组织推荐；如人数不够，可以由学校教学督导评价部门按照各教学单位教师人数比例进行随机抽取产生。报主管校长批准后，由教务处负责向全校公布。

（四）初评结果报送评审机构评审

教学督导评价部门得出初评结果后，按照评价实施办法规定，向教学质量等级审定机构（一般为学校教学工作委员会）报告，由学校召开教学工作委员会会议进行审定，然后进行公示，最后确定结果，评价结果还要向被评教师进行反馈。

（五）"优秀教学奖"的评选

1. "优秀教学奖"评选名额分配

教师教学质量评价的等级确定以后，就可以进行"优秀教学奖"的评选，首先，各教学单位在教学质量等级为优秀的教师基础上，按学校下达的"优秀教学奖"评选指标（按单位专、兼职教师数的7%比例）进行评比对象推荐，然后，召开教学工作委员会评审。

2. 公布"优秀教学奖"候选人

各教学单位依据校教务处下达的"优秀教学奖"评选名额，按照规定程序将推荐名单上报教务处，再由教务处负责公布。

3. 召开会议评审

"优秀教学奖"的评比名单确定后,就可以召开学校教学工作委员会会议,依据教学督导评价室提供的教学质量等级评价材料,进行"优秀教学奖"的评选,最后,评选出5%比例的"优秀教学奖"获得者,经公示后公布。

(六)教师教学质量评价结果处理

教师教学质量等级评价和"优秀教学奖"评选结果出来后,还要对评价结果进行处理。首先,对全年的评价工作要进行汇报和总结;其次,把评价结果反馈给教师本人;最后,对评价过程中发现的教学改革经验要进行宣传与交流。

第二节 对学生的评价

一、学生整体素质培养

高等教育人才培养,以学生为主体,其最终目的就是提高人才培养质量,产学研合作人才培养质量评价的关键就是对产学研合作下的人才培养质量进行测评,即对学生质量的评价。因此,学生培养就成为产学研合作人才培养质量评价的重中之重。由于产学研合作教育的人才培养目标高于同层次非产学研合作教育,即在同等的学术目标要求下,提高了学生培养的技术目标及其相关的能力训练要求。因此,对学生思想道德、心理素质、身体状况、业务知识、工作经历、综合技能等方面的要求也会随之提高,特别是对表现综合素质的工作经历和综合技能方面的要求会更加严格。作为产学研合作人才培养质量评价最重要的一个方面,"学生培养"这一评价方面包含的评价项目和评价因素也最多。

(一)思想品质

"思想品质"是一个人的基本素质,我们谈到一个人时首先是评价他的思想品质。思想品质是一个人其他方面发展的基础,只有具有良好的思想品质的人,才能为社会、为他人所接受,才会在其他方面有进一步的发展与创新;如果一个人的思想品质存在问题,那么无论其技术能力和综合素质如何出色,都不能算得上是一个优秀的人才。这里的"思想品质"主要概括了人格品质、法制观念和组织纪律。

1. 人格品质

这是人才培养要解决的首要问题。要成为一名合格的人才,首先就是要具备良好的人格品质,具有正确的世界观、人生观和价值观,具备良好的道德品格和上进心。只有具备了良好的人格品质,才会在其他方面健康均衡地发展。

2. 法制观念

对基本法律、法规的了解,是对一个社会公民的基本要求;对相关专业法规、规范的熟悉及灵活运用是对一名工程人员的基本要求。

3. 组织纪律

作为社会或者一个团队的一分子,具有组织纪律性才能保证社会的稳定和团队事业的成功。

(二) 体能素质

体能素质包括健康状况、体锻达标情况和体育技能。身体是一切的基础,只有具有良好的身体素质,才能很好地学习、工作、生活,才能去实现自己的愿望,追求自己的理想。

1. 健康状况

健康的身体是一切的基础,只有健康状况良好的人才能考虑其他的发展。

2. 体锻达标情况

指学生基本体能锻炼达标情况,也是身体素质达标的一个标准。

3. 体育技能

在具有良好身体素质的基础上具有一定的体育技巧。

二、课程学习质量评价

课程学习质量评价是通过一种或多种途径取得对某课程学习活动绩效的证据,并把这些证据对照事前确定的课程评价标准,判断学生课程学习质量的过程。根据布卢姆的教育目标分类学理论,课程学习质量评价

第六章　高等教育人才培养模式的评价

的评价内容可以分为认知评价、情感评价和技能评价；根据评价的不同目的性，课程学习质量评价的方式可分为诊断性评价、形成性评价和总结性评价；根据不同类型课程教育目标、教学内容等的不同，具体的课程学习质量评价标准也应有所区别。

（一）课程学习的评价内容

1. 认知评价

课程学习质量的认知评价主要考核学生知识学习的理解运用能力，包括专业知识和人文知识等。人的知识学习理解运用能力，直接影响着其实践工作能力。欠缺知识学习理解运用能力，是适应不了知识经济时代生产、服务、管理一线岗位要求的。此外，新职业不断涌现，旧职业不断缩减，从业者必须具备职业发展能力，而知识学习理解运用能力则是职业发展能力的基础。

课程学习质量的认知评价是学生学习质量评价的基本内容，需要明确相应的课程学习内容、学习过程和目标，并对其进行评价，可以通过教师讲解、学生写出学习笔记、查阅、整理资料、分析解答问题等具体教学过程和目标，对学生的知识学习理解运用能力进行培养和评价。

在布卢姆的认知标准中，认知目标按照由低级到高级的水平共分为知识、领会、应用、分析、综合和评价六级。属于较低级的思维过程有书本的知识记忆和领悟；属于较高级的思维过程有运用原则，包括解决"新问题"，分析"新"问题的能力；属于更高级的思维过程，有属于创造性思维的"综合"和"评价"。课程学习质量的认知评价分为以下三个层面。

（1）知识的理解、掌握：这是对专业能力课程学习质量的认知评价的最低层次要求，要求学生能够正确理解、掌握所学专业知识、人文知识内容及其相互关系，并将所学知识系统化，内化为自己的知识结构，并能对其进行正确的描述和解释说明。

（2）知识的应用和迁移：这是对专业能力课程学习质量的认知评价的较高层次要求，要求学生能够灵活运用所学专业知识、人文知识解决实际问题，在类似情景中能够迁移运用和提炼升华。

（3）知识的分析、综合和评价：这是对专业能力课程学习质量的认知评价的最高层次要求，要求学生能够清楚了解自己的专业知识结构，并能够对其进行分析、综合及做出正确的自我评价。

2. 情感评价

情感评价是课程学习质量评价的重要组成部分,学生的学习价值观、学习态度、学习兴趣、学习动机以及学生对自我的认识等情感因素直接影响到教学目标的实现和学生认知的发展,从而会影响到学生的终身发展,对其职业道德的养成、职业素养的培养产生一定的影响。

重视情感领域的评价,不仅是因为情感、态度与价值观本身作为非智力因素,是学生全面发展的重要方面,对于学生的终身发展具有深远意义,还因为情感领域的评价可以和其他领域的评价一样,在教学实践中发挥着监督、导向、改进教学等多方面的重要功能。

在学生的课程学习过程中既重视认知领域目标的评价,又要高度关注并采用科学合理的方式实施情感领域的评价。只有这样,才能全面、有效地对学生的课程学习质量进行评价。

布卢姆情感领域的教育目标按照由低级到高级的水平共分为接受、反应、价值化、组织、价值或价值体系的性格化五个级别。具体到我们的课程学习质量评价当中,主要是考核学生在学习中的价值观、学习态度、学习兴趣、学习动机以及学生对自我的认识等情感因素。课程学习质量的情感评价分为以下四个层面。

(1)学习价值观和学习兴趣:这是学生进行专业能力课程学习的基础,该部分评价首先要求学生要对本专业有较高的认同感,高度的专业认同感是课程学习的心理基础,专业认同感不同的学生的主观努力程度差别很大,进而影响到后续的课程学习。在认同专业的基础上,浓厚的课程学习兴趣、较强的学习动机能够促使学生积极主动地参与到各项教学活动中,在课程学习结束时,学生的知识结构、能力水平、职业素质等方面才能达到该课程的教学目标要求。

(2)职业素质:职业素质是劳动者对社会职业了解与适应能力的一种综合体现,其主要表现在职业兴趣、职业能力、职业个性及职业情况等方面。要求学生具有高度的敬业精神、对工作忠诚度高,责任意识强,做事科学严谨、任劳任怨,遵守各项规章制度,具有良好的团队合作精神和人格魅力。

(3)学习过程中的表现:包括学生学习过程中的积极主动性、学习过程中的行为表现、团队合作意识和创新意识等,很大程度上决定了学生的学业结果。该部分评价要求学生在整个课程的学习过程中主观上能够积极主动,客观上能够按照要求独立开展或团队合作开展各项工作,完成作业、调查报告、项目开发及其他各项工作任务,并在一定程度上体现出较

第六章　高等教育人才培养模式的评价

强的自主学习能力和创新能力。

（4）学生对自我的认识、自我反思：自省是经常进行自我反思，总结课程学习经验和不足，并在今后的课程学习中加以改进。这是情感评价的较高要求，既是一种行为习惯，又体现了一定的能力水平。学生在每次课程学习结束后都要回顾自己本次课程的学习过程、知识技能掌握情况、容易出错和遗漏的知识要点等，在单元课程学习或本门课程学习结束后，回顾自己本单元或本门课程的主要知识技能点、难点和曾经出过错或漏掉的课程内容，有助于课程学习的巩固和提高。

3. 技能评价

实践技能是影响职业院校学生学习质量的关键。2006年11月16日下发的《教育部关于全面提高高等职业教育教学质量的若干意见》中明确指出：高等职业教育人才培养模式改革的重点是教学过程的实践性、开放性和职业性，实验、实训、实习是三个关键环节。要重视学生校内学习与实际工作的一致性，校内成绩考核与企业实践考核相结合，探索课堂与实习地点的一体化；积极推行订单培养，探索工学交替、任务驱动、项目导向、顶岗实习等有利于增强学生能力的教学模式；与企业合作建立高等职业院校学生实习的制度，加强学生的生产实习和社会实践。

课程学习质量的技能评价不仅仅是考核学生的实践操作技能，也是对专业理论知识能力、解决实际问题能力和创新能力的一个考核。而我们所说的实践技能包括专业核心技能、专业基础技能、通用实践技能和专业拓展技能。培养学生实践技能的各类课程，只有依据职业要求，明确具体的教学过程和目标，才有利于提高教学质量并对其进行科学评价。

根据各项技能的特点与要求，课程学习质量的技能评价分为以下四个层面。

（1）一般职业能力：一般职业能力主要是指一般的学习能力、文字和语言运用能力、数学运用能力、空间判断能力、形体知觉能力、颜色分辨能力、手的灵巧度、手眼协调能力等。此外，任何职业岗位的工作都需要与人打交道，因此，人际交往能力、团队协作能力、对环境的适应能力，以及遇到挫折时良好的心理承受能力都是我们在职业活动中不可缺少的能力。

（2）专业能力：评价学生是否已经熟练掌握了各项专业技能，内化为个人专业能力，并能够在实际工作中灵活、综合运用，独立或协作完成综合实训任务，达到本专业岗位工作要求。目前，教师可通过项目教学、任务驱动等工学结合的教学方式了解学生是否达到此教学目标。

（3）职业综合能力：职业综合能力也叫关键能力，包括跨职业的专业能力、方法能力、社会能力和个人能力等多种能力。跨职业的专业能力包括运用数学和测量的能力、计算机应用的能力和运用外语解决技术问题和进行交流的能力；方法能力又包含独立思考能力、分析判断与决策能力、获取与利用信息的能力、学习掌握新技术的能力、革新创造能力和独立制定计划的能力；社会能力则包含了组织协调能力、交往合作能力、适应转换能力、批评与自我批评能力、口头与书面表达能力、心理承受能力和社会责任感等。

（4）创新思维能力：通常认为，"创新型人才"是指拥有创新素质、具有创新精神的创造型人才。也就是具有创新意识、创新能力的人才，而其核心是创新思维。创新思维能力既是各种综合能力中的一种较高能力，也是几种能力的综合体现。为了凸显其重要性，这里特把创新思维能力单独罗列出来。专业能力课程学习的最高目标要求是学生通过课程学习，能够成为具有较强的创新意识和创新思维能力的"创新型人才"。然而，要成为这样的人才，以下四个方面的要求缺一不可。第一，要拥有深厚而扎实的基础知识；第二，要具有极为敏锐的观察力及联想力；第三，还要具有严谨的科学思维能力和对事物做出系统、综合分析与准确判断的能力；第四，要具有敢于创新的勇气和善于创新的能力。

总之，评价高职院校学生的课程学习质量，认知评价是基础，技能评价是关键，情感评价不可或缺。要依据职业要求和专业培养目标，设定每门课程具体的教学内容、教学过程和目标，将学生的认知能力、实践技能操作能力、学生的情感（态度、职业精神、职业道德、职业素养、价值观等）等的培养和评价融入整个教学体系之中。

（二）课程学习评价方式和手段

根据评价的不同目的性，课程学习质量评价的方式可分为形成性评价、诊断性评价、总结性评价。随着信息化时代的到来，信息技术越来越多地被应用到教育教学当中，信息化评价的方式也随之诞生。所谓课程学习质量的信息化评价是指在课程学习质量评价过程中采用信息化的技术手段对学生学习效果进行评量的一种活动。信息化评价并不独立于形成性评价、总结性评价等评价方式，相反，它可以融入这两种评价方式之中，相辅相成，提高形成性评价、总结性评价的效果。如档案袋评价法从传统的纸质档案袋发展至当今的电子档案袋就是信息化评价方式的一个典型代表。下面将就日常教育教学过程中常用的几种评价方式进行介

第六章 高等教育人才培养模式的评价

绍：诊断性评价、形成性评价、总结性评价。

1. 诊断性评价

课程开始，上课前首先以问卷调查形式对学生的知识、技能以及情感等状况进行的预测，可以了解学生目前的知识基础和学习准备情况，以判断他们是否具备实现当前教学目标所要求的条件，并为实现因材施教提供依据。

问卷内容中可包括部分学习该课程所需基础知识、专业技能点，旨在了解评价对象是否具备了学习该专业能力课程的基础条件；问卷内容中还应包括部分该课程知识点、专业技能点内容，旨在初步了解评价对象对该课程内容掌握的大致情况；另外，在调查问卷中还要设计一些关于评价对象对该课程及其他同类课程的学习兴趣、对其他同类课程的学习效果、喜欢的学习方法等问题。

通过设计调查问卷以及进行问卷分析，可以基本了解学习的学习现状、个性特征、学习动机和适应性等，然后再进行因材施教，设计相对适当的教学和评价方案。但实际情况是很多教师由于时间仓促、教学任务繁重往往忽略了这一评价环节。

2. 形成性评价

形成性评价是对学生的学习过程进行的评价，旨在确认学生的潜力，改进和发展学生的学习。形成性评价的任务是对学生日常学习过程中的表现、所取得的成绩以及所反映出的情感、态度、策略等方面的发展做出评价。其目的是激励学生学习，帮助学生有效调控自己的学习过程，使学生获得成就感，增强自信心，培养合作精神。形成性评价不单纯从评价者的需要出发，而更注重从被评价者的需要出发，重视学习的过程，重视学生在学习中的体验；强调人与人之间的相互作用，强调评价中多种因素的交互作用，重视师生交流。在形成性评价中，教师的职责是确定任务、收集资料、与学生共同讨论、在讨论中渗透教师的指导作用，与学生共同评价。

形成性评价可以在教学进行过程中通过教师观察、座谈／访谈、问卷调查、记读书笔记、学生自评／互评等形式对学生的学习行为、学习能力、学习态度和合作精神等一些常规方法进行持续性的评价；还可以通过电子档案袋、学生社团活动成果、社会科技活动等一些"过程＋作品"的方式来开展形成性评价。下面简单介绍一下表现性评价、"过程＋作品"法评价两种方式。

（1）表现性评价

表现性评价强调在真实的情境中，通过学生完成表现性任务，评价学生的真实行为表现以及运用所学知识解决实际问题的过程，同时强调问题的真实性与情境性。如今高职教育正在进行工学结合的课程教学改革，表现性评价在这种背景下有很大的适用空间，一个小的工作任务就可以作为一个评价环节，教师可以在教学过程中以小组的形式来开展类似的活动。教师在课堂上布置相关任务，班级成员分成小组在一定的时间内完成教师布置的任务，提交作业并与同组成员进行交流。课上推选一名小组成员对小组的任务完成情况进行汇报。教师可以根据提交的作业对学生进行评价。在过程中发现问题，及时对学生进行指导，最终汇总个人、小组、教师三者的评价得出该项任务的成绩。

（2）"过程+作品"评价法

"过程+作品"评价法越来越被高职教育的课程教学所采用，其中，"过程"一般是指将教学的整个过程分成若干任务、阶段或关键环节，然后对任务、阶段或关键环节提出明确要求和目标，并对学生的学习表现和状况进行动态评价。"作品"一般是指某一课程在"教、学、做"一体化的教学过程中，学生学习和创作的成果。它可以是最终的，也可以是阶段性的；可以是成品，也可以是半成品；可以是某种产品或服务，也可以是某种设计或策划；可以是学生查阅整理的知识要点和体系，也可以是试题答卷等。

此外，过程和作品也可以作为课程学习和学生活动成果的一个结合。教师可以在课程教学组织过程中结合教学内容组织学生参加一些社团活动、社会科技活动以及一些技能竞赛等活动，学生参加这些活动的成果就是"过程+作品"评价法中的作品，既有利于教师传授知识，有利于调动学生的积极性，同时也是对学生学习能力的一种拓展与肯定。不管是实践学习为主的课程，还是理论学习为主的课程，都可以采用"过程+作品"的评价方法，对实践技能、知识学习理解运用能力、心理素质和自主创新学习能力进行量化评价。

在实际运用的过程中，电子档案袋评价、表现性评价、"过程+作品"评价法与传统的观察法、访谈法等都是相辅相成、相互交错的。在教学过程中，教师可以采用各种方法来开展教学活动，而学生的自评互评结果以及各种学习作品都可以作为电子档案袋的一个重要组成部分。

3. 总结性评价

总结性评价一般指在课程或一个教学阶段结束后对学生学习结果的

第六章 高等教育人才培养模式的评价

评定。这类评价的主要目的是评定学生的学业成绩,确定学生达到教育目标的程度,证明学生掌握知识、技能的程度和能力水平,以为确定学生在后继教程中的学习起点,预言学生在后继教程中成功的可能性,以及为制订新的教育目标提供依据。

总结性评价着眼于某门课程或某个教学阶段结束后学生学业成绩的全面评定,因而评价的概括水平一般比较高,考试或测验所包括的内容范围也比较广,常在学期中或学期末进行,次数较少。常见的方式有形式各样的考试,还有逐渐发展的技能竞赛、考官制等方式。

三、新生适应性评价

随着我国的生源数量迅速下降,录取率快速上升,大学门槛变得越来越低。从北大到普通高校,生源质量发生着变化。如果高校不关注每一批新生的特点,怎么能够做好"因材施教"呢?传统的教育方式、传统的学工方式还能应对快速变化的1994年以后出生的孩子们吗?还能保证培养质量吗?还能保证极端事件如以往一般可控吗?了解新生,不似白发校长拾起一些青春潮词博得掌声那么快速,而是要进行艰苦与扎实的科学调查与分析。教育没有急功,我们能听到的只是现在的挑剔,以及迟到的掌声。[①]

在美国,新生调查是高校年年都做的事情。UCLA每年给几百所高校做新生调查。新生调查应该解决教育管理面对的三个问题:一是招生工作的评价和改进;二是入学教育的评价和改进;三是新生适应性问题的评价和改进。

招生工作需要年年评价和改进。为了争取有质量的生源,美国大学的招生工作90%以上由校长和副校长牵头。招生工作评价最佳时刻是在发录取通知时,通过录取后跟踪调查,这样就可能收到那些不来本校报到的人的评价。这部分人少,但评价却至关重要,能帮助本校了解自己是为何失去了这些录取生。不来报到的人可能选择复读、选择出国、选择打工。并且,因为是录取后立刻调查,可以在入学前了解录取生的入学期待,以便本校更好地接待新生。[②]

学生对高校的认同关键在第一年,而第一年的关键在入学教育。入学教育评价是在新生完成了入学教育,大概入学一个月或稍后进行跟踪

---

① 信息来源:《麦可思研究》2012年8月上旬刊麦可思专家王伯庆。
② 徐金寿.高等职业教育人才培养模式研究[M].北京:中国科学技术出版社,2008.

调查的。此时请新生对迎新活动、社团招新和职业前瞻教育等进行评价，同时了解新生的最高学历目标、职业期待和专业转换意愿。高中到大学是孩子们人生最大的转变，一定会有调整过程中的不适应。建议三年制高职院校在第一学期结束时实施，四年制本科院校在第一学年结束时实施新生适应性调查。调查内容不能简单模仿国外大学，应该服务于我国高校的管理目的。麦可思的新生适应性调查内容包括：学习生活现状，退学与服务评价，学习、生活、经济、人际关系（包括与异性相处）是否存在问题，造成问题的原因，以及校方缓解问题的程度。

四、毕业生职业发展评价

（一）职业发展

"职业发展"具有多层含义，主要指职业学校毕业生通过各种职业活动获得的获取社会资源能力的增长。社会资源包括政治资源、经济资源和关系资源。获取政治资源能力的增长是指这一群体通过有酬劳动不断参与政治生活和其政治生活意识、能力和职业地位的逐渐提高。获取经济资源能力的增长是指毕业生通过有酬劳动而使经济收入和获取收入能力的不断提高（比如涨工资），表明职业学校毕业生所具有的社会经济地位。获取关系资源能力的增长是指通过职业活动获得的与个人有直接或间接联系的社会关系量的增长，也即与之接触的人数量的多少，这与一个人获得资源的多少有关。社会资源是嵌入在个人通过其社会网络而连接到他人的位置中的，即社会资源包括了那些通过网络而连接起来的可以共享的资源。

就业质量是毕业生职业发展的重要环节，要把促进就业放在经济社会发展的优先位置。高校毕业生是否符合社会需要、高校的培养质量能否满足用人单位招聘与毕业生继续深造的要求，是中国的高校普遍面临的重要课题。从人才培养模式成效的角度，培养质量的直接体现是毕业生的就业质量。

（二）职业发展评价体系设计原则

1. 导向性原则

评价体系应引导各级政府、高校在进行职业发展指导工作时，根据国家建设需要对毕业生职业发展进行引导，应着重于社会发展与国家建设

第六章　高等教育人才培养模式的评价

的需要,在运用导向性原则时,要认真研究评价体系中各评价体系指标是否与国家建设需要导向相符合。如果存在与国家建设需要相违背的评价体系指标,就会造成就业导向与国家、社会建设需要相违背的现象。

2. 客观性原则

评价体系的设计要以现实社会的发展与需要为原则和出发点,要真实反映现实社会的客观实际。不仅要体现目标的整体优化,还要如实地反映客观的内容,各项指标在评价体系内的同一层次应是相互独立的。

3. 全局性原则

评价体系要能从全局反映毕业生就业和职业发展态势,反映出毕业生职业发展过程中主要层面的实际情况,以便能切实有效地开展全面分析和综合评价。对于指标的设计既要有侧重点,又要相互配合、相互补充。

4. 可测性原则

评价体系的可测性,即各项评价指标要能够用可操作化的语言加以描述,指标所规定的内容要能通过量化的方法来获得确切的反馈信息,经过分析得出明确的结论。按照指标可测性要求,凡是可量化的定量指标都应当赋予相应的量标,所有指标都应赋予相应的权重。对指标量化的结果要能进行比较和评价。

5. 实用性原则

评价体系应具有可比性,即通过评价体系获得的评价结果可以进行科学的比较。同时,各项指标要尽量简易、方便实用、符合情理、便于操作。要注意,在评价体系指标建立的过程中,应注重指标选择的代表性和易获得性,避免操作困难的情况出现。

(三)职业发展评价体系构建

遵循职业生命周期理论,我们更为关注的是学生毕业时的就业潜力、初次就业质量和毕业后一段时间内的职业发展成绩。所以,职业发展评价体系应综合考虑某专业学生的学业指标、就业指标和发展成就指标等三方面的因素。

1. 学业指标

包括基本能力总体满意度、核心知识的满足度、课程有效性评价、学生双证书取证率、学生参加各项技能竞赛获奖情况、毕业生对本专业的满意度等。

（1）基本能力总体满意度：毕业时掌握的水平满足社会初始岗位的工作要求水平的百分比，100%为完全满足。满足度计算公式分子是毕业时掌握的水平，分母是工作要求的水平。

（2）核心知识的满足度：毕业时掌握的水平满足社会初始岗位的工作要求水平的百分比，100%为完全满足。满足度计算公式分子是毕业时掌握的水平，分母是工作要求的水平。

（3）课程有效性评价：包括课程重要度和满足度两个指标。根据高职课程设置特点，主要有基础课、专业课和实践课程三大类，其中每一类课程都可以用课程的重要度和满足度进行评价。

①课程重要度：由就业和正在读本专业的高职学生判定本课程在自己学习或工作中是否重要。学生包括："受雇全职工作""受雇半职工作""自主创业"和在校学生。学生认为课程对工作或学习的重要度评价分为无法评价、不重要、有些重要、重要、非常重要、极其重要，其中"有些重要、重要、非常重要、极其重要"属于重要的范围。

②课程的满足度：回答了课程有些重要到极其重要的高职毕业生会被要求回答课程训练是否满足工作或学习要求，满足度指标是回答某课程能满足工作或学习的百分比。计算公式分子是回答满足的人数，分母是回答满足和不满足的总人数。

（4）双证书率：本专业毕业生同时获得毕业证书和职业资格证书(中级以上)的比率。

（5）学生参加各项技能竞赛获奖：本专业学生参加各项技能竞赛获奖情况。

（6）毕业生对本专业的满意度：通过毕业生对本专业的推荐率来考查。

2. 就业指标

就业指标可分为就业竞争力、就业流向及变化和工作稳定性三大指标。

（1）就业竞争力指数：综合了就业率、就业质量这两项指标，是对高职院校培养的毕业生就业能力的综合评价。某专业的就业竞争力指数的具体计算是，首先求得该专业的就业率与本校最高专业就业率的比例。即就业率/本校最高专业就业率，该指标反映的是在本校各专业就业率的相对水平；同理计算就业质量的比例；然后算得两个比例平均值，即为就业竞争力指数，最大平均值为100%。

①就业率：指就业人数占总毕业生需就业人数比例；分子是受雇全

职、受雇半职和自主创业就业人员,分母是全体毕业生减去"专升本"人数。

②就业质量:主要体现在月收入、专业对口率、职业吻合度、离职分析等方面。收入的高低,从一方面来讲,也是本校培养的毕业生质量的市场价值的体现;工作与专业对口率越高,体现了专业培养帮助毕业生更多地得到了市场价值的实现;离职率低,稳定性较强,从一方面来讲,反映了毕业生与用人单位匹配度较高,毕业生满足了用人单位的需求,用人单位也符合了毕业生的期望。

(2)就业流向及变化:包括就业变化、职业变化和行业变化。就业变化主要包括就业市场和毕业生就业观念的变化。职业变化指新的职业的出现,旧的职业的消失和一些职业内容和标准的变化。行业变化是指新的行业出现,一些行业内容和标准的变化等。

(3)工作稳定性:主要包括雇主转换和离职分析。

①雇主转换:就业单位的变化、变更。

②离职分析:离职率,即毕业一年半时间内,有过工作经历的毕业生当中,多大百分比发生过离职;离职类型,分为只有主动离职、只有被解雇、两者均有三类情形。离职率如果较高,会影响到学校在用人单位的声誉,被动离职反映了毕业生没有满足用人单位的需求,主动离职会使用人单位认为本校毕业生缺乏忠诚度。

3. 发展成就指标

(1)专业薪资水平:毕业起薪、两年后的薪资水平、五年后的薪资水平。

(2)就业单位规模和类型。

(3)社会影响力:重要岗位的职位分析、社会贡献度、杰出人物比例以学生的学业指标为主占50%、就业指标其次占30%,发展成就指标占20%,构建毕业生职业发展评价指标。

第三节 教学督导评价模式

一、教学督导评价模式的构建

(一)教学督评机构设置

教学质量评价是教学督导的主要任务之一,也是教学督导过程的重要阶段。教学督导重在过程控制,教学质量评价重在结果的定性、定量和反馈,前者是后者的评判基础。因此,督导与评价两者是密不可分的。

根据教学督导和教学质量评价两者的关系,校内教学督评的机构设置与人员配备,我们认为应考虑两者合一为宜,以充分行使职能,缓冲教师对教学督导工作的对立情绪,发挥工作效益。

职业院校学生规模若在5000人上下,教师250人左右,教学管理模式实行的大都是一级管理,因此,教学督评机构可以设在校本级,与教务处并列或合署为宜,由教学校长直接领导,负责人应定为中层正职,以体现教学督评的地位与作用;若学生规模在1000人以下,可不必独立设置教学督评机构,教学督评的职能可放在教务(导)处。①

(二)教学督评人员配备

教学督评工作政策性强、专业性强与技术性强,工作涉及并影响到广大教学管理干部、教师和学生。因此,在教学督评人员的配备上,应考虑注意以下两个方面。

1. 督评人员数量

学校教学管理工作如果是实施一级管理的,校教学督评室(中心)应配齐配足人员,至少配备3—4人(因为人员都集中在校本部),其中1人为专职督评员,其余为长期兼职的退休人员,专业系(部)可不配二级督评人员,但对本专业系(部)从事教学管理和教学工作的人员,均应赋予督评职责。

2. 督评人员条件

熟悉党的教育方针、政策,熟悉学校发展目标和总体规划,掌握现代教育理论,具有先进的教育理念,忠诚党的教育事业,热心教学督导与教师教学质量评价工作。具有丰富的教学管理经验或有长期从事课堂教学的经历,教学水平高;办事公道,敢说真话,襟怀坦荡,毫无私心,愿意为学校的教学质量和培养合格人才作出贡献。具有大学本科及以上学历和高级专业技术职称。

(三)教学督评工作内容

建立了教学督评机构,按规定配备了人员,要开展工作,还需明确教

---

① 徐金寿. 教学督导和教学质量评价[M]. 兰州:甘肃文化出版社,2005.

第六章　高等教育人才培养模式的评价

学督评的工作内容,工作职责,确定工作程序。例如某职业技术学院教学督评工作主要有以下内容,简称"四五二一"校内教学质量监控体系。

1. 开展四项教学检查

配合教务处定期做好期初、期中、期末和节假日特殊时段前后的教学工作与秩序的检查;并进行信息反馈等工作。

2. 进行五种教学评价

每学年进行学生评教、教师同行评教、督评专家评教、领导干部听课评教,协助教务处做好"优秀教学奖"的评选工作,并将结果适时公布与反馈给校各级有关领导。

3. 做好二次考试的监控管理

配合教务处抓好期中、期末考试组织、巡查与管理。

4. 组建一支学生教学信息员队伍

由教务处聘请每个班 1 名学生教学信息员(一般由学习委员担任),组建一支学生教学信息员队伍,及时反馈教师教学和与教学有关的问题,以学年为单位进行总结、评比与表彰。

(四)教学督评结果处理

教学督导评价部门依据一定的督导目标及其评价方案,对被督部门教学管理、教学工作状态(专业建设、课程建设、教材建设等)和教师的教学质量以及学生的学习质量进行调查分析、检查、评价和指导之后,还必须对结果进行处理。

第一,对常规教学工作和秩序的检查,要及时向有关部门或学校领导(主要是教务处,也可以是主管校长、校长)反馈所获得的情况,提出处理意见和建议。

第二,要认真研究督评活动中发现的新问题、出现的新情况,积极寻找解决问题的途径和方法。

第三,对教师教学质量和学生学习质量的评价结果,要适时适度公布或通知本人,并要与有关评比、奖惩和晋升挂钩。

第四,总结督评工作经验和教训,把有关资料分类、整理、汇编和归档等。

教学督导评价工作模式构建见图 6-2 所示。

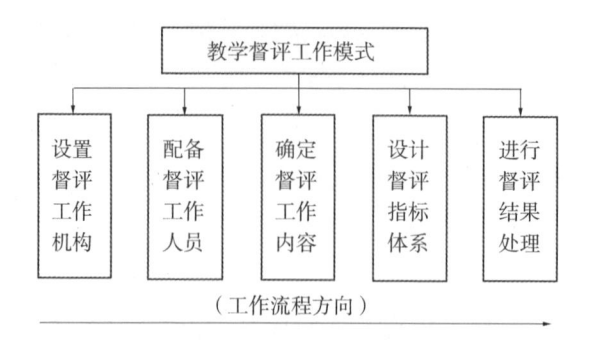

```
                    ┌──────────────────┐
                    │  教学督评工作模式  │
                    └──────────────────┘
   ┌────────┬────────┬────────┬────────┬────────┐
┌──┴──┐ ┌──┴──┐ ┌──┴──┐ ┌──┴──┐ ┌──┴──┐
│设置 │ │配备 │ │确定 │ │设计 │ │进行 │
│督评 │ │督评 │ │督评 │ │督评 │ │督评 │
│工作 │ │工作 │ │工作 │ │指标 │ │结果 │
│机构 │ │人员 │ │内容 │ │体系 │ │处理 │
└─────┘ └─────┘ └─────┘ └─────┘ └─────┘
   └──────────（工作流程方向）──────────→
```

图 6-2　教学督导评价模式构建示意图

二、教学督导评价实践

（一）制定教学督导工作计划

计划是某项工作的基本目标与任务，也是管理部门对执行任务部门的考核依据。因此，全年教学督导首先应制定好工作计划。该项工作可由校教学督导评价部门提出，分管领导审核批准执行。

以下是浙江同济科技职业学院某年教学督导工作计划。

1. 完成常规性教学督导工作

第一，进行开学第一周教学秩序的巡查，并将情况及时汇报并编发教学督导情况通报。

第二，根据教务处要求，做好期中教学检查工作并编发教学督导情况通报。

第三，对期中、期末考试的考风、考纪、试卷卷面质量进行检查，检查后编发教学督导情况通报。

第四，按月做好校、处、各部领导听课情况的统计、反馈工作。

第五，做好教学信息的采集和反馈工作，充分发挥学生教学信息员的作用。

第六，与各部一起共同完成对各部的教学运行管理、教学质量和教学秩序的检查、评议和考核工作。

2. 完成教师教学质量跟踪评价工作

第一，继续开展教师教学质量等级评价工作，3月份在各部推荐的基础上确定当年的参评教师，名额15人。

第六章　高等教育人才培养模式的评价

第二,完成参评教师及其他教师的全年听课任务,使参评教师人均被听课至少达到10人次以上。

第三,上半年、下半年对参评教师的教学基本文件完备情况、学期授课计划规范和可行性情况、教案的质量三个方面各组织一次评价。

第四,上半年、下半年各组织一次学生对参评教师进行评教。

第五,年底组织参评教师对自己一年来执行教师工作规范情况、开展教学内容改革、教学方法改革、教学手段改革教学效果情况进行自评。

第六,汇总全年学生评教、各部评价、教师自评、校教学督导评价室评价、附加分材料的评价。对参评教师分别提出教学质量评价的等级,并报校教学工作委员审定。

第七,做好参评教师评价结果的反馈工作。

第八,配合教务处做好一年一度的"优秀教学奖"的评选工作。

3. 开展调研工作

第一,对《水工建筑物》《房屋建筑学》《水工钢筋混凝土结构学》等课程改革考试方法进行调研。

第二,对如何有效地使用CAI教室和仪器及提高CAI教学质量进行调研。

第三,对教学研究项目的调研以及教学计划的修订进行前期调研工作。

第四,其他工作,如完成全年教学督导与教学质量评价实践材料的收集、归档和《汇编》的编辑、印制工作;宣传获教学质量等级评价优秀、"优秀教学奖"获得者的先进事迹,配合教务处推广教学督导和质量评价过程中发现的好的管理方法,督促一些不良现象的改进。

(二)开展期初、期中和期末教学检查

定期的教学检查,一般可安排开学前教学准备工作检查、期中教学检查、期末教学检查和节假日前后的教学秩序检查。开展这样的定期检查,对于确保教学秩序的稳定、提高教学质量起到很有效的作用。这几个阶段的教学检查,可采取各部自查、学校教学督导评价室抽查的方式进行。最后,各部提交检查总结报告,学校发布督导情况通报。

1. 期初教学检查

期初教学检查主要是检查教学准备工作和开课第一周的运行情况。教学准备工作可召开教学工作例会进行检查,开课情况要求教务处领导、督评员和各部主任都要下班巡查，发现问题及时处理。最后将情况汇总，发布督导情况通报。

2. 期中教学检查

期中教学检查是教学运行与管理监控的重要手段之一，它可以调节教学进度，平衡学期教学管理轻重，有选择地重点检查一项或若干项教学管理要点内容，对于稳定教学秩序、提高教学质量会起到很好的作用。

开展期中教学检查，可以采取学校或教务处先发文，以部门自查、学校教学督导评价室抽查方式进行。时间以期中考试为界前两周后两周共四周为宜。结果处理为部门上交自查报告，校教学督导评价室抽查情况汇总，形成检查总结，并发布期中教学检查情况通报。及时肯定成绩，督促各部改正缺点，解决存在的问题。

3. 期末教学检查

期末教学检查主要是做好期末考试的安排与巡查，要成立以学校领导带队的期末考试巡查组，要求各专业系、基础教学部和教师做好期末考试的试卷、成绩分析以及下学期开学报告。

(三)建立干部听课及公布制度

为了加强教学工作的监督与管理，提高教师的教学水平，树立良好的教风和学风，学校可建立干部听课制度，并将干部的听课情况定期予以公布。干部听课走进课堂，深入教学基层，直接了解学校的教学基层第一线情况，可以使处理问题的决策更科学；干部参与听课，还可以使学校行政管理部门和教师感觉学校领导重视教学，关心教师，以逐步形成一种重视教学质量的良好氛围。

(四)组建学生教学信息员队伍

聘请一部分学生教学信息员，及时反映教师、学生和管理中存在的教学活动问题信息，有助于教学质量的监控与评价。学生教学信息员队伍建设和信息反馈，可以先制定教学信息员工作条例，由教务处聘请学习委员担任，校教学督导评价室指导信息反馈工作，每年要进行优秀教学信息员评比和学生教学信息员工作的总结。

第六章　高等教育人才培养模式的评价

（五）学生评教

学生评教是教学督导的一种行之有效的方法之一。教师教得怎么样，学生最有发言权。学校每学期可开展一次小范围的评教活动，若干年进行一次大范围的。学生评教的具体操作：先制定科学合理的评教用表，再进行周密的组织安排，为了使打分公正合理，要充分考虑班级学生的素质，可以选择每班三分之一的品学皆优的学生参与测评工作。学生的评价意见，可以由校教学督导评价室分项统计汇总，学生评教要进行反馈，并要进行适当的宣传。

（六）宣传报道

学校在开展教学督导工作中，一方面要力求做到公正、客观和科学；另一方面还要注意宣传报道，让上级教育行政部门、学校管理部门和教师甚至其他学校及时了解掌握教学督导工作动态，以扩大影响，提高学校教学质量和知名度。

三、强化教学质量与监督的方法

（一）建立统一的专业教育基准

在国外，专业学位因为与社会需求联系紧密而受到学生的青睐，从他们的发展经验来看，统一的本科生培养水平基准在专业学位教育教学中起着重要的作用。根据社会的实际需要制定相应的能力培养方案，对目标能力进行分解，制定统一的专业培养水平基准，有利于规范学位本科生教育，保证其教学质量。从目前我国的高等教育管理体制来看，全国高校教育指导委员会承担着重要的外部保障责任，应充分发挥其功能，逐步建立起高校学生生学位教育基准，规范和推动学位教育的发展。同时，学位教育基准的建立，也将为教学质量保障工作指明方向。

（二）校企共同探索教学效果评价制度

在独立学院的本科人才培养模式中，"校企合作，协同育人"是独立学院应用型人才培养模式改革的基本方向，而实践教学是教学中的重要环节。在校企合作机制下，学生参与顶岗实习，已经成为最主要的实践教学模式，这对学生综合实践能力的培养起着非常重要的作用。因此，在校企合作机制下的实践教学质量的高低,对于人才培养质量的优劣有着重要的影响。那么在这种校企共建的人才培养模型下,如何建立教学效果评价就成了重要的研究课题。

在校企合作机制下实践教学质量评价的研究,目前还处于评价体系构建和实证研究的探索阶段。基于学院的学科特点与学校学生的特点,校企共同建立教学效果评价体系的模型,建立专业校企评价体系。

1. 教学效果评价指标体系的设计原则

建立科学的绩效评价指标体系是完成绩效评价的前提,教学效果评价关乎学校教学质量,关乎学生的学习效果,是个复杂的系统,涉及方方面面的内容。专业教学效果评价指标涉及多个层次的内容,如何在众多的指标中挑选出可以合理度量教学效果的指标,也就变得复杂。这就要求我们在研究评价指标体系时紧紧围绕教学目标做出判断,从全局出发,同时也需要一些原则对指标的选择做出规范。

2. 教学评价指标体系的建立

根据以上建立指标体系的原则,参照学院教学评价的主要内容,在参考现有的对教学效果评价研究的基础上,向经济学、统计学、教育学等相关领域的专家咨询意见,从与校企合作密切相关的三大主体,即学校、学生、企业出发,对独立学院的人才培养所包含的因素整理归类。在意见相对一致的情况下,确定人才培养绩效评价的各级指标,最终构建专业教学评价指标体系,并将其分为三层:目标层、准则层、指标层。目标层是专业教学评价,准则层是目标层的分解层,指标层是影响准则层的因素所构成的指标层。

第四节　教学管理的评价

高等职业教育如何办出特色,关键问题在于人才培养模式,在国外一些职业教育发展比较成熟的国家,在人才培养模式类型上取得了一定经验,办出了享誉世界的几种人才培养模式,如英国的 BTEC 人才培养模式、澳大利亚的 TAFE 人才培养模式、德国的"双元制"人才培养模式以及加拿大的 CBE 人才培养模式。国内高职教育经过十多年的发展,在人才培养模式上进行了积极的探索,形成了几种典型的人才培养模式,如"双证书制"人才培养模式、"产学研结合"人才培养模式、"订单

第六章　高等教育人才培养模式的评价

式"人才培养模式、"工学结合"人才培养模式等。

正式启动的高校人才培养水平评估工作就是对高校以教学工作为核心的人才培养工作的全方位、全过程、全息式的综合性评估。"评估工作"设计了一套简洁明晰、重点突出,既反映高等教育的共同规律,又体现高等职业教育特色的指标体系,结合高校的教学管理工作,以及人才培养模式的四个基本要素可以建立一套基于教学管理的人才培养模式评价指标体系。

一、学校教育

作为人才培养的主体之一,学校是学生成长的重要场所,学生大部分的理论学习在学校完成,学校制定的各级各项制度措施主导着学校教育发展的方向,组织保障和经费投入是教育教学工作顺利开展的保证,教学环境与师资队伍的建设有利于学生各方面素质的提高,灵活适用的激励机制有利于提高全校师生教学的积极性。学校的参与和投入是能否高质量地开展人才培养教育,能否培养出应用型、复合型高级专门人才的重要因素之一。[1]

（一）改革力度

指学校实施产学研合作教育改革的目标、方法、措施以及学校管理部门对产学研合作教育的重视程度,能否在办学目标、课程建设、办学条件等方面给予大力的支持。它包括历史背景、培养目标、培养模式、课程建设及体系的改革、资源优化配置的力度、激励机制六个观测点。

（1）历史背景:指学校的办学历史,研究并实施产学研合作教育的原因、目的、办法及进程等。充分了解学校进行产学研合作教育的历史背景,对制定合理适用的规范制度、选择合适的教育模式、确定人才培养目标和人才培养方案具有指导性作用。

（2）培养目标:合理的人才培养目标为高等教育提供了前进的方向,只有积极地实施人才培养目标,才能使高等教育人才培养的质量得到保证。

（3）培养模式:高等教育人才培养的模式多种多样,选择符合学校实际、满足社会要求、适合学生全面发展的培养模式是制订人才培养计划的

---

[1] 张忠家,黄义武. 产学研合作提升人才培养质量研究[M]. 北京:教育科学出版社,2014.

主要内容之一。培养模式选择合理、利于实施,会大大提高高等教育人才培养的质量;反之,则会影响甚至限制产学研合作教育的发展,使其不能达到人才培养的目标。

(4)课程建设及体系改革:高等教育具有一般教育的特点,又具有特殊性,这就要求对普通教育体制下的课程建设及体系进行改革,使之适用于教育的特点,使产学研合作教育发挥出最大的优势。

(5)资源优化配置的力度:资源配置是决定人才培养能否顺利进行的基础,结合高等教育人才培养自身的特点,对资源进行优化配置是高等教育人才培养质量的根本保证。合理优化资源配置,有利于教师的传道、授业、解惑,有利于学生接受消化知识,形成完善的知识结构体系,为学生实践能力的培养提供帮助,促进产学研合作人才培养质量的提高。

(6)激励机制:学校的激励主要包括教师激励和学生激励。教师激励以奖励政策为主,荣誉为辅,提高教师参与的积极性、主动性,加大他们的教学投入,促进他们的教育教学与时俱进,不断发展;学生激励以荣誉为主,奖励政策为辅,并通过一定的认证使接受产学研合作教育的学生得到承认,在提高他们积极性和主动性的同时增强学生的成就感。

(二)监督管理

"监督管理"指学校人才培养组织、制度的管理和监督。产学研合作是一种新兴的教育模式,与传统的教育共同存在于高等院校中,需要学校成立专门的机构或部门对其进行管理和监督,需要组织保证机制确保其管理机构或部门的正常运作,需要完善规范的制度确保产学研合作教育稳定进行。管理监督还涉及一个很重要的项目,即社会市场网络的建立及管理,只有这个网络顺畅,才能为产学研合作人才培养提供优良健康的校外环境和资源,为提高学生的实践能力和实际技能奠定坚实的基础。

(1)组织保证机制:产学研合作教育是一种特殊的教育方式,实行这种教育方式需要专门的机构或部门进行管理、监督和协调。这个机构或部门是否具有这样的权限与资质,是否可以正常运作,需要完善的组织机制加以保证。

(2)制度建设规范程度:与其他的教育一样,产学研合作人才培养也需要完善的制度和规范对其进行指导和约束。是否有完整的制度体系建设,制度体系建设的规范程度,都会影响产学研合作人才培养的实施与质量。

(3)建立社会市场网络:实习环境的建设和校外资源的利用是影响

第六章 高等教育人才培养模式的评价

产学研合作教育的一个重要因素。产学研合作教育应建立起畅通的社会市场网络,及时准确地了解社会需求信息,保证学生实习基地的数量和质量,保障产学研合作教育的质量。

(三)指导师资

指导师资主要指对学生进行理论教学和指导的教师。学生只有具备了扎实的知识基础、宽广的知识面,才能谈及实践动手能力的培养,而这个基础主要依靠校内的学习,校内指导教师在这方面起着举足轻重的作用。只有指导教师的素质高、能力强、实际工程能力突出,才能培养出符合产学研合作教育人才培养目标的学生;反之,如果教师专业知识匮乏,对生产力技术和实际工程缺乏了解,指导能力不足,就不能提高产学研合作教育的质量。所以,指导师资将对教师的参与、授课教师职称结构、"双师"型教师的比例、教育教学方法的改革、教师的科研学术水平五个方面进行评价。

(1)教师的参与:这里的教师主要指的是校内的指导教师。教师对学生的影响是潜移默化的,教师参与产学研合作教育,不仅体现了学校对产学研合作人才培养的重视,对整个教学体系的调整起着重要的作用,而且影响学生参与产学研合作的积极性和主动性。教师的充分参与可以保证产学研合作人才培养工作顺利开展。

(2)授课教师职称结构:授课教师的职称结构是否合理,高级职称和中级职称教师各自所占的比例,任课教师是否具有完整的知识结构体系及理论联系实际的能力,是否具有资深专家对产学研合作教育的实施进行指导,均会影响产学研合作人才培养的质量。

(3)"双师"型教师的比例:产学研合作教育要培养应用型、复合型高级专门人才,就要求教师不仅要将深厚的理论知识传授给学生,还要具有丰富的实际工程的经验指导学生的实践;要求他们不仅是教师,还要是工程师。

(4)教育教学方法的改革:实现教育目的最直接的方法就是教育教学。产学研合作教育在我国还是一种新兴的、正在逐渐成熟的教育方式,需要不断地进行完善和改进,与之相应的就是教育教学方法的改革。只有适应产学研合作教育特点的教学方法,才能最大限度地发挥产学研合作教育的优势,完成产学研合作教育人才培养的目标。

(5)教师的科研学术水平:这里的科学研究不仅是指对实际工程进行科学研究,还包括对产学研合作教育的科学研究。对实际工程的科学研究可以提高任课教师的理论水平,提高他们理论与实践相结合的能力,有助于学生理论知识的扩充和实践能力的培养;对产学研合作教育的科学研究则可以更深入地探讨产学研合作教育,根据各种变化不断对其理论进行补充和完善,使整个产学研合作教育研究体系逐渐成熟。

(四)社会参与

产学研合作人才培养的目标主要是为地方和行业培养各类应用型、复合型高级专门人才,社会的需求和企业对人才的要求就是产学研合作最终要达到的目的。因此,在产学研合作人才培养的实施过程中,不仅强调学校的参与和学生自身的培养,也要重视社会参与。只有社会重视,才能有产学研合作人才培养的健康持续发展;只有企业参与,才能为学生提供良好的、符合学生专业特点的环境与资源,才能有利于学生的实践工作能力和实际操作能力的培养。社会参与主要涉及重视程度和人员配备两个项目。

1. 重视程度

重视程度指社会或企业对产学研合作人才培养的看法以及参与的程度。只有态度端正、充分重视,才能真正地合作。首先,企业根据自身的需求,对学校表达愿望,希望合作培养人才以满足质与量的双重要求;其次,企业以何种方式参与到产学研合作教育中,也是对其重视程度的客观反映,是单纯提出要求、提供实习环境,还是与学校定期交流、互通有无,并安排工作人员进行跟踪指导,从某个层次上来说企业的重视程度决定了人才培养的质量。

(1)合作培养人才的愿望:体现了用人单位的主导性和主动性,是对产学研合作教育重视程度的具体反映。用人单位具有强烈的合作培养人才的愿望和需要,会促进学校积极地实施产学研合作教育,促使教师和学生积极参与到产学研合作教育中,从而影响产学研合作人才培养的质量。

(2)参与合作教育的方式:参与合作教育的方式有很多,如"订单式"培养、"2+1"式培养、"工学交替"式培养、"跟踪"式培养等,采用哪一种方式进行产学研合作教育,参与方式是否合适,参与的程度如何,都是影响产学研合作人才培养质量的因素。

(3)及时反馈信息:用人单位将需求信息及学生校外实习的情况及时反馈给学校,可以为确定产学研合作人才培养目标提供依据,为教学大纲和人才培养方案的制订提供参考。学校可以通过反馈信息了解社会需求,及时调整人才培养方案,致力于培养社会需要、用人单位欢迎的应用

第六章　高等教育人才培养模式的评价

型、复合型高级专门人才。

2. 人员配备

人员配备指校外指导学生实践的企业工作人员的配备情况。校外实习时指导教师的态度、能力和素质对学生的学习起着决定性的作用。对于态度热情、能力素质高的指导人员,学生都乐意与他们接近,学到的东西自然就会多一些,实际动手实践的机会也会相对丰富;而态度不好,能力和素质都一般的指导人员则会引发学生的反感,对学生产生消极影响。人员配备主要包括指导人员的认真程度、指导人员的知识层次和指导人员的作用三个方面。

（1）指导人员的认真程度：指导人员的态度认真,接受其指导的学生才能调整状态、进入角色;指导人员的要求严格,接受其指导的学生才能提高对自己的要求,高质量地完成校外实习;指导人员对工作认真负责、周到细致,接受其指导的学生才能感受到实际工程中应该具有的工作态度,才能对实际工程进行全面细致的了解。

（2）指导人员的知识层次：主要指参与指导的校外人员的学历、职称及工作经历。校外指导人员的学历越高,其具有的理论基础就越扎实,理论联系实际的能力就越强;职称越高,工作经历越丰富,他们处理实际工程的能力就越完善,面对问题时提出的解决方案就越具有可行性和可操作性。这样的指导人员会把实际工程中真正有用、有效的方法传授给学生,对学生的指导也就会更加直接明确而富有成效。

（3）指导人员的作用：指导人员起到积极的、正面的作用,学生的实践能力就会在校外实习期间得到较大的提高,各方面的能力都会在指导人员正面的引导下得到锻炼;反之,指导人员起到消极的、负面的作用,会影响学生今后的工作、学习和生活,不仅不利于学生的实践能力、综合素质的培养,更不利于学生性格和品格的养成。

二、基于教学管理的人才培养模式评价体系的构建理念

构建人才培养模式的评价体系一定要更新理念,根据高职教育的职业性、实践性、开放性等特征以及高职教育与社会经济互动发展的客观规律要求,以教学管理的相关理论基础为依据,充分发挥人力、物力、财力等信息的作用,将评估重点和考核标准集中到校企合作、工学结合、生产性实训、顶岗实习的人才培养模式,"教学做"结合、"理论实践一体化"的教学模式,专兼结合的师资队伍建设,精品化、共享课程及教材建设,功能全

面、支撑作用显著的实践教学基地建设以及科学合理的管理体制机制建设等核心要素上来。

在人才培养模式评级体系的构建过程中要将校企合作作为出发点,从企业用人需求出发,结合评价标准对人才培养方案实现整合及优化,不断创新人才培养模式;要注重多方面进行综合评价,使学生能够从专业技术、职业能力、社会交往以及创新能力等全方位发展,最终实现学生综合素质的不断提高。

指标体系在评价体系和评价活动中处于核心地位,其科学性直接关系到评价目的的实现和评价效果。因此,除了重点关注以上评价核心要素,我们在设计评价指标体系的过程中,需要注意坚持科学性、可操作性、实时性、全面性及可持续发展性等原则。

三、基于教学管理的人才培养模式评价指标体系的构建

高校人才培养水平评估工作为人才培养模式评价指标体系的构建明确了具体方向和主要内容。通过对人才培养模式的基本要素的梳理,结合教学管理的基本理论、基本内容,建构了一个以目标要素、内容和方法要素、保障要素、评价要素等4项主要内容为一级指标,14个内涵明确的二级指标项组成的评价指标体系,为从多层次、多角度对人才培养模式进行科学评估提供了支持。具体评价指标体系如表6-4所示。

表6-4 基于教学管理的人才培养模式评价指标体系

一级指标	二级指标	评价标准
目标要素	人才培养目标定位	专业定位明确,瞄准本地区的支柱产业、重点行业和优势企业;专业面向的职业岗位(群)名称具体明确,符合国家行业职业标准规范
	人才培养规格	人才规格符合德育为先、能力为重、以人为本的要求,明确从事职业岗位(群)工作所必备的基本理论知识、基本能力及综合职业素质
内容和方法要素	课程体系建设	理论教学和实践教学课时数比例相当,专业课程设置科学、合理、必需、够用,岗位针对性强;课程安排符合认知和实践教学的逻辑顺序,能够有效支撑人才培养目标的实现
	教学模式	教学模式能很好地促进教学理论与教学实践的有机结合,并有一套独特的系统化、结构化的方法和策略体系;教学模式的改革基于校企合作,能将校企合作思想渗透到教学模式的各个环节

第六章　高等教育人才培养模式的评价

续表

一级指标	二级指标	评价标准
	教学资源	专业教学资源的建设能按照共建共享、边建边用的原则,以企业技术应用为重点,建设涵盖教学设计、教学实施、教学评价的数字化专业教学资源,包括专业介绍、人才培养方案、教学环境、网络课程、培训项目,以及测评系统等内容
保障要素	理念保障	形成比较成熟和较成体系的职教理念
	机制保障	建立高效、运行良好的校企合作机制
		在教学管理中树立以人为本的柔性管理模式
	条件保障	数量充足、素质优良、结构合理、特色鲜明、专兼结合的高素质专业化教师队伍
		能够满足学生掌握各项专业技能,岗位综合能力的校内外实习实训基地
	制度保障	管理规章制度健全、严谨,执行严格,积极采用现代管理技术
	信息化保障	通过运用信息技术、多媒体技术和网络技术等手段在教学科研、服务学习、后勤管理等各个方面实现全方位的数字化,从而实现全部教育教学的信息化
	资金保障	学校举办者及时足额拨付经费,保证达到生均培养标准,并另有专项资金支持。学校自筹经费的能力较强,能基本满足事业发展的需要
评价要素	学生学习质量	校园形成了良好的文明氛围,学生具有良好的伦理道德、社会公德和职业道德修养,考风考纪好
		通过学习,学生能够较好地掌握必备的理论和专业知识,能够理论联系实际,能够掌握一定的职业能力或专业基本技能
	教师的职业能力	教师不仅具有较高的教学能力,还应具有一定的研究能力以及产学结合能力
	课堂教学质量	建立较完善的教学质量保证与监控体系,并切实开展教学督导、学生评教、教师评教和教师评学等活动,成效显著,促进教学质量不断提高

第七章 高等教育人才培养的国际经验借鉴

密切关注世界教育发展的大趋势,加大高等教育对外开放的力度,是当前实施高等教育人才培养的重要方面。学习和借鉴各国高等教育发展的有益经验和有效做法,既可能起到沟通各国优秀文化的桥梁作用,也可能成为弘扬和宣传中国高等教育发展及其教育素质的窗口和渠道。本章通过对美国、英国和日本高等教育人才培养模式的研究,阐述各国高级人才培养的历史演进、传统特征和教育理念,以三国主动适应新世纪挑战,对人才培养采取的基本对策与改革措施为重点进行比较研究,深入了解和认识当今各国高等教育人才培养的个性和共性及发展趋势,以此作为构建有中国特色高等教育人才培养模式的有益借鉴。

第一节 美国的高等教育人才培养

20世纪90年代以来,随着政府资助工作的加强,高等教育入学率逐年上升。美国政府力图通过增加奖学金、学生低息贷款和减免工人家庭税收等方式,保证低、中等收入家庭能承担孩子上大学的费用,使那些想接受高等教育的年轻人能有入学机会,以此扩大高等教育人才培养规模。因此,对美国高等教育及人才培养的研究具有重要借鉴意义。

一、美国高等教育人才培养的历史演进

美国是世界上创新创业教育比较发达的国家之一,同中国一样,美国高等教育人才培养模式经历了移植、改造和创新的过程,建国前和建国初期受英国的影响;建国后借鉴法国和德国的培养模式,并从本国实际出发,进行推陈出新,最终形成美国自己的高等教育人才培养特色,二战后这种特色日益成熟。尔后,美国大学的成功办学经验又极大地推动了其他国家高等教育的发展。因此,对美国高等教育及人才培养的研究具有

第七章　高等教育人才培养的国际经验借鉴

重要借鉴意义。要了解美国高等教育发展近400年的历史,可以大体上从三个大的阶段来看。如果再结合对高等教育发展中的一些重要事件的了解,将使得我们的认识更加深入和生动。

(一)殖民地学院时期美国人才培养模式

17世纪初,英国在北美建立了第一个殖民地。同一时期,因英国国内宗教斗争被迫移居北美的清教徒开始在当地兴建教堂和学校。由此,在美国尚未建国的这块土地上开始了殖民地时期的教育。有了学校教育,就有了人的培养活动。殖民地时期,美国的人才培养主要有三条途径:首先是行会艺徒教育,律师、教士等专业人士大多是由这种教育培养出来的;其次是富裕家庭将子弟送往宗主国接受高等教育;但更多殖民者倾向于在本地建立殖民地学院培养当地需要的各种人才。

美国马萨诸塞州首府波士顿市北边有一座小城坎布里奇市(Cambridge,又译为"剑桥"),哈佛大学就位于这里。哈佛老校园的行政大楼前矗立着约翰·哈佛的雕像,像基镌刻着3行字:"约翰·哈佛""建校者"和"1638"。但是,这3行字里却隐藏着3个著名的"谎言"。其一,这个雕像并非以约翰·哈佛本人为形象创作。创作雕像的时候,哈佛先生已经去世了200多年,并未留下照片,只好按照想象找了一个年轻英俊的小伙子做模特。其二,哈佛大学虽以哈佛命名,但哈佛并非创校者。哈佛大学的前身叫"剑桥学院",是因为创校者中有英国剑桥大学的毕业生,也因为所在地叫剑桥(Cambridge),后来改名为"哈佛"是因为一名普通牧师(身为创校成员之一的查理斯城执行长官)哈佛先生把自己财产的一半和400册图书捐献出来,学校为了感谢和纪念他,1639年改校名为"哈佛学院"。其三,哈佛被殖民地当局批准建校是在1636年,并非"1638"年,此时马萨诸塞殖民地刚建立不久,距美国独立还有100多年。

以哈佛先生命名的这所大学就这样和美国的高等教育紧紧联系在一起了。哈佛学院成为美国高等教育的起源,并且发展到如今还成了美国高等教育的"皇冠"。哈佛学院初创时只有一个教授,几个学生。继哈佛学院成立之后到美国独立前的100多年中,又有威廉与玛丽学院(College of Wllam & Mary,1693年)、耶鲁学院(1701年,现耶鲁大学)、新泽西学院(1746年,现普林斯顿大学)、国王学院(1754年,现哥伦比亚大学)、费城学院(1755年,现宾夕法尼亚大学)、罗德岛学院(1764年,现布朗大学)、皇后学院(1766年,现罗格斯大学)、达特茅斯学院(1769年)八所高等院校按照英国大学的模式相继在不同的殖民地建立起来。

这些院校主要是适应当时各自殖民地的发展需要,以培养绅士和牧师为目的。殖民地时期的美国大学还比较弱小,同起源于中世纪的、经历了几百年发展的欧洲大学相差甚远。殖民地时期的美国高等教育,因为和英国的紧密关系,主要学习英国的模式,比如9所殖民地学院仿照英国大学建立了寄宿制、导师制,但也有很多不同。例如,英国直到19世纪只有牛津和剑桥两所大学可以授予学位,而美国这些学院建立后不久(一般4年,最多6年)就开始授予学位。殖民地学院具有很强的宗教性,并不研究学术,学习只是为了掌握传统的知识,其课程主要是古典课程与语言文学课程,目的是为了培养牧师和殖民地当局管理人员,并非培养从事科学研究的人才。当时这些高校并没有教授治校、大学自治。大学要么被校外社会人士控制,要么被宗教人士控制,没有教授的话语权。这种理念一直延续到后来的研究型大学,但主要是被文理学院继承。当今美国还有200多所全国性的文理学院,主要以教学为主(而不是科研),尽管许多文理学院课程体系中有职业课程,核心课程依然是古典人文课程,这些文理学院仍有较强的殖民地学院的影子。

(二)赠地学院树立美国人才培养里程碑

标志美国第二次革命的南北战争造成了国内政治、经济等方面的巨大变迁,给高等教育发展提供了新的背景,人才培养也随之进入了一个新的发展时期。19世纪是美国社会发展的关键时期,产业革命的推行和大规模的西进运动(伴随着美国疆域的快速扩大),极大地刺激了美国社会经济的发展,美国高等教育历史上出现了著名的"州立大学运动",建立了一大批州立高校。19世纪后半期,特别是1864年南北战争结束后,美国经济开始腾飞,开始了由农业社会向工业社会的过渡,社会工业化、城市化、现代化水平不断提升,为了适应这种转型升级,美国高等教育相应产生了各种制度创新,赠地学院、初级学院服务社会的模式开始完善,研究型大学开始出现。如今美国独具特色的高等教育体系就是在这个阶段构建了最初的基础。

南北战争结束后,美国开始大力发展工业,到处开办工厂,兴建铁路。同时,农业也迅速发展起来。因此,社会对工农业人才的需求空前迫切。1862年,佛蒙特州国会议员莫雷尔向国会提出了"促进工业阶级的文理和实用教育"提案并获得批准,成为《莫雷尔土地赠予法》,即著名的《莫雷尔法案》。法案规定,联邦向各州提供土地,资助发展各州的农业和工艺教育。各州至少资助一所"赠地学院"从事农业和技术教育。人才培

第七章 高等教育人才培养的国际经验借鉴

养方面明确规定,赠地学院培养目标应针对工农业发展的急需培养和造就专业人才,重视联系实际和增长实用知识技能教育。赠地学院的开办是对大学重理论轻实际的传统教育的一大突破,在美国高等教育发展史上具有重要的划时代意义。它不仅促使高等教育人才培养面向工农业的迅速发展,推动了美国现代公共教育制度的形成和发展,同时,这一新的办学理念和人才培养模式又极大地推动了世界现代高等教育的发展,为其新增了社会服务这一重要职能,从而在世界现代高等教育人才培养发展史上树立了一个新的里程碑。

这期间,也发生了美国教育史上非常有影响的"留学德国浪潮",一大批留德学者回到美国后,借鉴德国洪堡思想,倡导学术自由、教学与研究相结合,发展美国的高等教育。斯坦福大学、芝加哥大学,约翰·霍普金斯大学、加州大学(加利福尼亚大学)等都是在这个时期建立起来的。这个时期新建立的学校,例如,斯坦福大学从一开始就带有明显的德国大学的色彩。通常,美国大学的校训一般是用拉丁文或英文写的,而斯坦福大学的校训是直接用德文写的,彰显了德国高等教育的影响力。美国大学学习德国洪堡的教学与研究相结合的办学思想并创造性地于1876年在美国大学里率先建立了研究生院,把洪堡思想制度化,而德国大学的第一个研究生院是1984年才建立的(科隆大学分子生物学研究生院)。这就是一种跨越。这种跨越,结合着"赠地运动"给美国高等教育的长远发展奠定了非常坚实的基础。也是在这个时期,按照英国的模式建立起来的一些早期大学,仿照已成功的大学的模式或德国模式,完成了向现代研究型大学的转型。美国著名的教育家艾略特(C. W. Eliot)在哈佛大学当了40年(1869—1909年)校长就是在这个时期,他深受德国教育思想的影响,领导哈佛大学完成了向现代研究型大学的转型。这些是美国的第二代大学,同殖民地学院以及州立大学运动期间建立的早期大学有很大不同。[1]

(三)二战后美国高等教育人才培养模式变革

第一次大发展后,美国高等教育尽管实力大增,但还不能说是世界一流,同欧洲大学相比,还有较大的差距。第二次世界大战后,美国成为西方世界的头号强国,同时也面临着国内外新的局势。一方面,国内产业结构发生了很大变化,教育民主化的呼声日益高涨;另一方面,随着冷战的

---

[1] 都昌满.从走近到走进 美国高等教育纵览[M].上海:上海交通大学出版社,2017.

加剧,国际间的竞争更加激烈。这些都对美国高等教育的发展及其人才培养产生了深刻的影响。

首先,美国政府重视培养人才在国家安全中的重要作用。美国是地方分权的国家,联邦政府一般不干涉高校办学。然而,二战中许多事例使美国政府看到高等教育对于国家的巨大作用,特别是在关系国家生死安危的关键时刻,高等教育可以发挥极为重要的人才培养作用。因此,国家必须对高等教育给予高度关注。

美国大力发展研究生教育,扩大高级人才培养规模。战后,高等教育和科学研究进入空前的快速发展时期,对于教师和研究人才的需求特别突出,这种局势促使了美国研究生教育的大发展。20世纪70年代初,全美开设研究生课程的高校已达740所,其中有权授予博士学位的高校为503所。硕士学位有390多种,其中文科120多种,理科270多种。到1975年,全国在校研究生达到126万人,比1950年增加4倍以上。研究型大学的研究生数量增长十分明显,研究生占到全国在校学生总数的30%—50%,而哈佛大学、加州理工学院、马萨诸塞州理工学院等名牌院校研究生与本科生几乎平分秋色。在世界性的各类大学学术评价和排名中,美国大学总是居于遥遥领先的地位,美国也因这些世界一流大学从全世界吸引了大量的人才,推动着美国科技经济等不断发展,这些人才不仅仅来自发展中国家,也包括其他发达国家。

二、美国学分制下的人才培养模式经验借鉴

学分制是以选课为核心,专业人员指导为辅助,通过绩点和学分衡量学生学习质与量以及学习进度的综合人才培养制度,与班建制、导师制合称三大高等教育人才培养模式。学分制产生在德国,推行和完善均在美国,体现了以学生为主体,注重个性发展的先进人才培养理念。美国大学人才培养模式和课程体系的特点是前期不分专业,实行通识课程,突出了大学教育的基础性;专业课程实行模块化,突出了大学教育的专业性和个性化;课程设置体现文理科互相渗透和交叉,以课程群形式构建平台,课程体系具有弹性化与柔性化的特点。

(一)美国学分制人才培养模式的建立与发展

1. 选课制的产生

1824年,美国第三任总统、《独立宣言》的起草人托马斯·杰弗逊创

第七章　高等教育人才培养的国际经验借鉴

建了弗吉尼亚大学。学校成立之初,他便接受了柏林大学"选课自由""学习自由"的思想。在学校下属的 8 个独立学院所开设的课程,包括古典语言、现代语言、数学、自然哲学、自然史、解剖学和医学道德哲学以及法律等课程中可以自由选修。但是当时学校规定,学生一旦选定了自己的专业领域,就不能再选读选修课,而当时的学位课仍然是全部必修,只有不读学位的学生才能选读任何课程,实际上这是"选课制"与"必修制"同时并行的双轨制的课程管理体系。

此后,美国一些学校也相继进行了课程改革,推行了"双轨制"的课程体系。如特兰西法尼亚大学、纳什维尔大学、弗蒙特大学等校,虽然付出了很大的努力,但都未成功。比较成功的是联合学院进行的课程改革。该校不仅用一部分自然科学和社会科学课程取代了二至四年级的拉丁语和希腊语课程,而且还允许学生不上传统的古典课程,改上新式课程,但尚未对那些完成理科课程学习的学生授予学士学位,而仅授予结业证书。即使如此,当时的联合学院院长改革派的领导人艾利法莱特·诺特还是受到了学术保守派的猛烈攻击。

选课制在其他开始尝试的学校同样受到各方面保守势力的围攻和阻碍。1828 年出台的《耶鲁报告》便集中体现了各种反对意见,认为传统的必修课程制度必须坚定不移地执行。《耶鲁报告》使传统的课程制度得到进一步加强,一些学校兴起的选课制改革遭到了打击和挫折。但是,到 19 世纪四五十年代,随着美国工业化步伐的加快和西部大开发的突飞猛进,需要大批新兴学科的新型人才,这对美国高等教育提出了挑战,使大学课程制度改革又掀起了波澜。1837 年,拉尔夫·沃尔多·爱默生在哈佛大学发表了著名的演讲——《美国学者》,他强烈呼吁教育要适应青年个性化发展需要,美国应当建立适应社会与人类发展的文化教育制度。他说:"我们不能不加思考地滥用传统的规范""我们要用自己的脚走路,用自己的手干活,用自己的思想说话!"爱默生吹响了新一轮高等学校课程改革的号角。

爱默生发表演讲不久,哈佛大学掀起了课程改革浪潮。1838 年,学校允许学生从二年级起就可以不上原来必修的拉丁语和希腊语课程,而改为选修自然科学、现代语言和历史等课程。1841 年,哈佛大学正式实行双轨制的课程制度。但是由于反对势力的重重阻碍及资金的缺乏,1846 年,三、四年级的选修课不得不减少至 3 门,其余课程都成为必修课。与此同时,布朗大学、密歇根大学也进行了选课制的改革,步子甚至大于哈佛大学,但由于强大的政治势力和宗教势力的反对,改革虽然曾一度有所进展,但都以失败而告终。

总之，南北战争前，美国300多所高校，绝大多数都控制在传统的保守派手中，即使少数高校实施了双轨制的课程管理制度改革，但由于选课制带来的对传统的管理制度的冲击和影响，因此遭到了保守势力竭尽全力的阻止，使选课制这一富有活力的教育管理新体制在保守派制造的各种夹击中难以生存，其成长和发展经历了无比曲折的道路。

2. 学分制的产生

学分制是在美国哈佛大学选课制改革过程中最先确立的。1869年，年仅35岁的化学家查尔斯·威廉·艾略特出任哈佛大学第17任校长。上任后，艾略特高高举起课程改革的旗帜，把哈佛大学从1826年以来断断续续实行的选课制全面加以推行。他认为，长期以来，美国的高等教育一直没有对个人智力的不同予以足够的重视，他对传统的美国高等学校忽视学生个人智力上的差别和不同志趣非常不满，他指出："让每个学生学习同样的科目，接受同样的学习量，学生既不能选择科目，又不能选择教师，限制了学生智力的发展。"艾略特认为一所真正的大学就应当给学生三种最基本的东西：一是学习中的选择自由；二是专业上成名的机会；三是个人为人处世能力的训练。他坚信所有新型课程只要得到平等的教与学，就会有同等的"培养或训练价值"。这样，艾略特不仅论证了给学生选择的自由是合理的，同时也论证了大大拓宽课程设置是极其必要的。

艾略特在他任哈佛大学校长的40年中一直努力将这一思想付诸实践。在他的领导下，哈佛大学的课程改革逐步得到发展。1874—1875学年，除了修辞学、哲学、历史和政治学外，哈佛大学的必修课只限于一年级，选修课的唯一限制是学生必须修完基础课程之后方可选修高级课程。1883—1884学年，一年级学生也开始上选修课，数量占全年课程的3/5。1895年，哈佛大学一年级学生的必修课只有英语和一门现代外语。至此，选课制在哈佛大学全面实施。在课程改革的同时，从1870—1871学年起，哈佛大学招生简章上所列的课程已不再按班级而是按系排列，并且自1887年起，学年课也改成了学期课。由于这一时期课程大量增加，学生选择的教学计划千差万别，为了便于用统一的标准来计量学生的学习进度，进行教学管理，1872年，哈佛大学正式地实施与发展了学分制，规定学生只要达到一定数量的学分就可毕业并可获得学位，既可提前也可延迟，学分一般按每周学时来计算。需要课外自修的课程，每周学习一学时，完成一学期的学习，成绩合格便可得1学分；不需要课外自修的课程，如实习、实验课及体育、舞蹈课等，一般2—3学时得1学分。继哈佛大学之

第七章　高等教育人才培养的国际经验借鉴

后,美国大多数高校纷纷进行改革,推行选课制和学分制。到19世纪末20世纪初,学分制已在美国高校初步确立,概括起来共有4种形式:第一种以哈佛大学为代表,几乎所有课程都是选修课,这种学校占30%;第二种采取必修课和选修课参半的形式,这种学校占12%;第三种采用"主修—辅修制",即学生在三年级时确定一个主修领域和另一个辅修领域,并在两个领域修满规定的学分;第四种以约翰·霍普金斯大学为代表,实行分组制,即将所有课程分成几大组,如自然科学组、哲学组历史组等,学生可以自由选择一组或几组课程,但组内课程一般均为必修,约有一半以上的学校采用了第三、四种形式的学分制。

学分制的确立使美国高等教育发生了巨大变化,打破了传统的必修课程制度的绝对统治地位,确认了所有课程的平等地位,有利于知识与学科的平衡发展;极大地促进了高校课程的扩大,促进了新学科的形成,推动了传统的高校向现代化综合大学的转变;改变了以往一刀切的教学模式,适应了学生个性和志趣的不同需要,便于因材施教,促进了学生在学习上相互竞争,使优秀学生能够早日成才。

然而,学分制的发展并非一帆风顺,它一直是伴随着传统保守势力和宗教势力的围攻、打击、指责和挑剔而成长的。1903年,哈佛大学教授会对学分制进行了一次大规模的调查。专家、教授们对由于实施学分制带来的种种优越性视而不见,相反,过分夸大了实施学分制过程中学生选课标准不高、系统性不强的避重就轻"凑学分"现象等方面的问题。调查报告公布:1898年,哈佛大学有55%的学生只选修初级课程,有75%的学生所选择的课程没有中心和重点。这一调查结果,等于对学分制的全盘否定。与此同时,美国其他高校也出现了对学分制实施中存在的问题的指责和围攻。20世纪初,自由选课基础上建立起来的学分制不得不在各校暂时停止运行。

1909年,罗伦斯·洛厄尔就任哈佛大学校长后,在总结过去实施学分制的经验和教训的基础上,改革了无限性的自由选课制,他推行了"集中与分配制"。其做法是规定本科生至少要把全年的16门课程中的6门集中在一个主修领域,分配至少6门课程于其他3个领域。1917年,哈佛大学又引进了结业大考制度,以保证学生学习质量。而后,学校又引进了英国的导师制,以加强对学生的指导,减少学生选课时的盲目性。其他许多大学在20世纪初期也对各自的学分制加以改进和完善,不再实行完全自由选课制。[1]到第一次世界大战结束后,美国大多数高校都规定学生

---

[1] 蒋太岩.中美高校学分制下的人才培养[M].沈阳:辽宁大学出版社,2006.

必须在主修领城学习一定数量的课程,同时还必须在人文科学、社会科学和自然学科等领域选修一定数量的基础性课程——普通教育课程,此外还允许学生选修一定数量的无任何限制的选修课。这种由专业课普通教育课和任选课组成的大学本科教育的课程结构自20世纪20年代开始形成,三者之间的比例分配一直是学分制发展中争论的焦点。但是,一直到第二次世界大战,美国高校的课程还是由选修课占主要地位。

3. 学分制的成熟与发展

第二次世界大战以后,美国高校的学分制得到了普遍的认同,对是否执行学分制已经没有争议。但是,在学分制具体实施内容上常常引发不同的见解。1945年,以哈佛大学发表的《自由社会中的普通教育》为发端,美国许多高校开始加强普遍教育课程计划的改革。其核心思想是要将人类的知识和文化综合到少数几门课程之中,使学生对之有广博的了解,其实质与当时高等教育专门化、专业化相对抗。到1967年,美国绝大多数高校基本实现了加强普通教育课程,增加必修课数量的目标。据统计,当时美国各高校学士学位平均要达到的总学分中,基础课约占75%,专业课约占25%。为了强化改进"普通教育",1978年,哈佛大学校长波克提出了"重整普通教育",以"核心课程"取代"普通教育"课程。核心课程将基础课分成6大类、10个领域,每个学生必须从其中8个领域中选修一门课程方可毕业。总之,20世纪60—70年代,许多高校再次对是否调整选修课和必修课、普通教育与专业教育的比例争论不休,围绕学分制选课内容引发的问题仍为教育界争论之焦点,但各校实行学分制的宗旨一直未变。

到了20世纪80年代,最早实施学分制的哈佛大学和哥伦比亚大学却先后取消了学分制,采用了课题制。原因是,许多学生选修简单易学易得学分的课程,削弱了基础训练。为了解决这一问题,他们取消了学分制,出台了课题制,要求每个本科生毕业前至少学习8个基本课题,每个课题要选两个学期的课程,在此之后,才能选修其他课程。由此可见,哈佛大学的课题制是学分制的提高和发展,而不是学分制的失败与倒退。

学分制首先在美国产生并得以推广,是与美国实行的市场经济多元政治教育地方自治等体制的国情分不开的。美国人信奉通才教育思想,强调发展个性,倡导个人本位。基于上述理念,产生了不规定固定学习年限,教师可以开设多种多样的课程学生享有比较充分的选择专业、选择课程自由的学分制。经过100多年的沉淀与发展,美国高校实行的学分制,在运作上已经呈现出程序化、系统化、规范化的特点。

第七章　高等教育人才培养的国际经验借鉴

（二）美国学分制人才培养模式的经验借鉴

1. 适应市场需要培养人才

学分制有利于培养各种类型的人才,即培养多规格、多层次的人才,培养有特色适应市场需要的人才、复合型人才,改变了过去培养出来的学生是统一模式、统一的知识结构,从而满足社会各方面对人才的需要。学生和社会之间有了更多的选择机会,更大的选择余地。

美国是市场经济最为成熟、最为发达的国家之一。100多年来,美国高等学校通过实施学分制,逐步适应了快速发展的市场经济的需求。学分制的全面实施,使美国高等学校培养的人才完全融入了变幻莫测的市场经济轨道之中,为美国及世界各国源源不断地提供了多层次、多类别的高级建设人才和管理人才。

2. 专业设置与市场需求完全对接

美国高校具有专业设置自主权。近4000多所高校在美国是如何生存和发展的？答案十分简单,那就是每所高校都有自己显著的特色,不管是新校还是老校。为了在充满竞争和挑战的环境下生存,首先,学校必须有明确的办学思想,摆正自己的位置,增加自己的实力,并不断根据市场的需要调整自己的专业发展策略。其次,高校必须把更多的注意力放在如何适应社会和学生的需求上,更新教材和课程,提供高效的学习和教学方法。最后,最大限度地使用新技术,像信息、通讯和计算机等,提高研究手段,服务经济社会的发展。美国的大学并不主张他们的学生过早地从事某个专门领域的研究,不会让学生在上大学前就学习相关的专业和技能。此外,学生在上大学时也不被要求选择某个具体的专业。

3. 培养多规格、多层次、复合型人才

就业市场要求高等学校必须培养多规格、多层次、复合型的人才,改变了过去培养出来的学生知识结构单一、社会适应面狭窄的弊端。而达到这一培养目标,学分制起了至关重要的作用。

某研究机构调查资料显示,20世纪50年代至70年代,美国4所大学的毕业生终生从事某一项固定职业的人数仅仅为57%,换句话来说,就是有近一半的美国大学生毕业后,要从事两种或两种以上不同的职业。其中6.7%的大学毕业生更换的职业竟高达5—9种之多。由此可见,如果没有扎实的基础知识,没有复合型的知识结构,是难以适应不断变化的就业市场需求的。加州州立大学的课程（绝大多数州立大学都是一样的）

在设置上都是有意识地防止过度专门化,在最初的两年,校方只是要求学生选择未来专业所需的必要知识。在这段时间里,学生在学习探索过程中可以决定对所选专业的取舍。进入第三年学习,加州州立大学可供选择的课程很多。事实上,学生可以选择的不同课程超过100门。这就保证学生可以在不断地比较和筛选中选择自己感兴趣的专业。这对刚刚进入大学学习的新生来说意义十分重大。对多数美国大学的学生来说,大学课程的难度要比中学课程难度高很多。刚入学时,他们甚至有时拿不定主意该如何进行学习,他们没有刻苦学习的习惯和充分的知识背景去进行他们的学习。他们会发现有相当多的公共课程需要他们去学习。在美国,高中生进入大学前的压力远比中国的高中生小得多,跟世界上其他国家比较,他们进入大学要容易得多(2002年中国的高等教育毛入学率为15%,而美国1996年高等教育毛入学率为80.9%)。他们能够选择自己所喜爱的专业,能最大限度地发挥自己的潜能。但这不意味着他们能够轻而易举地学习并获得文凭离校。

总之,130多年来,学分制不仅在美国高等教育发展中起到了极大的推动作用,为美国社会和其他各国培养了一批又一批具有创造性才能的学生,而且为推动世界高等教育的发展和进步,起到了不可估量的作用。

三、美国高等教育的人才培养职能

人才培养、科学研究和社会服务是现代美国高校的三大职能。美国不少精英高校,几百年来一直把本科生教育放在最重要的位置,并限制研究生的招生规模在本科生之下。其实这些大学财力雄厚,师资卓越,如果多招研究生多发论文,很快就能把学校排名提高,但有远见的高校管理者坚持重视本科教学。在这些学校,教授为本科生上课已经成为学校文化,深入到每个人的思想深处,而回报就是学校因本科教育享有高度声誉,毕业生工作后给母校捐款热情高涨,办成真正让学生满意的教育。

美国大学重视本科教学,不同的院校可能有不同的理念和做法。学分制是绝大多数美国高校目前采用的教学管理制度,也是一种本科阶段人才培养的基本模式。当然,也有一些新型的办学模式和人才培养模式正在被不断开发,例如斯坦福大学的"开放循环大学计划""新式大学密涅瓦",以及工作学院等。"合作教育"既可以视作一种人才培养模式,也可以视作为学生实习实践的一种方式。

随着近年留学美国的热潮兴起,以美国部分研究型大学和文理学院为代表的通识教育理念(General Education)逐渐为国人所了解。实行通

第七章　高等教育人才培养的国际经验借鉴

识教育是美国高等教育本科阶段的一个重要特色,标志着美国通识教育的启航。哈佛大学教授、曾任哈佛大学文理学院院长的罗索夫斯基(Henry Rosovsky)写过一篇文章叫《最好的三分之二》(Two Thirds of the Best),称世界上最好的大学中美国占三分之二,而产生这一结果的原因之一就是美国与英国、德国、法国等发达国家的本科教育不同,美国拥有出色的"通识教育"体系,而不像那些国家本科课程专业化程度高。

美国是创业教育的起源国,在创业教育理论与实践方面走在前列。大学生获得创业教育的最佳途径是接受跨学科创业教育,科学的创业课程体系是一种行之有效的途径。一些大学还在文理学士学位课程的基础上提供有关创业的本科课程计划和硕士学位计划;有的商学院则打破传统,鼓励所有学科的学生通过参加跨学科课程和项目进行创业教育。学生通过参加跨越不同学科的课程,辅修专业、主修专业、证书项目和强调实际操作学习的教育项目,更好地理解创业。

斯坦福大学在创业教育方面应该是一个执牛耳者。其创业教育课程体系包括创业基础理论课程、与专业结合的创业课程、创业实践课程三个部分,为其他高校所学习。创业基础理论课程主要由商学院及其下设的创业研究中心开设,主要包括创业基础类课程(如创业基础)、金融类选修课程(如天使资本、创业融资、私募股权)、市场与运营类选修课(如产品发布、创业者的市场研究、电子商务)等类型;与专业结合的创业课程主要由相关院系开设,其中工学院课程开设较为成熟,实施了技术创业计划,聚焦某一学科领域或在交叉学科领域开展高科技创业的教学与指导;在实践课程方面,斯坦福大学设立了创业工作室,给学生提供创业实践的平台,并为学生提供到新创企业实习的机会,提供更直接生动的创业体验。

四、美国高等教育人才培养质量保障体系

目前美国已建立起了一个完善的高等教育质量人才培养保障体系,从高校外部来保障高等教育人才培养质量。政府机构、高等教育认证机构、大学排行活动、社会组织机构等都扮演着重要的角色。

(一)政府机构的管理

美国实行以民间为主导的高等教育质量保障模式,主要是由高校自身和非官方的机构进行,政府特别是联邦政府较少直接参与高等教育质量的保障,通常是间接地对高等学校施加影响。但是,这并不是说,美国政府在高等教育质量管理体系中没有地位。相反,"二战"以来,美国联邦政府日益重视高等教育,对高等教育的干预也越来越多。近些年来,这种影响和地位在逐步加强,特别是在奥巴马总统执政期间,在高等教育管理方面采取了明显的进取态度。

联邦政府通过颁布教育法律法规、发表国情咨文、拨款等途径,保障高等教育质量。如1963年,联邦政府颁布的《高等教育设施法》明确规定:高等院校要增添教师和实验室等设备,适应大学生数量急剧膨胀的要求,并指出政府为高等院校提供资助和贷款,用于研究生和本科生的教学与科研设备建设。该法首次以法律形式专门规定了高校教学与科研设备的水准。1965年,国会通过了"高等教育法案",这是美国历史上第一部高等教育法,它建立了联邦学生贷款计划等多项制度。此后,联邦政府每隔几年再修正一次《高等教育法》,以便从宏观层面和法律政策方面保障高等教育的质量和施加影响。

此外,政府和准政府机构(如政府成立的各种委员会),还通过颁发许可证、政府对认证机构的认可、绩效评估、学生学习调查活动等形式,对高等教育进行管理。例如联邦教育部下属的国家教育统计中心为了研究大学教育对毕业生的长期影响,对1984年毕业的一批学生进行了长达20多年的跟踪调查,并以此作为调整大学教育政策的依据。

(二)高等教育认证制度

美国高等教育认证制度是一种以自我评估和同行评估为基础的质量保障机制,同时也是美国高校进行自我管理的重要手段之一,对推动美国高等教育机构持续改善质量、提升竞争力起到了至关重要的作用。认证(accreditation)包括院校认证和专业认证两个层次,由非政府性质的认证机构实施。这些机构负责制订认证标准,并在学校自愿申请基础上应邀进行认证,主要的工作是评估评价学校和专业的质量,目的是协助院校提高质量,并向公众公布所有通过认证的院校和专业的名单。美国教授克拉克(B. R. Clark)称赞这类认证机构是20世纪美国高等教育领域重要的发明之一。

1. 院校认证

主要是从整体上考察高等院校的办学条件和办学效果是否达到认证标准。由若干个全国性院校认证机构和区域性院校认证机构执行。全国性认证机构以从事与宗教信仰有关以及与个人职业发展有关的单科性院校(专修学院)的认证工作为主;区域性认证机构按区域主要负责美国相

第七章　高等教育人才培养的国际经验借鉴

关各州几千所高校的认证工作,是美国的院校认证体系的主体。目前,全美共有11个全国性认证机构、8个区域性认证机构。不申请院校认证的教育机构也有存在,如许多圣经学院(Bible Colleges),这些机构不能参加联邦学生资助项目。

2. 专业认证

由专业性认证机构根据一定的标准和程序,对高校内的某个专业或专业学院进行评价,主要集中在医药、教师、律师、工程、农业等领域。目前,美国共有80余个专业性认证机构,例如工程教育领域重要的认证组织——美国工程技术认证委员会(ABET)。专业认证的过程需要经过申请、自评、专家小组实地考察、专业认证委员会作认证结论等步骤。每次认证的全过程大约为1年半至1年零8个月。获得专业协会的认证,代表该专业的人才培养质量得到了产业界或职业界广泛的认可,同时通过这些专业认证也意味着要定期接受这些认证协会的审核。

3. 对认证的认可

完整的美国高等教育认证制度包括认证和认可(recognition)两部分。认可,指某一组织机构对认证机构的资质和活动结果进行承认的过程。认证机构只有经过组织的认可才能有较高的可信度和影响力。负责对认证机构进行认可的组织有两家:美国高等教育认证理事会(Council of Higher Education Accreditation, CHEA)和美国联邦教育部。CHEA是民间性质的,这一理事会通过制定统一的规范程序来保证各个独立的认证实体尽职尽责、保质保量地履行认证功能。认可标准强调人才培养质量的保障和提高,后者是政府性质的,认可标准强调院校或专业学生是否有资格获得联邦政府资助,但不是强迫性的,只是对提出认可申请的认证机构进行认可,只有通过政府认可过的认证机构认证的高校,其毕业生才有资格接受联邦财政资助。各认证机构根据需要申请CHEA或者联邦教育部的认可,也可以申请两者的双重认可。有意思的是,联邦教育部认可机构与民间性质的美国高等教育认证委员会(CHEA)曾经在认证的标准和目标上产生过较大的矛盾。

(三)大学排行活动

近几年来,美国大学也比较关注一些国际上的排名活动并作为自己高等教育的重要参考,例如,我国的上海交通大学在世界一流大学研究中心的学术排名,就得到了美国多数高校及高等教育界的认可。

(四)其他质量保障活动

要了解美国的高等教育质量保障制度必须认识到,质量保障体系是一个复杂的生态系统,正如美国高等教育系统本身一样。除了前述政府和各种机构参与质量保障外,还有各种各样的组织机构和社会力量,如媒体、企业、高等教育社团,甚至国际性组织等,都在高等教育质量保障体系中扮演着重要角色。

1. 高等教育研究者

美国的高等教育研究者来源广泛、数量庞大,既包括一线的教师、专门的学者,也包括广大的学生家长、用人单位的管理者,或者是政治家、社区工作者,等等。他们通过各种专业性学术杂志、报刊、社交媒体、研讨会论坛等途径发出自己的声音和看法,也会通过择校等具体活动,不可否认地对高校及其教育质量产生重要影响。

2. 国际性协议和组织

依靠其强大的高等教育影响力,美国发起和参加了许多国际性协议和组织。例如,华盛顿协议组织(Washington Accord),作为国际工程领域工程教育认证方面的国际性组织,在保障工程教育质量方面有一定的影响。另一个重要的国际组织是联合国教科文组织(UNESCO),尽管美国目前因政治问题与 UNESCO 存在矛盾,但该组织因其主要在高等教育国际化全球治理方面担任着重要角色,仍对美国高等教育产生重要影响。UNESCO 与经合组织联合发起制定和推广的《教科文组织/经合组织跨境高等教育质量保证指导意见》(UNESCO/OECD Guidelines for Quality Provision in Cross-border Higher Education),是在质量保障标准方面制定的最重要的举措。

3. 高校总校

对于分校来说,总校是一个事实上的外部系统,在分校的质量保障体系中起到相当重要的作用。例如,美国加州大学总校,有 10 个分校。总校不光在预算分配、发展规划上对各分校进行各种管理,还对具体的教学事务进行指导协调和管理。[1]假如分校要增设一个学科的学位,则需要报总校进行评估和批准。总校也通常通过一定的项目、校际帮扶等帮助

---

[1] 都昌满. 从走近到走进 美国高等教育纵览[M]. 上海: 上海交通大学出版社, 2017.

第七章　高等教育人才培养的国际经验借鉴

各分校加强管理,提高声誉。在这方面,总校的角色则类似于我们的教育部或省教育行政部门的角色。这也可以用来解释,为什么加州大学有的分校尽管建立时间不长,但在总校和其他分校特别是旗舰分校加州大学伯克利分校的帮助下,能以惊人的速度发展自己的学术。不可否认,美国的总校分校的独特管理模式在高等教育质量保障方面扮演着非常重要的角色。

第二节　英国的高等教育人才培养

英国是世界高等教育最发达的国家之一,其体系之完整、规模之宏大、质量之优良均执世界高等教育之牛耳。高等教育的一个重要使命就是为国家、社会、经济发展培养所需要的人才。在这方面英国高等教育同样也是有口皆碑的,特别表现在其教育质量高,人才培养的多元化风格、多样化层次和个性化方式上。本节拟以历史变迁为线索,着重介绍不同历史时期英国高等人才培养模式的主要变革,并探索新世纪英国高等教育人才培养模式的主要特点及发展趋势。

一、英国高等教育人才培养的传统模式与变革

英国学校教育活动的出现,主要源于两个社会因素的变化,一是古代都市化兴起,二是基督教传入。城市的出现引起人们生活方式的变化,文化得以传播,这是社会发展的共性。

(一)传统大学教育与人才培养

6世纪,基督教的传入对英国早期的学校教育活动产生了深远影响,当时传教士的基本任务是通过传播教义使人们信仰宗教。在实现这一目的过程中,教会看到了教育教学活动的重要性,它不仅是转变人们信仰所必要的手段,也是培养牧师、使传教士工作不断继续必不可少的。于是,教会开办学校,教授拉丁文用来读《圣经》,学习音乐用来唱赞美诗,学算术用来测算宗教节日等。宗教和教育成为教会重要的工作内容,这种状况一直延续到千年之后的宗教改革。

(二)近代大学兴起与人才培养

科学革命和工业革命是引发英国大学教育革命的又一重要因素。自然科学的认识方法(培根的"新工具"论)从根本上否定了传统大学经院神学的演绎方法,并要求改变人与自然、人与宗教的关系。18世纪70年代英国工业革命使英国社会发生了前所未有的变化,特别是在社会生产方式和产业结构方面的巨大改变,使得长期以农牧业为基础的农业社会开始转向以工业为基础的工业社会。工业社会的兴起催生了英国近代高等教育的形成。在此之前,传统大学教学内容中已经出现了近代自然科学,不过范围很小,影响非常有限。1826年伦敦大学的开办对英国传统大学提出了挑战,促进了英国近代高等教育的发展。新诞生的伦敦大学取消了神学教学,同时开办了理学院和工学院,大量引进近代自然科学和工程技术方面的教育内容。人才培养开始出现面向社会培养专业实用人才的新动向,促使科学技术进入英国高等教育领域。

但是长期以来,英国统治阶级的精英们持有这样一种观点,如果广大民众的文化程度过高,那将是对既定社会秩序的一种威胁。因此,在他们看来,高等教育应该仅限于上层社会人士,而穷人只能接受最低限度的初等教育,因为这是对他们灌输宗教意识、学会社会服从和从事低下职业技能的需要。这种指导思想导致了英国传统大学长期的衰退,学术空气严重缺乏活力;学校与外界隔绝,对变革时代新的国家需求不能做出应有的反应;固守古典主义传统,忽视实用科学和职业训练;对非国教徒和贫民子弟加以排斥和限制等。然而,工业革命对劳动者素质提出了新的要求,英国传统的艺徒制在大工业时代逐渐失去存在的价值,家庭、社会已无力承担培养新型劳动者的重任,学校教育的经济功能开始凸显,教育对增进国家经济发展的作用日益彰显,所有这些都对英国高等教育及其人才培养模式提出了新的要求,并引发了教育思想大辩论,最终导致19世纪英国大学教育改革。对传统大学的首次批评来自英国北方智力活动中心。1809年,艾其华斯出版的《专业教育论文集》提出了"知识是否有用,要看其使用价值"这一富有挑战性的论点。其后,史密斯、密尔、斯宾塞、赫胥黎等一批著名学者从教育价值观、知识价值观和教学方法论等方面对牛津和剑桥的古典教育进行了尖锐批判。史密斯认为,估量教育价值的基本标准必须是它的"用处"。密尔主张科学教育与文学教育并重。斯宾塞则认为教育的作用是为人们获得完美的生活做准备,评判教育课程唯一合理的标准就是看其作用及发挥的程度,因此,最有价值的知识是

第七章　高等教育人才培养的国际经验借鉴

科学。赫胥黎更是大力提倡科学教育和自由教育。

在大学内部，改革派与传统派之间的斗争也十分尖锐，如牛津大学的阿诺德与纽曼两派间的斗争。这期间，从文艺复兴时期的人文主义教育思想到 17 世纪的唯实主义教育思想，以及 18—19 世纪的功利主义教育思想、科学主义教育思想、自由主义教育思想和国家主义教育思想等多种思想交织在一起，相互影响，而孰是孰非，并没有得出结论。不过，有一点可以肯定，无论批评和辩论发生在英国大学教育界内部，还是来自于大学外部，所有有关教育的言论和主张实质上是关于办学目的与方向的斗争。大学是为教会和统治阶级培养接班人，还是要为社会经济发展培养人才？大学知识是由少数人垄断，还是面向民众开放？大学教育是否应促进社会向前发展？这些都是当时亟待解决的问题。

进入 19 世纪，欧洲资本主义进一步发展，由于各国在军事、经济和文化等方面的竞争加剧，高等教育被纳入国家工业化轨道，通过学校教育为国家培养专业人才成为这一时期各国高等教育改革的重要目标。在英国，对传统大学的批评和辩论导致了英国大学教育的革命性变革，国家开始干预大学教育，创办伦敦大学与大学学院运动的兴起，开始打破传统大学对高等教育的垄断。1850 年 4 月，英国下院提出一个决定性动议，宣布必须改革传统大学，成立皇家委员会调查牛桥二校，以"帮助那些重要的机构适应近代的需求"。经过一番较量，政府于 1854 年和 1856 年相继颁布了《牛津法》和《剑桥法》。该委员会的任命标志着一个时代的终结，并揭开了英国教育史上一个决定性的变革时期：理科教育得到加强；学生入学限制被废除；大学的结构从以古典学科为中心的体系，转移到以专业为中心并与职业对口的体系；大学课程设置不断扩大，以培养社会必需的专业人才。

伦敦大学的创办与大学学院运动的兴起，体现了教育的新动向，满足大英帝国积极对外扩张以及科学革命对人才的迫切需求，同时，也标志着科学技术开始进入英国高等教育领域。在此背景下，英国近代高等教育制度逐步建立起来。1826 年成立的伦敦大学是一所崭新的大学，它摆脱宗教束缚，取消神学院，设置理学院和工学院，大量引进近代科学和技术教育内容，同时开设科学和技术、医学和法律、传统的和近代的文科的高级课程。在办学和人才培养方面，实行面向社会培养专业实用人才方针，通过理论联系实际，满足时代发展的需求。在教学方面，主张教育与职业结合，与实用科学相联系，允许学生自由选课。伦敦大学的创办，打破了牛桥二校长期垄断大学的局面，扩大了非国教派和世俗人士接受高等教育的机会，对推动英国高等教育的发展作出了重要贡献。在伦敦大学的影响下,19世纪下半叶,英国一种新型的高等教育机构——城市学院兴起,教育史上称之为"大学学院运动"。城市学院由地方城市兴办,属地方性质,主要为地方工商业和新兴工业发展服务,培养工厂经理、设计师、工业研究人员和推销人员等。

总之,英国早期的大学理念,如牛津学者纽曼主张的博雅教育理想,其目的是培育绅士,即通达而有修养与见识的文化人。这种理想催生了具有世界影响的高等教育人才培养模式,如牛津、剑桥的书院制和导修制。书院制是各种专业的师生生活在一起,教学在一起,相互切磋、交流、辩论,开拓了师生的知识面。这是一个精神、情感与社交生活的场合,有助于学生生活性情的陶冶。导修制强调个别关注,是因材施教的一种典型体现。[①]

19世纪后期,英国进入资本主义和平发展时期。这一时期英国已在政治、经济、文化、宗教等方面完成了由传统社会向现代社会的转型,其世俗化、工业化、民主化、科学化程度均已达到相当高的水平,成为当时社会现代化综合水平最高的国家。这期间,经过对古老大学的改革,新大学的创立和大学学院运动的兴起,英国近代高等教育的形成,使之相应产生了不同于博雅教育的新的实用型人才培养模式。尽管如此,由于传统思想根深蒂固,到19世纪末,英国已落后于德、美等国家,特别是教育的社会效率远不如这些国家,因而使英国在国际竞争中处于不利地位。怎样改变这种不利状况,如何提高社会效益,加强教育的社会服务性和人才培养的实用性,成了英国朝野共同关心的问题。于是,推崇科学教育(特别是理工科)、重视竞争性考试、大力培养专家、英才治理国家的社会呼声日甚。就这样,一批地方学院获得了独立大学的地位,并以现代技术和工业为重要内容进行教学。1907年成立的伦敦帝国理工学院,在航天、染料、石油、地质、内燃机等方面填补了英国高等学校教学的空白。与此同时,面对日益增长的对科学和工业效率的追求,牛津、剑桥这两所传统大学也不得不有限地调整自己的办学方针。剑桥大学改进教学内容,使之具有实用性,开始与实业界联系,以获得它们的支持。而历来以培养"高等人"为宗旨的牛津大学,也从1908年开始设置工程学学位课程。

---

① 李兴业.七国高等教育人才培养 法、英、德、美、日、中、新加坡人才培养模式比较[M].武汉:武汉大学出版社,2004.

第七章　高等教育人才培养的国际经验借鉴

二、英国高等教育人才培养的历史演进

第二次世界大战后,随着国际竞争日益加剧,同其他西方国家一样,英国将发展教育置于重要地位。在这样的背景下,20世纪60年代英国教育出现了新的改革浪潮,其核心是建立包括高等教育、职业教育、继续教育和终身教育在内的大教育体系,培养各种实用人才,以适应经济社会快速发展的需要。改革的重点是着力支持工程技术学院办学,加强实用课程教学,大力培养职业型技能人才。

1963年10月公布的《罗宾斯报告》是战后英国高等教育改革的纲领性文件,亦是英国高等教育发展新的里程碑。依据教育的发展应取决于社会和教育因素的论断,报告提出应扩大高等教育含义,即当代高等教育既包含传统的大学教育,也应包括教育学院和继续教育中的高级科技教育等所有中学后教育。该报告提出高等学校在发展一般智力,增进学问知识,传授共同文化和共同公民准则的同时,还要加强传授工作技能,增加开拓学生知识面的综合课程,以全面提高人才培养质量。《罗宾斯报告》发表后,一批"红砖大学"先后创办,原有的高级技术学院也升格为技术大学。该报告以一种新的观点和视角扩大了高等教育范畴,促进了英国高等教育发展,包括高等技术职业教育及其人才培养。正因为如此,该报告受到英国社会各界的欢迎和好评。

1965年英国宣布高等教育领域实行"双重制",即高等学校分为两个部分,一部分是以大学为代表的自治机构,另一部分是以技术学院和教育学院为主的公共机构。这样,政府力争从两个方面加强高等教育的发展。大学方面,开展了"大学拓展运动",开办新的综合大学。同时,政府投入大量人力和物力发展高等职业技术教育,包括新建31所多科技术大学,使英国高等教育得到较大的发展,职业技术教育方面的发展更是明显和迅速。

二战后,新的科学与技术在生产上的广泛应用以及取得的巨大成就,使科技教育在英国得到空前的重视。为满足社会对科技人才的需要,高等教育人才培养方面随之发生了明显的变化,特别表现在从"精英高等教育"向"大众高等教育"转变,从重文轻理、重学轻术的古典主义教育传统向文理并重、文理渗透的教育观和现代人才培养观转变,加强实用人才培养。

(一)加强科技教育和职业技术教育,培养实用技能人才

第二次世界大战后,英国高等教育人才培养模式的一个显著特点是加强科技教育,努力培养具有职业技能的实用性人才。英国高等教育古典主义传统十分浓厚,职业技术教育地位历来不高。20世纪60年代的高等教育改革,对于改变这种局面,加强科技教育,培养职业技能型人才创造了有利的条件。尽管高等教育"双重制"招来部分人的反对,但是不可否认,多科技术学院的开办,通过职业技术教育及其人才培养,加强了公立高等学校与地方工商界之间的密切合作,在满足社会对人才的需求方面取得了明显的进步。这是战后英国高等教育领域的一个显著特点。不过,"双重制"未提出之前,社会上已经出现过有关加强职业技术教育的各种要求,政府也发表了相关的文件和法规,为"双重制"的提出奠定了基础。19世纪下半叶,随着工业革命的发展以及对工程技术等实用人才的需求,英国许多重要工业城市涌现了一大批城市大学。城市大学由地方捐赠,为地方工业发展服务。城市大学区别于传统大学的最大特征在于,高等教育系统分为大学与由多科技术学院和其他高等教育学院组成的公共高等教育机构两大部门。大学分为传统老大学和新大学。目前,虽然由于政策导向上的种种原因,英国高校都提供类似的高等教育,没有严格的区别,但是侧重面依然各不相同。

1945年的《高等技术教育专门委员会报告》(即《帕西报告》)是推动战后英国职业技术教育发展的第一个重要文献。《帕西报告》指出英国工业最大的不利和隐患是缺乏具有管理和组织才能、能够将研究成果应用于新技术开发的技术专家。因此,报告建议英国应加强职业技术教育发展,加强和改进技术教育领域的教学内容,包括管理知识,以适应战后经济建设需要。另外,《巴洛报告》(1946)也明确指出,英国工业增长要求更多的受过高级训练的科学和技术人才,必须扩展科技教育。为此,1956年英国政府在发表的《技术教育》白皮书中提出新组建四类技术学院,加强三类技术人才培养。四类技术学院是:地方学院、区域学院、地区学院和高级技术学院;三类技术人才包括技术专家、技术员和熟练工人。

1959年英国中央教育咨询委员会发表了题为《15—18岁青少年的教育》报告,明确提出应把学校的普通教育与职业技术教育有机地联系起来,使职业教育既服务于职业目的,又符合对人的和谐教育的理想,促进学生理解能力和实际能力的发展与培养。1961年关于《技术教育的更

第七章 高等教育人才培养的国际经验借鉴

好机会》政府白皮书旨在着重解决以往职业技术教育中存在的一些问题，包括拓宽技术教育教学内容，建立普通学校与技术学院之间的衔接，职业技术教育制度适应工业界需要等。1965 年，高等教育"双重制"提出后，建立起技术学院，推动了英国职业技术教育的发展。正如教育部长克鲁兰斯当时指出的那样，实行高等教育"双重制"是英国政府一种正确的选择。

"双重制"改变了英国传统高等教育结构，在很大程度上有助于改变长期以来大学重人文科学和理论研究、轻应用科技和职业教育的倾向，特别是在为解决社会经济实际需要，使高等教育人才培养适应现代生产发展要求方面发挥了重要作用。20 世纪 70 年代末，英国政府进一步调整国家科技政策，更加重视高等学校的科技教育和科学研究与工商界、经济界的联系。1985 年《20 世纪 90 年代英国高等教育发展》教育绿皮书指出，政府关注的主要问题是如何使高等教育更有效地为改善国民经济做出贡献。1987 年《高等教育——迎接新的挑战》教育白皮书重申，高等教育的目标是必须更有效地为经济发展服务、与工商业建立更加密切的联系，要重视对解决经济社会中实际需要的实用型技能人才的培养。

20 世纪 70—80 年代，英国在发展职业技术教育和实施实用型人才培养方面进行了许多有益的尝试，如建立第三级学院，发展第三级教育；开设城市技术学院；推行职业培训计划；推行职业技术教育试点。进入 90 年代，英国的职业技术教育再次发生重大变革：一是推行国家职业资格；二是推行国家普通职业资格；三是推行职业技术教育和培训的新模式。尤其是设立国家普通职业资格，不仅大大提高了职业技术教育的地位，并使其能够与大学教育互相贯通，有利于高等教育人才培养。

这一时期，随着多科性技术学院改为大学，进一步提高了职业技术教育的地位，更重要的是职业技术教育被纳入国家整个教育体系。义务教育阶段（16 岁前）的技术课成为全体学生的必修课程。16 岁后实行分流，准备升学的学生选择普通教育课程加深基础知识学习，通过高级水平考试，获得上大学的资格；另一部分则以各种方式接受职业技术教育，为直接进入劳动市场或进入技术院校做准备。经过多年的积累，英国多科性技术学院在人才培养方面形成了一套办学特色，特别是在理论联系实际，培养实践能力等方面。整个教学采用"三明治"方式，学生第一年在校学习理论知识打基础，第二年到工商企业实习顶班工作，第三年回校深入学习，使理论与实践结合。学习实行单元制模式，学生有较大的选课自由，包括选择主、副修学科，还可以跨专业、跨学科选学单元。单元制模式不仅拓宽了学生学习面，使知识面更广，而且更有利于他们发挥自己的才能和特长。

(二)开放大学的职业型技能人才培养新模式

二战后英国高等教育在人才培养变革方面另一个重大革新是实行开放式办学,其标志是1969年创办的开放大学。开放大学以其特有的办学模式为英国加速高等教育人才培养做出了不可磨灭的贡献,同时也为国际高等教育领域人才培养模式改革探索出一条新的办学途径。

1. 课程教学和学位设置灵活且实用

20世纪50年代后,英国教育出现了三大发展趋势:一是成人教育迅速发展,二是传媒教育兴起,三是教育民主化要求日趋强烈。开放大学的概念就是从这三种发展趋势聚合演化而来的。因此,开放大学的创办具有较强的社会目的,即从最初的促进成人技术人才培训,转变成为满足整个社会接受高等教育的广泛要求。为此目的,开放大学的学位制度效仿苏格兰和美国大学的学分制,从系统的本科教育开始,逐步发展为单科或多科,还有单科中的一个单元或数个单元的学制,学生可根据自己的兴趣和需要采用选修课程或单元学习方式,表现出课程教学和学位设置的灵活性和实用性特点。

具体而言,英国开放大学的学位结构由五个学部(原来称为课程门类)组成,包括理学部、数学部、社会科学部、文学部和技术学部,后来增加了教育研究学部。每一课程门类有四五个组成学科,每一门类的课程可由基础阶段和三个高级阶段组合,从而在课程结构上体现课程设置的多学科和多层次。如普通学位结构模式为2+4,即两门基础学科,加上第二阶段两个学部的四门课程。普通荣誉学位结构有两种模式,分别是2+4+2或2+4+1+1,即两门基础课程,加第二阶段两个学部的四门课程,再加上第三阶段的两门课程;或两门基础课程,加第二阶段两个学部的四门课程,加第三阶段的一门课程,再加第四阶段的一门课程。

2. 专业课程内容设置一体化

社会科学部开设的"了解社会"这门基础课程包含以下内容:第一,探讨关于人的五种不同观点,包括经济观点、心理学观点、社会学观点、政治观点和地理观点;第二,讨论人的三个基本问题:包括人为什么在社会中生活,人怎样在社会中生活,他们碰到什么样的问题。"科学概论"作为基础课程,其目的在于提出解释近代科学中的一些重要概念和原则,并从物理学、化学、生物学和地质学等一般领域中选择某些基础性问题开展

第七章　高等教育人才培养的国际经验借鉴

讨论,探究这些学科如何相互联系和相互依赖,它们在方法、技术和哲学上有什么共同点,每个学科又各自具有什么特点。文学部开设的"工业化与文化"课程,采用一体化或跨学科的方法,把历史、文学研究、音乐研究、艺术史和评论、哲学、宗教、科学、技术、社会学、人类学、数学和计算机等多种学科加以融合,运用档案和其他资源,通过电视提供直接的视觉信息,所产生的效果无疑是传统教学无法比拟的。在第二阶段,仍采用这种方法。如文学部提供"时代研究"来了解时代的全貌,包括其历史、思想、文学、艺术、音乐、宗教和科学等的发展。教育研究学部开设"人格、发展和学习""学校和社会"以及"环境和学习"等课程。每个学生可以学习两门基础课程,然后第二阶段在两个学部各学习一门课程,使他们获得良好的普通教育。开放大学利用先进的通信和信息技术进行远距离教育,不仅让更多的人接受高质量教育,还可以节约教育成本。通过课程小组编写教材,进行课程开发,使各科教学能够按多媒体要求进行,以保证教学质量。总之,开放大学的这些创新不仅主动适应了英国社会发展对高等教育人才培养的需求,也为主动适应新时期对人才培养模式的挑战提供了新的对策。

（三）高等教育发展及复合型创新人才培养模式

1979年英国保守党政府上台后开始按货币主义思想对高等教育实行收缩政策,推崇自由市场作用的重要性,强调教育的效率和效益,主要表现在政府希望通过改进高等教育,培养合格人才,有效满足变革中经济发展的需要。因此,效益、经济和标准成为20世纪80年代英国高等教育的中心议题。1985年政府颁布的高等教育绿皮书提出,高等教育务必注意到以下三方面的问题：第一,端正对工商业的态度,鼓励企业家精神；第二,发展高等学校和工商业的联系；第三,加强与地方和社区的联系。1987年高等教育白皮书更加明确地要求高等教育应当在帮助国家对应20世纪最后10年以及后来的经济与社会挑战方面发挥关键作用。同时还提出了具体目标,要求高等教育应该更有效地为经济发展服务；大力开展基础科学研究,促进人文学科取得重要学术成就；同工商业建立更密切的联系,促进各项事业发展。

为了应对新的挑战,1991年英国政府发布了《高等教育的框架》白皮书,取消了实施20多年的高等教育"双重制",建立单一的高等教育框架,引进竞争性拨款机制,以促进高等教育发展。同年,又发表了《21世纪的教育和训练》政府白皮书,制定了16—19岁青年教育和训练制度计划,满足 20 世纪末和 21 世纪初参加工作的青年人的需要和期望,迎接世界市场海外竞争者对人才更多和更高技能水平的需求。为此,各高等学校加大教育改革力度,以创新促发展,建立新的教学模式和人才培养模式,使青年学生接受更好的教育和训练,为他们达到更高的成就水平提供各种机会,以适应社会发展对高等教育的需求。

1. 苏萨克斯模式

苏萨克斯大学提出"重绘学问蓝图"的教育模式,改革学院建制和课程设置,为学生提供宽阔、全面的教育。苏萨克斯大学的基层单位不是传统的单科制学院,而是多学科学院,它们分属三大领域,即人文学科和社会研究领域、科学领域和教育领域(教育领域不单设学院,招收研究生)。各学院课程设置分成相互连接的预修课程、背景课程和主修课程三类。本科学位课程中,三类课程大体分别占到 10%、40% 和 50%。

苏萨克斯大学在对学院建制和课程设置进行改革的同时,注重推行大学本科生兼文、理的计划,以便使人文和社会科学的学生对自然科学或科学政策有所了解;同样,使理科学生对人文科学和社会科学有较深刻的认识。

该校的教育改革强调跨学科学习,大力推进普通教育和专业教育结合,探索解决大学教育过分专门化的途径。正如该校创始人布里格斯教授在他撰写的《绘制学问的新蓝图》一文中期望的那样,要让所有苏萨克斯的学生,不管他是哪一个学院的,都应该在三年里给他一种教育,使他能够比较、联系、判断。这种教育要比他接受传统的单科课程甚至双科课程所能获得的要广阔得多。

2. 曼彻斯特大学模式

曼彻斯特大学是英国享有盛名的城市大学之一,也是一所传统的"红砖大学"。从它创建之初就和英国的工业革命以及曼彻斯特作为商业大都市的兴起紧密地联系在一起,成为高等教育适应社会经济发展的成功范例。曼彻斯特大学有着世界一流的教学和研究水准,先后有 20 多位教师和校友成为诺贝尔奖得主。在近年来英国大学生就业中,该校毕业生就业率位居前列。这一成就的取得与该校的办学,包括教学和人才培养模式等方面所做的努力密切相关。以医学院为例,该校率先在英国推行以问题(如有关病人的各种问题)为基础学习的教学方式,为学生理解复杂的医学教学提供了有效的方法。学生学习以 12 周为一个单元,每单元接触一系列诊断或健康问题。学生每周定期集中讲解各自的学习进程,然后比较各自的发现,讨论相关问题并得出结论。每周里,学生利用各种

第七章 高等教育人才培养的国际经验借鉴

资源(如图书馆、实验室、结构和解剖图片、标本、模型以及教师的专业知识)增加对相关学科的认识和理解,同时经常参加各种讲座,作为自学的补充。经过前两年以问题为基础的学习后,学生被安排到教学医院实习,首次一对一地和病人接触,学习包括病历记载、检查、与病人交流等方面的知识技能。[①] 教学围绕多学科进行,综合安排学习科目。三、四年级的核心课程单元持续14周,此后是为期4周的特别学习单元,以便让学生自己选择并确定学位和专业。第五年是从学生向医生的过渡阶段。在此期间,学生到社区或海外实习,以增加阅历,了解不同的健康服务形式和不同疾病病例。以问题为基础学习的教育方式有助于学生通过知识的应用全面理解所学学科,也有助于他们创造性解决问题能力的培养。

这种教育方式被推广应用到工程学领域,成为英国独特的学位教育教学课程。工程学领域有空间工程、土木和结构工程、机械工程、空间系统和航空电子、工程设计模拟与模型和能源系统等专业方向。学生第一年的学习是相同的,用大量时间进行以问题为基础的学习活动,并辅之以传统的讲座和小组辅导。以问题为基础的学习由一系列涵盖工程学各主要学科的小项目组成,以小组形式开展,目的在于通过知识的应用使学生对工程科学有一个全面了解,培养学生应对现代工程学多学科特点的能力,帮助学生用创造性的方法解决问题,同时,培养学生进行小组合作所需的人际关系和管理技能。讲座围绕核心课程进行,包括设计、通信、数学和工程应用。第二年主要学习工程应用、设计及工程与商业的联系。第三年学习涉及各种专业领域,如空间工程、电子、机械、设计、能源,同时进行工业实习(在英国或欧洲其他国家)。如果学生仅获取工程学学士学位,还需完成毕业研究课题或参加小组设计项目。如果学生要获取工程硕士学位,则还要在第四年学习空间工程、电子、机械、设计、能源的高级课程。工程学与商务或一门外语结合,取得学位亦遵从同样的培养途径。

曼彻斯特大学实施的宽口径复合性教学和创造性培养不仅体现在创新性教育方式的应用方面,也体现在创新性的课程设置方面,如综合型课程。以人文学部传统的荣誉文学学士学位为例,该学位属人文学部,但攻读这一学位所包括的课程涉及社会科学、法律、教育、自然科学和工程多个学部的近40个系。因此,该学位结构是以学科为基础,而并非以系为单位。这就意味着可利用不同学科丰富的资源为学生提供宽广的课程选择。自然科学、社会科学、工程学、医学等领域的学位课程设置同样以综

---

① 李兴业.七国高等教育人才培养 法、英、德、美、日、中、新加坡人才培养模式比较[M].武汉:武汉大学出版社,2004.

合课程为主,如解剖学、生物化学、生物医学、生命科学、化学、计算机科学、工程学、材料科学等与工业实验、现代语言、商务和管理等课程的结合。

3. 伦敦大学模式

被誉为英国经典名校的伦敦大学学院是英国创办较早的大学之一,出现过10位诺贝尔奖得主。该校拥有8个学院,4个研究院和20多个跨院系研究中心,60多个系。设有三类学位文凭:单科荣誉学位、双科荣誉学位和跨学科或多学科学位。双科荣誉学位包括双主修学位和主辅修学位两种。前者如数学和计算机科学理学硕士学位,要求学生分别修满两个学科课程各一半的学分,后者如化学与管理学主辅修学位,要求学生学习主科系2/3至3/4的课程。跨学科或多学科学位则要求学生在多个学科领域选修课程组建某一学位,如人文科学、物理科学和生物医学理学学士学位等。大多数学位按课程单元体系组织教学。在每年的学位学习中,学生要学习多门单个课程,每门单个课程按投入学习工作量给定一个课程单元分值,多数单个课程为0.5分值。伦敦大学学院学生通常一年完成4个分值,即每年学习8门单个学位课程。

一些老的大学和城市大学的课程也在发生变革,比如牛津大学设立了交叉性的双科和三科课程,如农学—林学、工程学—经济学、工程学—经济学—管理学等,诺丁汉大学按学部划分课程,强调学科间的联系与交叉。此外,也有一些大学采取要求文科学生选修理科课程,理科学生选修文科课程的做法,以加强文理交叉、文理渗透,或要求学生在低年级兼学文理,如基尔大学实行四年制,第一年为基础年,不分科,文理兼学。

4. 利兹大学模式

利兹大学是英国名列前十位的研究大学之一,其教学质量和研究享誉世界。该校在跨学科人才培养、复合型人才培养和创新人才培养方面也颇具代表性。利兹大学学位设置与伦敦大学学院相似,注重课程设置的综合化,分别在理学、艺术与社会科学、现代语言等领域设置了许多联合荣誉课程,仅理学领域开设的联合荣誉课程就达72门之多。此外,利兹大学利用最新技术与有坚实研究基础支撑的高质量教学相结合,为学生提供众多的多学科学位课程,包括不常见的学科结合,如音乐与电子工程,音乐、图像和表演艺术。利兹大学通过与地方机构进行项目合作,为学生提供工作实习机会,提高学生的专业技能,增强学生的可雇用性,增加学生的就业机会。

第七章　高等教育人才培养的国际经验借鉴

5. 格拉斯哥大学模式

格拉斯哥大学在传统的人文学部、理学部、社会科学学部都设置普通学位，对学生进行宽口径培养。如普通理学学士学位要求学生从生物科学、计算机与数学科学、化学、物理、地球和环境科学等多种学科里，至少选学其中的三种。如果学生希望在某一特定学科或结合学科进行深入学习，亦可攻读选定学位，即在进校的第一、二年学习其他课程，在第三年学习专业学位课。如果想攻读荣誉学位（四年），即从第三年专攻某一特定学科或结合学科。荣誉学位的培养目的在于培养学生批判性判断能力、独立进行科学工作的能力，并将学生在所选科学领域前沿的思考引入所学学科。

三、英国高校人才培养模式的经验借鉴

从一定意义上讲，对学生进行宽口径的复合性培养和创造性培养体现了英国高等教育致力于提高教育的"社会相关性"，培养适应经济社会和科技发展需要的专门人才的教育目标。因此，探讨英国高等教育人才培养模式变革，不能不注意到新时期英国高等学校观念的更新。

（一）更新教育观念，改革教学过程

长期以来，英国高等教育由于受传统培养学术精英型人才教育思想的影响，学校重视知识的灌输而忽视实际技能的培养，使得学生"知晓"胜过"能做"。针对高等学校在培养人才方面存在的问题，英国"皇家文学、制造和商业促进会"曾于20世纪70年代末发表过一份《能力教育宣言》。宣言呼吁学校进行教育改革，更新教育思想，转变人才培养方式，强化能力培养。宣言指出，良好的教育既应包括对新知的探求，也应包括对探求新知、应用所学、解决实际问题等诸方面能力的培养，特别要培养敢于面对挑战、解决实际困难、应对日常生活、团队协作等综合能力，而学生这些能力的培养有赖于"能力教育文化"。这是一种有助于将理论学习与实践应用结合，有助于学生开展自主式、创造性的学习，达到寓学于做的目的。

20世纪90年代以来，英国高校已普遍认同"能力教育"思想，积极开展改革探索，并结合"高等教育产业机制""大学教师评估与培训计划""培训与职业教育行动计划""教育质量管理运动"等项重大改革，积极推行高等教育能力培养模式。沃尔夫安普顿大学采用"学习合同"教学模式，

通过学习合同规定学生学习的课程、应获得的能力和技能,为社会项目提供解决实际问题的研究方案、步骤以及有价值的贡献等内容,课题组依据合同规定组织实施,指导教师为课题组提供合同实施指导,用人单位(项目提供者)必须依据合同的规定提供必要的资助、指导和配合。莱斯特大学通过"项目教学"对学生进行综合训练。牛津大学引入一种"成绩记录"设计学习方法,引导学生进行积极主动和有目的的学习。苏萨克斯大学罗特利帕克学院实施"自主管理式学习",要求学生承担自我学习的责任和义务,实行自我学习、自我考核。

(二)《狄亚林报告》与加强高级专门人才技能培养

为检讨和评估《罗宾斯报告》以来的教育政策及其发展状况,应对新的挑战,制定面向21世纪高等教育发展战略,1996年2月英国政府任命了以狄亚林爵士为主席的全国高等教育调查委员会。

1. 重新认识高等教育与社会发展

狄亚林报告高度评价了高等教育对英国的社会、经济发展和文化建设的重要性,特别是在培养社会需要的人才方面具有重要作用。该报告指出,高等教育这种重要作用不仅表现在开发学生智力和增加人类知识方面,还表现为它有助于培育文化本身,弘扬大学特有的尊重事实、尊重个人及追求真理的价值观念。报告认真分析了罗宾斯报告以来影响英国高等教育发展的外在因素,认为这些变化在今后20年将对英国高等教育产生更大的影响。因此,高等教育面临的挑战是严峻的,这不仅要求应对以上各种变化,也需要像过去一样继续对文化、公民权意识以及文明社会价值观念的建设做出贡献。

鉴于国际社会的发展趋势和高等教育的重要作用,《狄亚林报告》呼吁教育机构的职员和学生,政府、雇主和全社会共同努力建立起一个学习的社会。这样的学习社会有四个目标:第一,鼓励、激发个人并使个人的能力水平在其一生中发挥出最高潜力,以便使他们在成长过程中智力得到开发,为就业作好充分准备,既能积极有效地为社会做出贡献,又能成功实现自我;第二,实现知识和理解自身的增加并把它们应用于提高经济和社会利益;第三,服务于地方、区域和国家发展变化、可持续发展、以知识为基础的经济发展的需求;第四,在形成一个民主、文明、包容的社会中起到主要作用。显然,这样的学习社会需要高等教育的支撑。

《狄亚林报告》预测在英国对高等教育的需求将持续增长,并就高等教育的发展提出了大量建议。报告指出,广泛的调查表明,尽管雇主们认

第七章　高等教育人才培养的国际经验借鉴

为大学生接受单科荣誉学位教育所获得的智力发展应受到尊重,但他们更看重毕业生能在一个宽阔的知识背景下所学专业具有的优势。因此,他们倾向于让学生能够在不同类型的、多学科的宽广知识中进行选择。就业市场的证据也表明,高等教育需要进一步培养和发展学生的技能,包括被雇主们称之为"主要技能"的交流技能(口头和书面)、计算技能、应用通信和信息技术技能以及学会学习的技能。为此,报告建议高等教育学校应立即着手对其提供的课程制定具体目标并达到预期结果。这些结果包括:学生完成课程预期获得的知识和理解能力;获得的主要技能;获得的认知技能,如对方法论的理解或批判分析的能力;学科专业技能,如从事实验的技能。

英国政府和社会各界对狄亚林报告做出迅速而积极的反应。英国政府和教育与就业部相继发表了《面向21世纪的高等教育》白皮书和《学习年代:新大不列颠的复兴》终生教育绿皮书。终生教育绿皮书对《狄亚林报告》建议做出积极评价,并督促政府有关机构协助高校实现课程目标具体化,尤其是对与学生未来就业密切相关技能的具体化。许多高校表示欢迎和支持《狄亚林报告》。利兹大学校长阿兰·威尔逊指出,该报告内容广博,见识深远,其建议积极而可行,高等学校应给予支持,并表示该校将在教师中大力开展教学与学习技能的培训;希望大学通过与地方机构以项目合作形式为学生提供广泛的实习机会和场所,并将这种实习纳入大学课程的学习内容,使学生在校期间就能获得有益的实际经验。

2. 重视和加强高等教育人才的技能培养

1998年英国大学校长委员会发表了《高等教育技能培养》报告,建议高校落实《狄亚林报告》中提出的建议,使学生能够充分获得认知技能,其中包括:高水平的学术或智力技能(如表达、分析、评估能力);主要技能或基础技能(能够在不同就业环境中迁移转换的通用技能);个人特质,如自强、适应能力、内在动力;商业意识,有关机构运作的知识。此外,还包括在高等教育学习中具有同样重要的一般技能,如学科专业技能(实验或设计技能),职业自控技能(把握个人职业发展所需的技能)等。

《狄亚林报告》关于学生技能的培养备受社会各界关注,这些内容被视为新时期英国高等教育人才培养模式变革的核心所在。这是因为英国人认为,在新时代来到的时候,人们必须具备一些通用技能或基本技能。这些技能正是每一个人在教育和培训中,在工作中和一般日常生活中取得成功所需要的通用和可迁移转换的能力,它们包括:交流(交往)能力;数字应用能力;信息技术和处理能力;与他人合作的能力;提高自己学习和表现的能力；解决各种复杂问题的能力。

为了加强通用技能的培养，英国政府同意该报告关于建立高等教育学习与教学研究院的建议。该研究院初期任务是建立国家教师资质标准体系，以高质量的教师队伍保证教学质量；同时从事应用于学习和教学实践的研究与开发，激励创新及协调创新学习材料的开发工作，尤其是通信和信息技术在学习和教学中应用潜力的开发。谢菲尔德大学、埃克塞特大学、纽卡斯特大学、南安普顿大学、约克大学、诺丁汉大学等一大批高校设立通用技能培训中心或就业咨询服务项目，积极参与这项工作。2001年6月大选后，英国政府成立了新的教育与技能部取代原教育与就业部，加强这方面的工作。总之，加强高等教育领域技能培养已成为英国社会的广泛共识，并体现为高等教育中学习和教学质量的一个主要方面。

3. 完善高等教育监督与评估体系

加强高等教育大众化过程中人才培养的质量监督与评估是《狄亚林报告》的又一重点内容。报告明确指出，学生数量的扩充不应以降低质量标准为代价。实际上，为了保证高等教育大众化进程中的教育质量，从《罗宾斯报告》以来，英国一直致力于建立健全质量监督与评估机制。建立质量监督与评估体系，使其外部系统与内部系统协调运作，保证高等教育质量和标准，成为新时期英国高等教育人才培养的首要任务。

(三) 英国高等教育发展及其人才培养模式变革的思考

1. 英国高等教育模式特色与特征

随着社会的发展与变化，英国高等教育人才培养模式也随之不断地发展变化：从早期的精英教育到现代的大众化教育；从古典主义的人文教育到近现代文理并重、注重科技教育；从注重专业人才培养到拓宽专业口径、跨学科的综合的人才培养；从纯学术的学习研究到普通教育、职业训练，进而注重通用技能培养，注重课程设置的多样性、灵活性和知识的有效性，重视高等教育大众化过程中的质量监督与评价。英国高等教育人才培养模式的变革不仅具有鲜明的民族特色，也具有鲜明的时代特征。

就民族特色而言，作为国际近现代高等教育的发祥地之一，英国一直坚持高等教育即大学的观念。《罗宾斯报告》将高等教育内涵扩大到包括所有中学后教育，至20世纪80年代，英国形成了包括古典大学、近代大学、多科技术学院、教育学院、继续教育学院和开放大学的多层次、多规格的高等教育体制。这种体制使英国高等教育在人才培养模式方面呈现出多样化的特征,从而使得高等教育为培养经济社会发展所需要的各种类型、各种规格的高质量专门人才而不断地改革。

就时代特征而言,英国高等教育在不同的历史时期,其人才培养的目标和侧重点各不相同。20世纪90年代后,面对知识经济、高科技和全球化的挑战,英国政府及时调整高等教育目标,着重加强人才技能和能力培养,注重跨学科、复合型专业人才的培养,体现了鲜明的时代特征。

2. 英国高等教育人才培养模式特色与特征的文化思考

英国高等教育人才培养模式变革的历程及其民族特色和时代特征表现了英国极其深厚的文化底蕴,理解和把握这种变革需要认真思考如下两个方面的问题。

(1)关于人才培养模式与大学理念的时代性。

人才培养作为大学的主要理想和功能之一,直接受大学理念的影响。牛津、剑桥坚持古典大学的理念,其教育目的在于对一种特殊形态人才(绅士、上等人)的性格模铸。19世纪末,德国大学出现的新概念,即洪堡等人提倡大学以研究为中心的理念影响到英国,牛津、剑桥等古典大学的教育走上专精之路,科学教育越来越受重视。第二次世界大战后,尤其是80年代,撒切尔主义指导下的教育改革使大学教育面向市场,密切了大学与社会之间的联系,开始提倡大学作为"服务站"的办学理念,教育与培训间的区别逐渐消除,大学教育应培养具有可雇用能力的毕业生。在全球经济的影响下,教育和培训的重要意义体现为人力资源开发,特别是提高技能和增强能力,增加研究和科学知识的生产,并以此作为参与全球经济竞争的关键。在这种理念下,技术优秀、能力、技能成为新的话语。大学的主要功能之一就是生产拥有技术技能、能适应跨国企业需要的人才,形成终生学习的观念,使作为个体的人能不断更新和提高技能,以保证他们在整个一生中不止一次地、有效地改变职业。了解大学理念的种种变化,就不难理解近年来英国高等教育人才培养模式的变革(包括《狄亚林报告》建议加强基本技能培养的意图)。但由于传统大学理念的影响,《狄亚林报告》也考虑到与知识文化、传统、批判精神相关的问题,人文的重要性,公民权、民主意识和伦理价值观念的养成。

(2)人才培养模式的社会通变性与适切性。

大学理念之根本在于对大学目的以及大学社会功能的考量。从古到今,大学培养人才是天经地义的。现在的问题是在当今和未来社会中,高等教育培养的人才既要为社会经济变革做出贡献,又要适应迅速变化的就业市场提出的挑战,以及适应知识和科技快速发展的挑战,因此,高等教育不仅要培养学生学会学习的技能,以便不断更新知识和学习新技术,同时,还要提高学生智力,使他们能审慎地应对技术、经济和文化的变革和多样性获得,诸如主动性、企业家态度和适应能力等素质,使他们在现代环境中更有信心地发挥作用。即便如此,对英国高等教育人才培养模式变革中提出的一些概念,如能力、可迁移的技能、企业精神、跨学科等也要作一些批判性的思考,才能理解在新时期英国高等教育人才培养模式的变革及其预期目的,才能在学习和借鉴英国高等教育人才培养模式变革的实践经验时不至于步入误区。

伦敦大学教授罗纳德·巴那特的《能力的局限》和英联邦大学协会总秘书长迈克尔·吉朋斯的《21世纪高等教育的适切性》两部著作或许能给人们一些启示。巴那特教授通过对有关高等教育争论的观点,如能力、技能、迁移能力的分析,提出大学理念,大学获取知识的形式以及知识能力随着时代变迁被赋予新的内涵。高等教育从精英阶段向大众化阶段的转变标志着高等教育已从"前现代机构"向现代机构转变。高等教育从社会边缘逐渐走向社会中心的过程,其文化或地位优势无论是从个人还是社会整体角度而言,正在被经济优势所取代。高等教育的知识功能被当作是一种经济投资方式。用马克思的话来说,就是高等教育已成为生产力的主要力量,而不再仅仅是社会关系的维护部分。基于此,社会对高等教育的关注更集中于计划性、量化,对其投入与产出的考虑,对工作表现、生产能力和社会贡献的评估,反映在高等教育课程改革中"能力和结果""技能和职业主义""才能和企业精神"等新词汇的不断出现,而被传统所珍视的词汇,如"理解""批判""学科联系""智慧"则被淡化或遗忘。总而言之,学术能力的观念正在被业务能力或操作能力所取代。

巴那特认为高等教育是一种"形成人的概念"的人的发展过程。上述两种能力概念包含着对人的显著不同的看法和价值观念。持业务能力观念者希望通过人的发展,使之能在世上应对自如,高效工作。相反,持学术能力观念者希望通过人的发展,使之能在一个或两个学科领域内具有较强的认知能力。对技能和结果关注的局限在行动,对学科、目的和真实关注的局限在思想。因此,这两种观念都具有局限性,不利于人的全面发展。如果高等教育是人自身发展的一个过程,高等教育应被理解为满足学生内在要求的一个过程,而不是要求学生对外在标准的要求进行反应和满足。为此,我们必须彻底地超越上述两种能力观的局限,形成一个关于人的发展的全新观念。

对于跨学科或多学科培养,巴那特也持有不同看法。他认为,尽管基尔、苏萨克斯等大学曾努力对课程进行重组,使学生能接受较宽广的教育,但交叉学科课程从未在英国普及推广。19世纪高等教育课程的主流

第七章 高等教育人才培养的国际经验借鉴

是经典著作,20世纪不同领域的学术研究兴趣占主导地位,进入21世纪,学科单元制、学分积累和学分转移、技能培养(企业技能、交流技能、信息技术技能、人际关系技能)的推行削弱和分割了学科间的联系。真正的学科联系或科际整合应接受作为学术生活事实的学科的存在,主干学科是本科生课程的基本材料。它尊重学科,为学科间的融合建立起联系的形式,而不是置换或分割学科间的联系。

迈克尔·吉朋斯在《21世纪高等教育的适切性》专著中明确指出,经济全球化和国际竞争的压力正在削弱国家、机构和学科间的界限,而日趋国际化的分散的知识生产体系正在产生。与传统的知识生产方式相比,新的知识生产方式具有如下五方面的属性:知识在应用环境中产生;广泛的跨学科性;异质性和机构多样性;日益增强的社会责任;严格的质量控制系统。高等教育领域的多学科或跨学科课程结构是适应这种新的知识生产方式的一个重要方面。在过去几十年里,英国大学的课程被混合为"什么和什么"或"什么加什么"的形式,如物理和数学、生物和经济学、机械工程加法语等,通过这类课程的开发来满足大学知识职能的某个方面。学科内部联系的观点也常用来为学习某一学科提供特殊的环境,如苏萨克斯大学,学生可以在该校欧洲研究院学习经济学,也可在非洲和亚洲研究院学习,或是在法学研究院学习。经济学基本原则是相同的,只不过在不同学习场所学习其相关性随环境变化而有所变化。大学课程中这些多学科或跨学科的混合物的发展固然重要,但没有抓住新的知识生产方式所要求的跨学科的特点。值得重视的是,与新的知识生产方式所要求的跨学科相联系的是科学家的兴趣从单一的科学向研究复杂系统的属性转变。对复杂知识生产体系的理解要求采取以问题为中心的方法,反映在课程上,则要求从以学科为基础的学习转变为以问题为基础的学习。而以问题为基础的学习所面临的挑战,是传授给学生为解决问题改造和制定经济可行方案所需要的技能,以及能够修改方案使之适应更具体的问题环境所需要的各种技能。能在复杂模式里工作的能力是跨学科培养的一个关键要素。因此,真正的跨学科课程远远超出现在许多高校设置的多学科和一般意义上的跨学科混合物。真正的跨学科课程应该是有助于理解复杂系统的教学方案,它是基于问题解决小组的参与,并注重于示范和对技巧的模仿。这种课程直接取向于问题的解决,它所要求的核心技能是将他人创造的知识以新的和富有创见性的方式加以利用的能力。课程发展的核心重点是培养"知识工人"———一种能将知识应用于宽广的应用领域的专家。迈克尔·吉朋斯将这类"知识工人"描述为问题鉴定者、问题解决者和问题代理人。

综上所述,准确认识英国高等教育人才培养模式的变革,不仅要考虑不同历史时期高等教育理念和高等教育适切性的变化,还必须以动态的和批判的眼光看待这些变革。只有这样,才能真正领会英国高等教育人才培养模式变革的实质,并从中获取对我国高等教育人才培养模式改革实践的有益启示。

第三节 日本的高等教育人才培养

日本是一个后发的资本主义国家,明治维新一百多年来国力日益强盛,"二战"虽然以无条件投降战败告终,但"二战"以后不久就开始进入经济高速恢复期,到20世纪70年代一跃而为世界第二大经济体。一个狭窄、资源贫乏的岛国,这样高速发展,靠的是什么?靠的是人才。虽然在朝鲜战争、越南战争期间,日本得到美国的扶持,获得大量资金,但最终要靠人才,通过教育提高的人口质量和技术力量。诺贝尔奖获得者舒尔茨20世纪60年代提出的"人力资本"理论,充分说明人才在提高生产力方面的作用。教育在提高国家竞争力方面,无疑起着基础性、关键性的作用。因此,研究日本高等教育的发展及其在各个历史阶段如何在提升国家竞争优势方面所发挥的作用,具有理论意义和现实意义。

一、日本高校人才培养的历史演进

在经济实力的增强或者说在国家竞争优势的提升中,日本高等教育究竟发挥了怎样的作用?从历史的维度,考察日本高等教育与其国家竞争优势之间的关系,也许可以解答其中的些许疑问。

(一)近代化进程中的日本高等教育

1877年,日本历史上第一所近代大学——东京大学由东京开成学校与东京医学校合并而成。日本学者大久保利谦认为,东京大学的成立是日本近代大学史上一个划时代的事件。可以说,东京大学的成立标志着近代日本高等教育体系构建的开端。东京大学的诞生正是顺应国家发展的需要,因而东京大学是国家的大学,是为国家的发展培养精英的大学。

日本明治维新后用了短短50年的时间,完成了工业革命,建立了亚洲第一个资本主义国家,经济实现了奇迹般的"起飞"。而这应归功于"教

第七章　高等教育人才培养的国际经验借鉴

育的普及和发展",由此我们可以看到,日本政府对科研投入的重视。翻阅史料,我们不难发现,日本的近代化从某种程度上来说正是得益于江户时代社会各方面的准备与发展。如果说,明治时代是日本的第一个经济起飞的阶段,毫无疑问,江户时代就是"准备起飞阶段"。审视江户时代的教育与其国家竞争优势,有助于我们去更好地理解近代化过程中的日本高等教育。

经过明治维新,日本的国力迅速增强,在当时世界各国中首屈一指。高等教育领域,近代化过程中的"消化不良"伴随着一次又一次的教育改革,这根残留在日本高等教育体系内部的楔子,让日本高等教育不断地审视与反思来自欧美的高等教育模式,进行尝试性的调整与完善。[1] 另一方面,日本的高等教育在近代化学西方、积极引进国外先进科学技术的同时,在本国科研传统的基础上逐渐形成了"重研究、轻教学"的特点。这极其不利于高水平人才的培养,甚至影响人才的培养质量乃至未来的国家实力的提升。在科技领域,大量引进西方先进科学技术的同时,逐渐形成了"善于模仿、精于改良、拙于创造"的科技发展模式,这一存有隐患的模式不利于科技创新。

在日本近代化过程中残留下来的根本的同一性的苦恼与问题,也让日本人即使到了21世纪也依然处于迷茫的困境,既没有与欧美发达国家成为真正的盟友,也没有与亚洲的周边各国建立起相互信赖的友好关系。这并不仅仅是由于语言、地理位置的问题,更主要的是日本在国家同一性问题方面的困扰与自明治以来深受西方影响而苦苦挣扎所残留下来的无法根除的痼疾。

(二)"二战"后崛起时代的日本高等教育

基础科学研究与产学合作,是日本高等教育直接影响科技实力提升的两个重要组成部分。"二战"后,高等教育机构尤其是研究型大学与日本的大型企业作为开展基础科学研究的主战场一直发挥着举足轻重的作用。从20世纪50年代中期开始至70年代初,日本经济的实际增长率达到了10%左右。如此高速且持续时间较长的经济增长成为日本社会发生巨变的原动力。到了20世纪70年代,日本的GNP已经超过当时的西德,成为仅次于美国的资本主义世界的第二经济大国。经济的高速增长为高等教育的发展提供了大量的发展资金,国民生活水平的提高带动了教育投资的热潮,为高等教育从精英走向大众化阶段创造了一定的必要

---

[1] 于颖.日本高等教育发展与国家竞争优势[M].北京:中央编译出版社,2017.

的条件。"二战"后,新式经济计划的推出,国家间的密切合作,加上从美国输入的大量资本、技术及管理经验,使得深受战争创伤的国家很快就恢复了原来的经济基础,恢复速度之快,大大超出人们的预料之外。而欧洲与日本的经济重建,正是得益于坚实的经济管理基础、丰富的生产技术及大量受过良好教育的人力资源。日本在 20 世纪 50 年代中期开始进入经济高速增长期,为了适应经济的快速发展,促进国家竞争优势的提升,日本高等教育主动进行了结构调整,及时出台了相应的政策以及进行了必要的改革。具体包括:第一,扩大高等教育规模;第二,调整高等教育结构;第三,调整学科专业结构,提高理工科学生的比例;第四,进行课程设置的改革;第五,积极推行产学合作。

二、日本高等教育人才培养质量保障体系

日本高等教育二元结构的典型特征表现为多维度:办学主体的"官"与"民";学校形态的"国立"与"私立";学校类型的"研究"与"大众""普通"与"职业";学校层次的研究生、本科与专科。其中"普通"与"职业"、"专科"与"本科"二者的有序运行是构成日本高等教育协调发展的重要组成部分,也是日本解决高等教育普及化与多样化关系的有效路径。日本高等教育质量保障体系是提高教育质量、保障教育活动不断完善的重要环节;是解决教育质量与数量协调发展的调控手段;是构成日本高等教育发展方式的重要组成部分。日本传统的高等教育质量保障体系主要由"宽进宽出"型和"严进宽出"型两大类型构成,前者有助于促进学校的大量产生和学生规模的迅速扩大;后者有利于提高教育质量、保障教育品质。两种类型的质量保障体系均有上百年的历史,它们无论是对于扩大教育规模还是对于提高教育质量都发挥了推动作用,特别是依据这两种质量保障体系制定的学校设置基准对于解决教育质量与数量均衡发展以及普通教育与职业教育的协调发展起到了极大的推动作用,甚至是决定性作用。然而,随着时代的变迁,日本以学校设置基准为核心的质量保障体系逐渐显得苍白无力,无法满足现代社会对教育质量不断提高的新要求。于是,20 世纪 90 年代后期就产生了与传统质量管理模式不同的现代教育质量保障新体系。这一体系是在控制教育规模政策前提下,以提高高等教育整体水平、提升国际竞争力和提高公共教育资源配置的科学性、合理性,使其更加符合国家以及社会发展的战略需要为目的建立起来的。

日本高等教育质量保障体系的形成经历了两个阶段:一是传统的

第七章 高等教育人才培养的国际经验借鉴

"宽进宽出"和"严进宽出"阶段；二是"宽进严出"阶段。第一阶段的主要依据是学校设置基准，通过制定并落实学校设置基准来保障高校教育质量。其特征是以建校时的办学条件作为依据，判断申请者是否具备办学资格，学校一旦成立便不再进行教育研究等方面的质量检查和监督，仅靠学校法人通过自我约束办学行为来维持和提高教育质量，这就是日本传统的"宽进宽出"和"严进宽出"型教育质量保障方式。与之相反，第二阶段的"宽进严出"型质量保障体系主要是通过外部(第三方)评估中介机构，对学校教育科研等进行客观和公开的评估。其特点表现为放宽设立学校的准入门槛，把紧学校的"产品"出口关。这种质量保障体系的转变标志着日本高等教育发展进入引进竞争机制的新阶段，在满足大众需求的同时，全面提升质量和办学效率，进而构建高等教育新秩序。

（一）《构建大学质量保障新体系》政策的出台及其法律基础

日本于2002年出台了《构建大学质量保障新体系》政策，为建立"宽进严出"型高等教育质量保障新体系提供了契机。而《学校教育法》的修改则为新体系的形成奠定了法律基础。

1.《构建大学质量保障新体系》政策的出台

加强质量管理、建立行之有效的外部评估制度是21世纪日本高等教育改革的重中之重。1998年日本文部科学省提出对国立大学实施外部评估制度，在大学审议会出台的《21世纪的大学与今后的改革方案》审议报告中提出要建立多元化评价体系，实施第三方评价。2001年6月日本文部科学省在"远山计划"中明确了通过建立第三方评估制度，引入竞争机制等内容。

2. 构建大学质量保障新体系的法律基础

2002年《构建大学质量保障新体系》出台后的11月，日本通过修改《学校教育法》，使其具有了法律保障。修改后的《学校教育法》规定：（1）所有高等院校必须接受外部评估；（2）外部评估机构必须由政府认证，否则无权实施。两项规定为新体系的形成赋予了法律依据，从而建立起日本高等教育第三方评估制度。

（二）日本国立大学实施双重外部评估制度

任何单一的外部评估制度都难以客观、全面地把握高等教育质量这一复杂问题。因此，世界上许多国家都采用了多元化的评估制度，以促进高等教育质量保障功能的有效发挥。日本也是如此,在构建国立大学质量保障新体系中,采用了二元、双重的外部评估制度,即在实施第三方认证评估制度的同时,实施非认证性评估。日本文部科学省基于《学校教育法》和《独立行政法人通则法》两项法规,在开展外部评估活动时,针对不同院校采取不同的做法,要求国立院校必须接受认证评估和非认证性评估。根据《学校教育法》规定,国立大学有义务接受证评估机构开展的外部评估。而《独立行政法人通则法》则规定,国立大学必须接受国立大学法人评价委员会开展的非认证性评估。由于两种评估主体不同,评估内容及评估项目亦不相同。前者侧重专业性评估,目的在于以评促建、向纳税人说明学校的责任和义务,进而接受社会的监督;后者则注重办学效率、经费使用和绩效评估,旨在为政府拨款提供依据,使评估结果与拨款直接挂钩。

1. 非认证性评估制度的实施

日本国立大学法人化制度的实施使国立大学大幅度地扩大了办学自主权,获得了前所未有的发展空间。但同时也给国立大学带来了巨大压力,即来自政府的定量拨款不断减少,由定量向定性转移的财政政策导向日益加强,政府向学校"要效率、要业绩",成为法人化制度的核心特征。为此日本文部科学省设立了专门机构——国立大学法人评价委员会,对国立大学进行非认证性评估。

2. 认证评估制度的实施

2002年日本中央教育审议会在《构建保障大学质量新体系》咨询报告中指出:建议所有大学都必须接受外部评估机构开展的外部评估。该建议在2004年11月正式生效。这样,外部评估制度的适用范围就从国立院校扩大到所有高等教育机构,从以往的部分院校扩散到全体院校,评估主体由教育行政部门转为中介机构,这意味着真正意义上的外部评估制度从此启动。于是,一直负责国立大学外部评估的大学评价·学位授予机构便无法满足新体系的需要而必须进行改革,由教育行政部门主管的外部评估转为中介评估,以独立法人的身份从事认证性评估活动。对此,日本政府在《构建保障大学质量新体系》生效的同一年迅速颁布了《独立行政法人——大学评价·学位授予机构法》,使大学评价·学位授予机构作为独立行政法人从政府部门独立出来,以便开展第三方评价活动。该机构独立后,功能进一步扩大,开始向全国所有高校,即国立、公立、私立大学和短期大学、高等专门学校开放,并实施认证评估活动。优先对国立大学和国立共同利用机构进行评估活动,其他院校分别由不同的认

第七章　高等教育人才培养的国际经验借鉴

证评估机构进行。评估周期为一般为6年一次(中期发展计划期间),职业研究生院每5年评估一次。评估标准以各大学制定、并经文部科学省认可的中期发展目标为准。评估的重点放在检查核实中期目标是否按计划实施、以及中期目标完成情况。为达到评估的有效性,评估内容分三部分进行:一是综合评估;二是专业教育评估;三是科学研究评估。

(三)认证与非认证评估的关系

认证与非认证评估均为外部评估,二者相互补充、各有侧重。从评估内容看,认证评估是全方位的评估,涉及学校的教育、研究、社会服务、组织机构以及财务状况等,目的是通过评估促进学校全面改进和完善,并向纳税人说明大学的办学情况,接受社会的监督。而非认证评估则重点检查、评估学校经费的分配、使用情况,目的是引入竞争机制,提高经费使用效率和效能。由于两种评估的目的及其评估主体不同,由此形成了各自的评估体系,即认证评估属于综合评估,而非认证评估则为单项评估,评估目的一方面是以评促建,接受社会的监督,而另一方面则是为政府财政拨款提供依据等。两种评估制度互为补充,对解决教育研究水平和办学效率等复杂性问题无疑发挥着推动作用。

三、日本高校创新创业人才培养模式的经验借鉴

20世纪80年代初,日本基本完成了赶超欧美战略所制定的目标。随之而来,如何解决基础性、独创性研究开发能力弱的问题就摆在了日本政府的面前。20世纪90年代确立的"科学技术创造立国"政策是日本政府为推动科学技术发展模式的转型,促使日本科学技术的发展由引进、应用向重视基础性、独创性研究的方向转变的一个重要的战略决策。如前所述,"科学技术创造立国"战略形成的标志是日本政府在1995年制定的《科学技术基本法》。此后,日本政府又相继三次制订了科学技术基本计划。通过对日本高校创新创业教育的剖析,我国可以在以下几个方面进行学习借鉴。

(一)研究生院重点化政策

日本强化大学的科研功能,构建世界一流大学的战略行动始于20世纪90年代初开始推行的研究生院重点化政策。这一改革的主要目的在于改革传统日本大学的组织结构,重点建设以研究生教育为重心的高水

平大学,强化大学的科研功能。所谓研究生院重点化,指的是将国立大学教师的人事管理从学部(本科学院)移至大学院研究科(研究生院),由此促使研究生院实体化的政策。2000年1月29日,文部省发表大学研究生院重点化方针,选择东京大学、京都大学、九州大学、东京工业大学等12所重点大学,将全校教师的人事隶属关系从学部调整至研究生院。

(二) 21世纪COE计划

所谓21世纪COE计划,正式名称为卓越研究基地计划(21st Century Center of Excllence Program),是日本为建设具有世界最高水平的大学,培养创新型学科带头人,从21世纪初开始对具有发展潜力的高校专业与学科由政府重点投资与扶助的一项政策。所谓COE,根据日本学术审议会的界定,主要是指富有创造性地从事世界最尖端学术研究的高水平科研基地。

研究生院重点化政策着重改善日本大学的制度环境,关注点仅限于将日本的学组织体制及职能从侧重教学转向以研究为主导,其中构建世界一流大学的目标还比较模糊,而2002年开始实施的21世纪COE计划则明确提出了建设世界一流大学的清晰目标及具体实施路径。

(三) 日本国立大学法人化政策的实施及影响

进入21世纪以来,日本面对来自科技、经济等方面的冲击,积极转变单纯以经济发展为中心的国家发展战略,逐渐形成了以科技创新、文化立国为核心的战略体系。回顾《国立大学法人法》的出台过程,日本政府在1996年就已经形成了政策意向,但是政策的制订与实施是在2000年以后。2004年4月,《国立大学法人法》正式实施,87所国立大学同时成为国立大学法人。国立大学法人化给国立大学带来了重大影响,这种影响主要体现在以下两个方面。第一,国立大学的身份。《国立大学法人法》的颁布,使国立大学获得了独立的法人资格,大学与政府之间从行政隶属关系转变为权利义务相对独立的法律关系。国立大学法人作为行政主体中的行政法人,相应地承担法律责任,不再由政府授权获得权利,为大学自治提供了制度保障。第二,国立大学的运营模式。基于国立大学法人身份的确立,从大学的外部关系来看,打破了政府一元化的管理模式,参与国立大学运营的主体多元化,形成了大学、政府、市场、社会等利益集团共治而产生的新权力体系的平衡。大学内部以校长为核心的行政权力显著增强,以教授会为核心的学术权力被削弱,形成了集权与分权相结合的权力分配机制。

第八章　高等教育创新型人才培养的任务与意义

当前,在经济全球化和信息全球化的大背景下,在构建社会主义和谐社会的新的要求下,我国高等教育人才培养工作面临着许多新的挑战,存在着不少需要破解的难题。在这样的状况下,我们必须树立科学的人才观、质量观,必须面向全体具有接受教育培养意愿的公民,全面实施素质教育,促进人的全面发展,培养与和谐社会相适应的高素质人才。我们必须进一步统一思想,坚定不移、坚持不懈地朝着创新型人才培养的方向迈进。

第一节　创造性人才与创造力

现实生活中有各种各样的人才,他们到底是怎么成功的呢?诺贝尔奖是国际上对创造性人才所做出的杰出贡献的科学评价标准,也是迄今为止世界公认的科学大奖。创造性人才的核心和特质是创造力,这种创造力主要是指具有创造性的思维、创造性的能力和创造性的劳动成果。目前国际上关于创造性人才评价的基本指标就是诺贝尔奖的获得数量。

创造性人才作为现时代社会中的特殊人才,吸引了众多学者对其的倾力研究和实践探索。创造性人才的生成究竟是客观必然,还是主观使然?是人的内部活动的结果,还是外部因素作用的结局?创造性人才的生成是个体主观努力的结果还是环境作用的结果?这似乎成了一个人们认识创造性人才生成问题的难解的结。

一、创造性人才

(一)创造性人才的界定

我国教育长期以来因为受"应试教育"思想的影响,培养出大量高分低能的"人才",这种"人才"缺乏创造力,只会生搬硬套书本知识,难以适应当今迅速发展的社会。这样的教育思想与模式成为教育改革的绊脚石。与此同时,高等学校长期以来在人才培养上存在着的"重理论轻实践"的现象,尤其是对培养造就大批应用型创新人才的认识和举措都不够到位。于是乎,我国应用型创新人才的匮乏,特别是本科层次这类人才的匮乏,严重阻碍了创新型国家的建设进程。

因此,不论是从实施创新驱动发展战略、加快建设创新型国家,还是从区域经济社会发展,抑或是从高等教育人才自身发展之急需,都迫切要求加强适应当前需要和面向未来需要的本科层次各种专业的应用型创新人才培养。同时,势必要改变原有的那些陈旧滞后或者不适应实际需要的教育观念、教育机制、教育模式、教育举措,以现代先进的思想理论指导本科层次应用型创新人才的培养。

对创造性人才的认识,我们必须把握两点:(1)创新人才有层次之分,既有高层次的创新人才,如世界一流的科学家和科技领军人物;也有一线创新人才,如结合自己生产实践,成功进行技术革新的普通工人。(2)人人都有创新潜质,人人都有可能成为创新人才。名牌大学培养拔尖创新人才,高职院校同样可以培养应用型创新人才。

进入21世纪,随着科技革命的迅速发展,综合国力的竞争越来越表现为人才的竞争,为此中国提出了科教兴国和人才强国两大重要战略决策。人才在综合国力竞争中具有决定性意义,小康大业,人才为本。可以说培养和造就高素质的创造性人才是我国人才强国战略的需要,是时代赋予社会及教育的重要责任和历史使命。

(二)创造性人才的素质结构

素质是在人的先天生理基础上,经过后天教育和社会环境的影响,由知识内化而形成的相对稳定的心理品质。从不同的角度,素质有身体素质、心理素质和文化素质之分,有思想道德素质、文化素质、业务素质、身体心理素质之分,还有基础素质、核心素质之分,等等。素质也称素养。

第八章　高等教育创新型人才培养的任务与意义

创造性人才培养是指以适应用人单位为实际需求,以大众化教育为取向,面向基层和生产第一线,强调实践能力和动手能力培养的人才。同时,无论何种类型、何种层次的大学都能够而且应该培养创造性人才,只不过创新的具体内涵和要求不同而已。培养具有社会责任感、创新精神和实践能力的人才是我国高等教育的基本价值取向,是当前高等教育改革的核心所在。

创造性人才培养应突出以"应用"为目标,"创新"为特征。于是教学中要首先讲透应用技术、实用技术及各类实务,根据提高学生专业能力的要求设置课程,采用模块式的课程结构,实现"纵向可提升,横向可转移",围绕学生所要求必备的知识、能力、素质,根据市场需要与个性特点给学生以较大的选择性。另一种观点则认为"创新"是目标,"应用"是途径,重视在应用过程中学生创新能力的提升。认为创造性人才虽然也需要培养应用能力与素质,但更重视的是"创新",其目的在培养人的创新能力。还有第三种观点则提出"应用"与"创新"的复合方式,认为创造性人才是多层次的,不同的人才类型犹如不同的集合,集合之间存在交集,但是交集不可能覆盖各集合的核心部分,也就是说不同层次的应用型创新人才具有本质的区别。上述这些观点和看法,对于我们正确认识创造性人才的素质和能力结构,确定创造性人才培养的质量标准,以及对于我们开展相应的人才培育模式改革、课程改革、教学改革等实践工作,有重要的启迪和帮助。

创造性人才的素质结构应包括基础素质和核心素质等。核心素质,即核心素养。它有别于基础知识、基本技能等基础素质或基础素养。核心素质或者核心素养是最应强调能力的,应以能力为本质和导向来建构本科层次应用型创新人才的整体素质结构。正如北京市教育科学研究院副院长、北京师范大学教授褚宏启认为,"核心素养本质上是人类在进入21世纪这样一个不确定的复杂情境中解决复杂问题的行为能力",是21世纪个人终生发展和适应社会发展所需要的关键少数"高级行为能力",是每个人在21世纪都应该具有的少数几个高水平的"做事本领"。核心素养不同于基础素养(如基础性的知识技能和基本的行为规范要求),也不同于"应试教育"所培养的应试技能。应试技能以"简单记忆""机械记忆"为中心,而不是以"行为能力"或者"实践能力"为重心,这样培养出来的人纸上谈兵绰绰有余,实践躬行严重不足,不能有效应对21世纪的挑战。

创造性人才的关键是"应用型"和"创新",是具备"应用型"和"创新"两大主要特征的人才。当然,创造性人才还有其他的特征。因为构成创造性人才的成分或者因素有许多,表现出来的特性也有许多。但从根本上说,创造性人才其本质是具有创造性。

二、创造力

在中华民族五千年的历史长河中,创造力是泛起的最美丽的浪花,推动着整个中华民族的历史潮流滚滚向前。古往今来,勤劳善良的人们从来没有停止过对创造力的追求与探索。

(一)创造力的探索与发展

19世纪以来,随着社会的发展和科技的进步,心理学界、教育学界对创造力的研究不断深化与扩展。当前,创造力及其培养问题成为世界各国的一项重要课题。在我国,创造性人格的培养和创造力的开发已成为教育的一个基本目标。

创造力(creativity ingenuity)是人类所特有的一种心理品质。它包括了知识、智力、能力等多种复杂因素。创造力是指人们在已有知识基础上经过思维整合,产生新思想,发现和创造新事物的能力。创造力是一系列连续复杂的高水平的心理活动。它要求人的全部体力和智力的高度紧张,以及创造性思维在最高水平上进行。人们通过富有创造力的劳动,为社会创造有价值的成果。人类社会发展过程中产生的新概念、新理论、新技术、新设备、新方法、新作品等都离不开创造力。

在最近的10年间,在创造力研究领域取得显著进展的是人们对顿悟的理解。越来越多的研究者发现,人类被试在解决常规问题和解决顿悟性的问题时的大脑机制是不完全相同的。这种不同主要表现在,问题解决进程中,解决答案获得瞬间的大脑某些区域的活动情况不同。

大而言之,创造力推动着人类文明的发展和社会的进步;小而言之,创造力与普通人的生活息息相关。例如,小公司怎样获得创意开始新产品的生产;个人如何创造性地改掉一个坏习惯等。心理学的研究表明,创造力较高的人通常有较高的智力,但智力高的人不一定具有卓越的创造力。西方学者的研究表明,智商超过一定水平时,智力和创造力之间的区别并不明显。创造力高的人具有独特的人格特征,他们的感受性较强,能够敏锐地捕捉客观事物中存在的明显失常、矛盾和不平衡现象,能从常人熟视无睹的现象中发现问题并深入研究;他们具有顽强的意志力,比

第八章 高等教育创新型人才培养的任务与意义

较自信,自我意识强烈,能认识和评价自己与别人的行为和特点。[①]

（二）创造力的发现与培养

与一般能力相比,创造力的独特之处在于它的新颖性和独创性。创造力的主要构成成分是发散性思维,即大脑在思维时呈现一种扩散状态,使思维呈现出多维发散状。如"一题多解""一事多写""一物多用"等方式。

创造力有助于组织和个人取得不俗的业绩。尽管人们往往看重创造带来的成果,而实际上在创造过程中,人类自身也能受益匪浅。发展创造力使人的思想更加开放灵活而富有弹性,使人能够看到不同的机遇与可能,而这一切是应对各种形式的挑战,应对不断变化的世界必须具备的重要的技能。富于创造力还可以树立自信心,创造的过程会让自己感觉良好,充满活力,极大地获得个人满足感。这又促使人类再接再厉,想出更具创意的方案。随着实践的深入,人类会越来越坚信自己的创造潜能,而在此过程中,个人也会变得越来越富于创造力。因此,激发自己的创造潜能对于个人及公司的生存与发展至关重要。

许多人要么不认为自己有创造力,不知道如何有效地进行创新;要么不知道如何保持自己的创造优势。究其原因,可能是认为创造之路只有一条。如果硬要同爱因斯坦、爱迪生、米开朗基罗这样的天才比较,或者觉得只有想出摆脱约束的新颖的创意或是完全意义上的独创才称之为创造,那就很难相信自己具有这种能力。

其实,不仅仅是艺术家或者音乐家才富有创造力,或者只有组织中的某些部门,如广告策划、产品研发需要创意。在许多人眼中,创造的概念似乎很难和会计、人力资源或者管理挂上钩。甚至一些人还可能认为创造会消耗大量的时间、金钱和资源。存在这样的想法是没有了解到成功的创造活动的关键性要素是严格的过程,该过程引导创新并使其着眼于成果的实现。也许有些人认识到自己具有创造力,却不知如何指导自己的创新活动使自己为组织做出最大化的贡献,又或已经失去了创造优势,感觉今不如昔。

消除对自己创造力的认知与创新成果的要求和期待之间的差距,帮助人类从混沌状态中解放出来,得到对于自己的创造水平以及如何达到更具创造性的结果的一个清晰可靠的认知。每个人都具有创造力,人人都有创造的潜力。每个人的创造力都有别于他人,因为发挥创造力不会只有一种最佳方法。也许自身还没有像其他人一样很大程度地开发自己

---

① 谢利苹.创造力与创造性人格[M].北京:中国商务出版社,2015.

的创造力，但这不能否认它的存在。

创造力是一种不断创造特别而有价值的成果的能力。这一定义综合了对创造力的广泛调查，特别是从心理学方面对艺术家和其他被公认的创造性人才的生活进行的深入研究。根据这一界定，创造力是一种可以得到提高的能力，它并不专属于天生具有一系列特征的特定人群。

这种理解把生成新颖实用的想法，即经常被称之为"创意"的东西，同人们对这些想法的应用，即经常被称之为"创新"的东西结合起来。增强人的创造力，做出更大更好的贡献，而没有必要区分"创意"与"创新"这两个概念。究竟成果是新颖的想法，还是新颖的想法向适销产品或服务的转化，抑或是对一项改变的执行对创造力的定义"不断创造特别而有价值的成果的能力"，其中有一些关键点值得注意。定义中的成果，可以以新产品、设计以及服务的形式表现出来，它们能够提高效益、质量、生产率以及解决客户或经理的难题。

成果可以是全新的发明或细节的修补，可以是统筹工作或组织结构的新方法，可以是为产品寻找新的领域或是为自己发现生活或职业上的新机遇。成果还可以是想到新的创意去筹钱，去吸引某个基金会的注意力以获得拨款，或是进入风险资本组织的办公室说服人们了解自己的经营规划。创造性的成果可能来源于对一些棘手问题的疑问。这往往能够引发人们从不同角度去看待问题。它们可以是对现有或原来数据的新的关联、新的组合，或者是对挑战做出的新的回应。它们可以是大的创意或突破，也可以是为了产生最佳方案而在过去经验的基础上迈出的一小步。

在这个定义中，创造力不仅仅是一个解决问题的过程，当然也可以运用它来解决问题。除此之外，设法将从未合作过的不同类型的人集中到一起协同工作，也为创造力提供了用武之地。创造力还可以体现在化解矛盾、团队协作、激励他人成长发展等方面。人们还可以运用自己的创造力营造一种互相尊重、互相鼓励、互相挑战，实现个人最佳表现的氛围。

开发个人的创造力，找到多样有效的方法来理解和聆听，以及预测新计划的实施会对组织内部和外部人员造成的影响。通过取得他人理解而激发行动或创造出所需要的结果通过力行改变。在有计划或是无计划的变革后开创自己崭新的生活；或是想出办法管理自己的时间，协调工作与家庭。以上这些方面都可以使个人的创造力得以发挥。

个人对于成功解决问题或挑战所做的贡献存在着差异。例如，一些人可能善于发现潜在的机遇，从全新而独特的视角重新诠释挑战，在从事工作之初便明确方向、目标和任务；另一些人可能擅长领导并推进项目的完成。而某些人也许总能产生令人惊羡的新点子、新方法，或者能够熟

第八章 高等教育创新型人才培养的任务与意义

练地缩小选择范围,挑出最佳方案。还有些人也许对于如何推行这些方案、如何包装和销售产品、如何使新计划生效等能够果断地做出决定,或许他们更关注细节,精于计划和组织某一变革,能够看到阻挡某个新成果顺利实现的障碍。

尽管创造力的定义承认创造性贡献的多样性,但前提是必须要做出与以往不同的贡献。成果不要求一定是独创的,因为几乎没有什么成果能够真正符合这一标准。事实上,大多数的创造成果都是建立在他人成果基础之上的。创造成果不一定要改变商业或科学的前进方向,只有那些被称为变革性的或天才的创造成果才能做到这一点。对多数人而言,那些特别的成果更具实际意义,其重要性绝不可低估。然而仅仅做到特别还不够,要达到富有创造性的标准,创造的成果还必须有价值。最终,这些成果必须能够行之有效地解决问题或应对挑战,满足形势需要。方案未必第一次就可以奏效,进行创造通常包含从错误中汲取经验,加以借鉴并反复试验,找出真正有效的解决办法。往往是通过在犯错中不断求知,通过尝试找到不同的联系、独特的方法和新的发现。

必须持之以恒、目的明确地运用创造潜力。要做到持之以恒、目的明确,人们必须意识到自己的创造途径。换而言之,创造力并不是才智的华丽瞬现,也不是千奇百怪的疯狂想法。把想法付诸现实需要付出艰苦的努力,需要耐心和恒心来发展持久力,需要加强自我意识,明晰点、目标,通过一定的方法不断创造出特别而有价值的成果。

从创造力的定义中可以很清楚地看到,不存在唯一正确的或最好的发挥创造力的方法。创造力有很多外在形式,通过不同方式表现出来。如果要消除对于创造力的客观需要和对于自身创造能力的认知之间的差距,你需要寻求帮助,界定你的创造才能。只有识别自己的创造才能,才能更坚定更有效地不断产生创造性成果。

第二节 高等教育创新型人才培养的任务

在知识经济时代,大学从社会的"边缘地带"成为"社会的轴心机构",知识的创新决定了人才的竞争是国家之间竞争的主要要素。人才作为知识经济的发动机,是科教兴国的主力军,而高等教育最直接地为经济发展提供人才。美国加州大学卡斯特斯教授曾经说过,知识信息是信息经济中的电流,大学是产生这种电流的发电机。因此,在高等教育改革中,如何使大学培养出更多具有国际竞争力的创新人才已经成为世界各国大学教育的主要培养目标。其中,大学的科研创新能力正体现了社会进步对人才培养目标的要求。高等教育创新型人才培养的任务主要包括以下几个方面。

一、发挥科研优势,促进创新型人才培养

在科学技术日新月异的今天,国际上大国之间的竞争主要体现在高端人才的竞争,新时代吹响了召唤高科技人才的集结号,各发达国家在发展经济的过程中人才缺口越来越大,人才成为稀缺资源,成为各国争夺热门资源。而教师是人才培养的最重要因素,教师的自身素质和知识水平直接影响人才培养的质量和数量。从当前现状我们不难看出,目前我国大学在推广导师制方面还有待加强。教师只有首先提高自己素质、增强知识储备,不断提高教育、教学及实验水平,才能通过言传身教来教育学生,培养人才。教师应该始终保持创新的意识与热情,积极参加科研,通过科学研究对某些问题有所发现、有所创新之后,把新的研究成果注入教学活动,把新的测试技术和先进的实验方法引入到教学实验中,把新的科研技术和成果灌输给学生。

二、以人为本、以生为先

经过考证,中国古代最早提出"以人为本"应该是春秋时期齐国名相管仲。据西汉刘向编辑的《管子》"霸言"篇记载,管仲对齐桓公说:"夫霸王之所始也,以人为本。本理则国固,本乱则国危。"而在中国历史上,"以人为本"最有名的则是刘备。当年曹操攻打荆州的时候,襄阳地区有很多人跟着刘备逃跑,大概难民有十几万,辎重有数千辆,日行十几里,走得非常慢。曹操派出轻骑,日行一两百里,在后面疯狂追赶。眼看曹军就要追上,手下很多人都劝刘备丢弃百姓先行逃难。据陈寿的《三国志》记载,刘备当时说了这样一段话,"夫济大事者必以人为本,今人归吾,吾何忍弃去"。

教育应当如何贯彻落实"以人为本"科学发展观,周济部长做出了明确的答复:"教育以育人为本,以学生为主体;小学以人才为本,以教师为主体。"

教育以育人为本,就是要全面贯彻党的的教育方针,始终把培育人才作为学校的根本任务。具体地说,育人为本,必须坚持德育为先;育人为

第八章　高等教育创新型人才培养的任务与意义

本,必需增进学生全面发展;育人为本,必需关注学生的心理健康和健全人格的形成。

"以人为本"的教育管理理念是要达到"没有管理的管理",以学生为主体,就是以学生发展为核心,重视学生的个性差异,充分尊敬、关怀、理解和信赖每一个学生,因材施教,增进学生平等、协调、自主发展,为学生终身发展奠基。以学生为主体,要引导学生参与学校管理;以学生为主体,要引导学生参与教学过程的各个环节;以学生为主体,要建立教育民主的思想,建立平等融洽的师生关系。

办学以人才为本,就是要把人才作为教育事业发展的第一资源,要全心全意地依靠教师办学。一方面要努力提高教师素质,提高师德程度;另一方面要不断深化改革,大力实行人才强校战略,建立一支高素质的人民教师队伍。

三、建立以学院制为主体的教学管理体制

建立合理的行之有效的规章制度是促进教学内容改革的保证,由各专业负责人根据本专业的培养目标和培养要求拟定出本专业的课程体系,在此基础上制定出教学计划和教学大纲。在确定各课程的主讲教师后,确定主干课程、精品课程,再确定重点建设课程。在院校专业的不同层次的重点建设课程的带动下,搞好所有的课程建设,课程建设的责任人是学科带头人或主讲教师。设立课程主讲教师、首席主讲教师制,学生导师制。以课程建设为基础,引入竞争机制,创精品课程,把教学内容与课程体系改革、教学质量提高落实在课程建设上。建立激励机制,促进教学水平提高。建立向教师倾斜、向优秀教师倾斜、向学术带头人倾斜的分配激励机制。根据"效率优先,兼顾公平"的原则,建立和逐步完善强化岗位责任、以岗定薪按劳取酬的分配制度和办法。

四、健全学分制教学管理制度

在我国高校实行的学分制中,有各种不同的模式。如学年学分制、计划学分制、实绩学分制、复合型学分制、弹性学分制、整合学分制、全面加权学分制、绩点学分制以及学分相通制、学分互换制等。现在最多的模式是学年学分制和绩点学分制。

当前,有些高校提倡实行"完全学分制",但"完全学分制"或"彻底学分制"被一些专家提出异议。理由是,学分制 100 多年的发展变化是

一个波浪式前进的历程,其内涵和形式一直处在调整与变化之中,不存在所谓的"完全学分制"和"彻底学分制",学分制本身就是一个动态发展的过程,而不是一个一成不变的结果。

(一)与学年制相比,学分制具有的特点

1. 学习时限的灵活性

学分制参考学历教育所要求的年限,但不受年限的严格限制,学生可以提前修满学分,提前毕业,也可以滞后一定时间毕业。从教育经济学的角度看,有效地、因人而异地分配受教育时间,能降低产品的成本,提高教育的效率,对个人和社会都有利。

2. 学习内容的选择性

学分制在一定程度上允许学生选择自己认为必要而且感兴趣的课程和专业,这是其精髓。没有"选修权"的学分制不能认为是学分制。

3. 课程考核的变通性

对于学生修读的课程,如果考试不及格,可重修重考或另选另考,直到及格取得等值学分为止。这种允许受教育者在一定限度内根据自身的发展进行自我调整的做法,既体现了对学分的重视,又有利于学生形成适应社会需要的才能。

4. 培养过程的指导性

学分制为学生独立自由地安排学习、充分发挥学生的特长及主动性和创造性,创造了必要的条件。但由于学生特别是低年级学生对独立设计符合社会要求的自我目标模式比较模糊,对实现目标的学习方案也难以进行优化选择。所以,有必要配合学分制设立导师制,对学生进行指导,帮助学生正确处理学习过程中产生的问题。

选课制是学分制的核心制度。选课制允许学生在学校规定的范围内自主选择,包括选择课程、选择教师、选择上课时间,为了满足将来自主择业的需要,在一定条件下可以选择专业;自主安排学习进程;还可以通过辅修另一专业,跨系(院)、跨专业选读课程来完善自己的知识结构。

在学分制条件下,由于学生对高校人才培养的模式、各专业的知识能力结构缺乏应有的了解,尤其是第一、二学年学生很难按学分制要求独立设计出实现自我目标模式的学习方案,实行指导教师制(简称导师制)可以有效防止上述情况的产生。选课时,指导教师有义务向学生提供有关

第八章　高等教育创新型人才培养的任务与意义

选课的各种规定、程序、教学计划和毕业要求等各种信息；帮助学生安排好适合自己特点、兴趣和就业目标的学习计划；与学生商讨和分析各种选课方案的利弊，通过导师帮助，使学生既能自主学习，又能遵循学习规律并达到培养目标。

（二）我国高校推行学分制面临的几个问题

推行学分制是一项系统工程，涉及诸多因素，比如国家的高等教育管理体制，学校的办学条件、培养模式、学籍管理制度、就业制度等。总体来说，实行学分制的前提是要具有合适的学校内部条件和社会外部条件。学分制比学年制在教育管理上和人才培养过程中有更多的优越性，但这并不意味着所有高校都要"一刀切"推行学分制。

1. 选课制与课程提供量的矛盾

学分制的一个主旨就是让学生有更多的选择，选课制是学分制的核心制度，但目前我国高校课程无法提供满足选课制的要求，以复旦大学为例，2003年开出了4000门次的课，在上海高校中已算是名列前茅，但与哈佛大学平均每两名学生就享有一门课相比还差一半。

2. 导师制与指导教师匮乏的矛盾

导师制在学分制实施过程中有着非常重要的作用。但随着高校招生规模的扩大，就连教师人数都无法满足需要，更何况其资质符合有效指导学生要求的导师。

3. 学分制学习年限的弹性要求与现实条件之间的矛盾

学习时限的灵活性是学分制的基本特点，严格说来，只要修满规定学分，学生可以随时毕业，也应允许学生中途休学、停学而延迟毕业。但实际上提前毕业几乎不可能。首先，我国高校四年所修学分一般要求在180分左右，学生负担较重，一般不花上整整四年时间无法完成学业。据悉，中国人民大学自1985年开始在本科生中实行学分制，而其工商管理学院到目前为止，仅1994届有一名学生于大三时提前毕业。美国大学一般只要求140多个学分，我国学分要求较高的原因主要是马克思主义理论和思想品德课与英语，其学分一般占35学分左右。其次，集中进行的实践教学环节难以调整，也为提前毕业制造了障碍，如毕业实习、毕业论文等。再次，我国的就业制度也不太适应提前毕业的要求，甚至延迟毕业也有较大难度，主要是学校硬件条件的限制，如教学场所不够，学生床位不够,老生不走,新生没地方住。而国外大学无学生宿舍,学生一般在校外租房住宿。

实施学分制,会对现有的管理体制带来较大冲击,会带来管理观念和管理方法的很大改变,特别是在实行学分制初期可能会出现许多意想不到的问题和困难。比如:①作息时间要发生改变。为满足学分制下学生选课、排课的要求,有些高校推出了"全日程排课制",从早上8点至晚上8点,全天排课13节,除了15分钟的课时休息,没有固定的午晚饭和午休时间。②校园网的作用将日益突出。学生选课查看课表查看成绩、教师登记成绩都须从校园网这一途径来实现,这对学生和教师及教学管理人员都提出了更高要求。③学生将以教学班组织教学,自然班的作用将削弱,这给学生管理工作将带来影响。

不管推行学分制会遇到多大困难,但实施学分制的方向无疑是正确的,这是大趋势。学分制在我国高校的实施中将会越来越完善。

五、拓宽大学社会服务功能

随着全球经济一体化进程和各国现代化建设步伐的加快及世界范围内兴起的新技术革命的挑战,21世纪人类面临的经济、军事、政治竞争更加激烈。在现代社会里,需要复合型的人才,需要有竞争意识的人才,广大大学生的价值观也发生了变化,他们的自我意识、竞争意识增强了,发展个性的欲望增强了。目前,各国已越来越深刻认识到,未来经济的竞争,综合国力的增强,需要大批有文化、有知识、高层次的创新人才,人才是推动经济发展的直接动力。于是,世界各国纷纷研究对策,人们把目光投向教育,把希望寄托在为未来直接输出所需人才的高等教育上。

面对激烈的世界竞争,我国高等教育能否适应"入世"后的新形势,担负起提高全民族整体素质和社会主义现代化建设所需大批人才的重任,已引起高等教育界的高度重视,积极探讨解决的办法,把我国高等教育与其他发达国家高等教育进行比较,力求找出适合我国高等教育发展的成功之路。为此,有必要把我国与高等教育比较发达的美国高等教育情况进行比较,总结各自的优缺点,找出两国在人才培养标准上存在的差异,以利于我国高等教育在保留原有的教育特色的基础上及时吸收借鉴美国在人才培养上的成功经验和先进做法,积极进行高等教育自上而下的、全方位的改革。改革的核心是如何培养全面发展的、具有创新精神和实践能力的高素质人才的问题。

第八章　高等教育创新型人才培养的任务与意义

六、建立市场调节机制，保障高等教育质量

在市场经济体制下，教育必须受一定社会的经济、政治、文化所制约，并为一定社会的经济、政治、文化的发展服务。社会主义市场经济体制的建立，高新科学技术的发展，为我国高等教育的改革和发展创造了新的机遇，同时也提出了新的挑战。为此，我国高等教育正进行着教育教学改革，努力提高人才培养质量，培养出适应社会需要的高素质的人才。那么，如何来检验高校培养出来的人才是适应社会需要的呢？检验的标准只有一个，那就是市场的需求。

经济是人类社会存在和发展的基础，是引起一切社会活动发生变化的决定性因素。物质生产以外的一切社会活动，包括科技、军事、体育、教育、卫生和艺术等，都是在物质生产发展到一定水平和阶段上才产生的，并随着物质生产的变化而发展。因此，经济对整个社会的发展包括教育的发展都起着决定性的作用。

古往今来，教育的改革和发展总是与社会经济发展状况及其运行规则、机制、体制等因素联系在一起的。经济发展一方面为教育发展提供了根本的财力、物力及人力条件；另一方面，经济运行的规则、机制、体制等制度因素对教育发展起着根本的规范作用。

也有学者指出了高等教育质量单纯以市场取向为标准的做法具有局限性，然而，教育是培养人才和发展知识的事业，无论怎样强调教育的精神因素和文化属性，都离不开经济发展所提供的现实物质基础和利益制度"平台"。教育所培养的人才和开发的知识，也是经济发展的重要资源，这一点在近代开始显示出来，而在知识经济时代显现得更加充分。由于教育本身的经济资源属性，所以教育发展必然制约于经济的运行规则、机制和体制等。

因此，当社会经济发展到市场经济以后，教育也会作相应的调整，必须适应市场经济发展的要求，按市场主导性原则发展高等教育，把高等教育作为一种产业来经营，让高等教育按市场规律调节，让大学根据市场需求决定人才培养的规格与层次。这就必然要求大学真正成为独立法人，严格限定政府的行政干预范围，让高等学校在招生、课程设置、教学内容安排、教师聘任、管理人员的选用等方面享有充分的自主权，以适应市场经济的需要。但由于我们过去的教育体制一直建立在计划经济基础之上，高等教育发展严重偏离了市场轨道，致使我国高等教育出现了令人费解的现状，这就是一方面是高等教育供给仍然不能满足社会的需求，但另一方面又还有一些高等教育资源处于闲置状态,因此说,市场需求是人才检验的唯一标准。

第三节　高等教育创新型人才培养的意义

我国是发展中大国,要适应知识经济时代社会发展的需要、真正落实科教兴国战略,基本途径就是实施创新教育。只有实施创新教育,才会对培养人才的创新意识和创新能力给予高度重视,才会培养出具有创新精神的人才。实施创新教育是迈向未来的必然选择,高等教育创新型人才培养的重要意义表现在以下几方面。

一、知识经济与创新创业教育

当今世界科学技术发展异常迅猛,高新技术日新月异,科学技术进步对经济社会发展的影响和作用越来越大。伴随着以微电子技术、计算机应用技术、多媒体技术、卫星和光缆为载体的通信技术为核心的信息技术的发展以及全球经济一体化的推进,知识经济已在世界范围内兴起。知识创新、人才创新、教育创新,是时代向我们提出的要求,也是时代的挑战。在知识经济时代,我国综合国力的强弱将取决于我国科学技术新知识总量在国际上所占的份额,取决于我国创造新知识的优秀人才总量在国际上所占的份额。因此,面对知识经济的浪潮,培养创新人才已成为紧迫问题。

（一）知识经济与高等教育的关系

原美国总统克林顿访华时在北京大学所做的演讲中,明确指出了知识经济时代对高等教育的紧迫要求,阐述了大学在知识经济时代的历史使命,即大学应该成为社会发展的动力站和提升人的精神的机构。所以,高等教育作为整个教育体系的最高层次,在知识经济时代处于核心的地位。

1.知识经济提高了高等教育在社会中的作用

经济的发展离不开科技的进步,科技的进步离不开高素质人才的培养,而高素质人才的培养更离不开进行高等教育的主体——高校。以智

第八章　高等教育创新型人才培养的任务与意义

力、知识资源为基础的知识经济时代,赋予了高校更加重要的社会职责:高等学校是培养和造就成千上万富有创新意识和能力的高级人才的摇篮;是继承、发展人类文明,从事基础研究和高科技前沿探索的重要基地;是国家、民族和区域经济、社会可持续发展最重要的知识和人才辐射源。世界各国都十分重视高等教育的改革发展与重要作用。我国只有把高等教育放在重要位置,引起足够的重视,保证政策和资源的优先配置和倾斜,才能在知识经济时代综合国力的较量中占有更多、更先进的知识资源份额,才能在国际社会上坐稳大国地位,争取话语权。

2. 高等教育的水平制约知识经济的发展

科学技术是第一生产力,当今社会,已经把经济建设转移到依靠科技进步和提高劳动者素质的轨道上来。在当下以知识为基础的社会里,财富积累、经济增长、社会进步和个人发展,都离不开知识。在发达国家,科技进步对经济增长的贡献率已经超过了其他生产要素贡献率的总和。真正的生产资源不再是传统的以资金、设备和原材料为主,而是取之不竭、可以再生产的智力资源——知识。人才是知识的载体,而人才要依靠高校培养,知识要由高校去传播与创新。因此,可以说,高等教育的水平制约着知识经济的发展状况,若要在世界强国之林中立足,必须加大力度发展高等教育,注重人才培养。

3. 高等教育与知识经济相互依存

高等教育与知识经济存在着相互制约、相互促进的紧密关系,当下,由于知识经济的高速发展,高等教育也面临着千载难逢的发展机遇与挑战。一方面,如果没有高等教育提供源源不断的人才与知识资源,知识经济就无从谈起;另一方面,知识经济时代的到来,对高等教育提出了更新、更高的要求。知识经济的发展速度与水平在很大程度上受到高等教育的规模与质量的影响和制约;另一方面,高等教育的发展需要知识经济来提供更多的办学经费和前沿的科研课题,知识经济服务于高等教育,确保其具备更高层次上的实力。换句话说,高等教育与知识经济是推动人类社会的发展进步的两个车轮,两者在相互依存与促进的良性循环过程中缺一不可。在知识经济发展的浪潮下,高校的首要任务是要在创新人才培养上做好文章,大力加强教学、科研队伍建设,要把创新工作作为重中之重的任务切实抓好。特别要强调的是,要办成一流水平的大学,就需要世界一流水平的教授、重点学科带头人,但是目前我国的大学在这方面还是特别欠缺。

(二)适应知识经济需要实施创新教育

1. 改变人才培养模式

在知识经济社会里,知识产业成为社会的主导产业,知识劳动者成为劳动的主体,教育因而上升到经济发展和社会进步的首要位置,成为社会生活的中心。教育是知识经济竞争的基点,它对知识的再生产、知识的传播和知识的应用都具有重大的作用。适应知识经济的人才要求,把学校教育的重点转移到创新教育上来,转移到培养创新人才上来。这不仅要求加大教育发展的力度,更需要在人才培养模式上进行重大改革。

2. 大力发展面向全民的创新教育

随着社会的发展,知识和技术在经济发展中的作用日益突出,这就要求上岗的人员有更高的素质,受过更好的教育和专业培训。现在的就业状况是低技能的人员过剩,高技能的人员短缺。因此,建立面向全民的创新教育系统是一项紧迫的任务。教育工作为此应该做的:一是教育的学科结构和层次结构应当不断调整以适应科技、经济与社会发展的需求变化,要符合知识的生产、传播、消费与应用的发展需要;二是在更新知识体系、加强基础的同时,教育要不断更新,不仅是教育内容要更新,教育方法也要创新,教育目的也要改变,即要建立起一种有利于创新的教育制度,要着力拓宽知识的领域,以适应现代科技综合交错的知识网络相互作用的要求;三是适应现代社会协同合作的特点和科技与经济社会紧密结合的趋势,教育应注意自然科学、人文、经管和其他社会科学交叉和渗透,培养复合型人才;四是面对国际的竞争和合作,教育要面向世界,要充分消化吸收世界各国科技、教育与文化的优秀成果,发展开放式的教育;五是教育应从知识灌输彻底转变为启发教育者对知识的主动求索,着力强化创新意识和创造能力的培养,对知识创造性应用和创造新知识的主动追求,着重培养受教育者的求知欲和创造性,使受教育者具有获取、运用、创造知识的意识和能力;六是促使教育面向社会,面向全民,使教育资源更加多元化、配置不断优化,并不断从适应社会发展需求、提高教育质量和效益方面,提高教育资源的社会经济效益;七是在科技迅猛发展、知识不断更新、市场经济不断发展的环境下,要强化继续教育、终身教育、在岗教育等,大力发展在职教育、继续教育、闲暇教育;八是教育手段和教育环境要根据信息社会的要求不断革新,使教育成为知识网络的重要内容,使教育更广泛地进入社区、办公室和家庭;九是要强调学习的重要性。

第八章 高等教育创新型人才培养的任务与意义

教育系统不仅是教育过程,更重要的在于学习与创造。学习不仅与教育联系在一起,也与生活、工作紧密联系在一起。因此,未来教育要把如何学习作为一项重要内容。

(三)适应知识经济需要实施创业教育

1990年联合国研究机构提出了知识经济概念。1996年国际经合组织把知识经济定义为:建立在知识和信息的生产、分配和使用基础上的经济。尽管学术界对此见解不尽一致,但事实说明,美国的比尔·盖茨以计算机软件起家,迅速成为美国首富。1995年全球软件业的年产值高达2000亿美元。美国GDP的近2/3与电子和通信技术有关,已经超过了制造业的产值。从政界到企业界日渐认识到:人类社会的经济活动和社会活动已经在越来越大的程度上与知识活动密不可分。从知识经济的角度看,高校学生也应在创业中占有一席之地。开发在校大学生的创业智慧,引导、鼓励他们在"创中学,学中创",将加快创新人才的培养进程。知识经济时代,我们全社会都要支持、鼓励广大学生创业,创造新产业,创造新的工作岗位。高等学校必须实施创业教育,培养学生的创业意识和创业能力。只有这样,中国才能在全球化的知识经济时代迎头赶上世界发展的先进水平。

二、科教兴国、创新工程与创新创业教育

1995年5月6日,中共中央、国务院颁布了《关于加速科学、技术进步的决定》,在这一对我国经济社会发展具有重要历史作用的文献里,第一次明确提出了科教兴国的伟大战略。这个决定指出:"科教兴国是指全面落实科学技术是第一生产力的思想,坚持教育为本,把科技和教育摆在经济、社会发展的重要位置,增强国家的科技实力及向现实生产力转化的能力,提高全民族的科技文化素质,把经济建设转移到依靠科技进步和提高劳动者素质的轨道上来,加速实现国家的繁荣强盛。"这一战略的提出,把科技、教育与经济社会发展的内在规律,升华为加速我国社会主义现代化进程的根本战略方针。这个方针大大提高了各级干部对科技和教育重要性的认识,增强了对科学技术是第一生产力的理解:即"科教"用以"兴国",从而真正发挥"第一生产力"的巨大作用,也为"兴国"找到了强大和持久的动力。在将教育、科技作为经济社会发展的重要动力的同时,也要注重兴科、兴教,只有这样才能在国际竞争中争取主动权,占领高科技的制高点,也才能构建教育与人才优势,确保教育对经济、科技发展的巨大能动作用。实施科教兴国战略,既要充分发挥科技和教育在"兴国"中的作用,又要努力培植科技和教育这个"兴国"的基础。在当前,更应着重加强和扶持科技和教育,为国家的近期和长期稳定发展打好基础。科技和教育具有双重功能,既能为当前经济社会的发展提供各种手段,又为持续的长远的发展提供必要的基础。今天科技和教育能够为经济和社会的发展提供知识、技术、人才,是在此之前对科技和教育投入的回报。现在,在科教兴国战略的贯彻实施中,各地方各部门都已认识到教育具有极为重要的基础作用。在加强教育基础作用的同时,也要加强科技的基础作用,促进科技成果的转化率。知识积累和技术积累都体现在人才身上。因此,培养人才是实施科教兴国战略的第一重要的工作。只有兴教,才能实现国民经济的持续发展和社会的全面进步。

科技的发展、经济的振兴以及整个社会的进步,都取决于劳动者素质的提高和大量专门人才的培养。教育是实施科教兴国战略的基础。邓小平曾提醒全党:"我们的国家,国力的强弱,经济发展后劲的大小,越来越取决于劳动者的素质,取决于知识分子的数量和质量。一个10亿人口的大国,教育搞上去了,人才资源的巨大优势是任何国家比不了的。"这些重要论述,是实施科教兴国战略的动员令,为我国教育改革和发展指明了方向。

三、高等教育大众化与创新创业教育

西方学者于20世纪70年代初提出:高等教育可按其总体规模的发展依次分为精英高等教育、大众高等教育和普及高等教育三个阶段。美国学者马丁·特罗在《从大众高等教育向普及高等教育转化的思考》《高等教育的扩张与转变》《从精英向大众高等教育转变中的问题》等一系列有关高等教育大众化的研究论文中指出:高等教育入学人数低于适龄人口的15%时,属于精英高等教育阶段。按照马丁·特罗的提法,高等教育入学人数达到适龄人口的15%—50%时,属于大众化高等教育阶段。大众化高等教育以普通教育的普及或极为发达和比较开放的高等教育招生制度为前提,以高等教育的层次、科类和形式的多样化为特征。教育的机会增多,受教育者分布广泛,更多的人可以上大学。

(一)精英教育向大众化教育转变是高等教育发展的必然趋势

社会经济的发展对教育的需求主要表现为两个方面:一是经济发展对人才需求的数量增加;二是产业结构的调整和变化对所需人才的层次

第八章　高等教育创新型人才培养的任务与意义

和质量要求发生变化。社会的变迁迫使大学原有的研究高深学问、为统治者服务的根本使命不得不加以改变。在意识到大学不仅是培养少数精英的机构,还承担着分配职业阶梯和社会角色的作用之后,大学被越来越多的人所关注。大学已不再是研究不同程度高深学问的机构,而是成为满足逐渐扩大的国民需求不可缺少的设施。"二战"以后,科学技术进步和人力资源开发已越来越成为世界各国振兴经济不可替代的重要手段,而发展科技、开发人力是高等教育最重要的职能。于是,把发展高等教育视为国家繁荣的重要保证和国力竞争的重要谋略就成了世界性的共识,高等教育在世界范围内开始从精英教育走向大众化乃至普及化。任何一种教育思潮、教育机构和教育形式的出现都反映着社会的进步,深刻预示着社会的进步与发展的方向。教育正成为衡量社会进步的一项重要标志。在我国高等教育改革的进程中,人们日益增长的对教育活动的需求与有限的教育资源的矛盾变得日益尖锐,这种矛盾直接指向高等教育,由于我国经济发展的不平衡性,导致我国各个地区高等教育发展水平也存在着较大的差距。一些省市高等教育毛入学率已经达到大众化水平,提前进入高等教育大众化阶段,其他地区毛入学率很低,仍然处于精英教育阶段。实现高等教育大众化意味着我国高等教育的发展将实现质的飞跃。随着全球经济一体化、我国加入世贸组织,我国的政治、经济、文化等方面发生了深刻变革,我国高等教育也以前所未有的速度发展,招生规模不断扩大。

（二）创新创业教育是高等教育大众化阶段的本质特征

高等教育的大众化使高等教育与社会经济发展的结合更加紧密,深化教育体制改革,促进教育与经济结合,探索教育的经济学规律是发展大众化高等教育的关键。中国教育界有甘于清贫和学以致用的优良传统。实际上,高等学校面向经济建设,为知识创新、技术创新和高新技术产业化已经做出了巨大贡献。我们应当继续提倡甘于清贫、追求知识的社会责任感,同时提倡围绕具体经济社会目标,用丰富知识营养浇灌灿烂经济花朵的历史使命感。读书不是为了脱离大众,而是为了和群众一起摆脱贫困,这是教育观念的根本转变。研究开发和教育培训得到经济回报的周期缩短,知识本身的经济学规律将加快科学和教育的发展。市场经济体制下教育既是第三产业中提供教育服务的"交易行为",又是人力资本的投资行为,有丰厚的个人回报和社会回报。就市场行为而言,又有强烈的外部性,对近期缓解就业压力和远期提高就业率,对我国产业结构调整、高新技术产业化和农业现代化都具有极为重要的意义。

四、培养创新型人才是建设创新型国家的需要

2016年5月30日,习近平总书记在全国科技创新大会、两院院士大会、中国科协第九次全国代表大会上的讲话:"功以才成,业由才广。"科学技术是人类的伟大创造性活动。一切科技创新活动都是人做出来的,包含有永恒的创造冲动。我国要建设世界科技强国,关键是要建设一支规模宏大、结构合理、素质优良的创新人才队伍,激发各类人才创新活力和潜力。要极大调动和充分尊重广大科技人员的创造精神,激励他们争当创新的推动者和实践者,使谋划创新、推动创新、落实创新成为自觉行动。人的创造力是可以被培养和激发的,除非是那种扼杀创造的年代和制度,才会限制人的创造力。

(一)中国人才发展的状况

建设创新型国家的决定性因素是人才。人才资源是创新型国家建设的第一资源。然而,我们的人才积累与储备情况怎样呢?

联合国开发计划署(UNDP)在日本东京发布"2014年度人类发展指数"(HDI-Human Developing Index)报告,报告显示,挪威排名第一,美国排名第五。在亚洲国家或地区中,新加坡排名最高,为第9名,中国香港特区排名第15位,中国大陆排第91位。

2015年12月14日联合国开发计划署发布了《人类发展指数报告》。在揭示国民生活富裕程度(HDI)世界排行榜中,中国排名第90位,较上年的91位上升了1位。排名第一的国家仍和上年一样,是挪威。澳大利亚排名第2,瑞士排名第3,美国排名第8,韩国排名第17,俄罗斯排名第50。最后一名仍是排名第188位的非洲国家尼日尔。朝鲜、索马里等7国因资料不足无法排名。2014年版的HDI排名中,日本排名第17,后来新的数据计算后修正为第19。2015年排名第20,较2014年下降1位。

(二)中国创新型人才发展的现状

建设创新型国家的关键是提高自主创新能力,而提高自主创新能力的关键是创新型人才的培养。中国的创新型人才总量短缺,顶级人才、高端人才、大师级人才,特别是那些能在某一领域独树一帜、领先世界,能带领团队奋勇争先、勇攀科学高峰,在某些方面取得突破性进展,具有号召

第八章　高等教育创新型人才培养的任务与意义

力、向心力、凝聚力的领军人才严重不足,从而制约着自主创新的发展,影响着我们创新型国家的建设。

国内统计数字显示,中国科技人才总体规模位居世界第一,但拔尖人才和高层次人才十分短缺,能跻身国际前沿参与国际竞争的战略科学家更是凤毛麟角。在158个国际一级科学组织及其包含的1566个主要二级科学组织中,中国参与领导层的科学家仅占总数的2.26%,其中在一级科学组织担任主席的仅1名,在二级组织担任主席的仅占1%。瑞士洛桑国际管理学院发布的《国际竞争力年度报告》显示,在科技创新能力方面,中国在占世界国内生产总值92%的49个主要国家中,2004年排名第24位,2007年排名第15位,2008年排名第17位。

另有统计显示,目前全世界86%的研发投入、90%以上的发明专利都掌握在发达国家手里,中国科技进步对经济增长的贡献率仅为39%。由此看来,在综合国力竞争日趋激烈的形势下,创新能力不足将对经济社会发展和国家安全构成严重制约。对此,我们不仅遗憾没有培养出像爱因斯坦这样一流的理论科学家,也同样没有涌现出像比尔·盖茨一样靠技术创新做出巨大成就的杰出人才。

我国企业由于历史原因,科技力量十分薄弱,缺乏社会与大学之间科研交流。而现代企业要在激烈的市场竞争中生存,就要依赖科学技术开发具有高科技含量的产品。随着现代企业技术的逐步完善,我国企业发展科技的要求与日俱增。但企业自身科技力量的培养不是短期内就能完成的,因此大学要充分发挥自身科研力量较强的优势,加强与企业的合作,实现"双赢"。我国国际科技合作已经起步,但主要合作对象集中在国外大学,与国外企业之间的合作还远远不够。据美国《商业周刊》报道,几乎所有的日本大公司、大企业向美国大学的投资都以每年20%的比例增长。我国部分重点大学完全有这个实力与国外同行展开竞争,争取与更多的国外大企业进行合作,从而吸引大批的科技投资,缓解科研资金紧张的压力,促进学科建设和人才培养。

社会发展的实践表明,从事高等教育事业的教育机构和国家科学技术发展之间存在着必然的联系,即大学的发展与科学技术发展存在互相制约、互相促进的关系。这两者的联系既牵制着各自的发展,又促进着它们的共同进步。在美国,大学的发展与科学技术发展的联系已加强到使二者几乎不可分的程度。而在我国,这种联系却还未十分紧密,在强调科学技术发展的同时,却忽略了把大学教育作为科技发展的重要基础,大学中学科结构、培养人才的层次结构往往与科技发展的要求不一致,这也是我国大学科研存在的问题之一。

第九章 高等教育创新型人才培养的途径

"创新是一个民族进步的灵魂,是国家兴旺发达的不竭动力。"随着我国科技的进步和经济的发展,我国的高等教育也不断向前发展。随着有中国特色社会主义建设的不断推进,建设一批高水平、超一流的大学成为我国综合国力和国际竞争力提升的必然需求。而超一流大学的创建离不开创新型人才。而创新型人才的培养,需要具有创新意识和创新能力的教师引导和教授,需要能激发自身创新性的教育环境。同时,创新型人才的培养还需要建立适应创新型人才培养的一系列机制。

第一节 办好适合培养创新型人才的学校

一、创造有利于创新型人才培养的校园环境

(一)校园环境对创新型人才培养的影响

校园环境有广义和狭义之分。广义的校园环境包括学校的外部环境和内部环境,狭义的校园环境仅指学校内部的全部环境因素。狭义的校园环境又分为校园物态环境、校园文化环境和校园人际环境。校园物态环境包括自然物态环境和人造物态环境。自然物态环境与学校所处的地理位置有关,也就是说,自然物态环境是依附于地理位置而产生的自然环境、气候环境、生态环境等。人造物态环境指的是学校内的人化自然、建筑设施、科研平台及文体设施等。校园文化环境指大学的制度环境和精神文化,具体包含大学精神、学术氛围、文化思潮、师生关系、科技特色、艺术特征和社团文化等。校园人际环境是指在教学过程中,教师和学生之间形成的各类人际关系,包括个体与个体、个体与群体及群体与群体之间的关系。

校园环境对创新型人才的培养具有以下几方面的影响。第一,校园

第九章　高等教育创新型人才培养的途径

自然物态环境和校园人造物态环境为大学生创新思维的形成、实践能力的培养提供平台支撑和物质保证。第二，校园文化环境具有专属性、排他性，是校园环境的核心和根本。第三，校园制度环境是校园各项工作顺利开展的制度保证。第四，教师与学生是教育活动的主要参与者。在教学中，教师对学生的人生观、价值观和科学观的形成具有重要影响，对学生创新思维的形成具有重要的引导性。

（二）建设有利于创新型人才培养的校园环境

高等教育创新型人才的培养需要一个优化的适宜激发学生创新性的校园环境。要建立适宜创新型人才培养的校园环境需要做到以下几方面。

1. 优化校园物质环境，以助于激发学生的创新性

高等教育创新型人才的培养需要现代化教学、科研平台的支撑。优化的校园物质环境有助于激发学生的创新灵感，先进的教学设备能促进创新成果的产生。新时代创新型人才的培养现代化、信息化的校园环境。因此，高等学校要与时俱进，不断更新教学设施，搭建先进科研平台，改善教学、实践条件，以保证学生创新活动的顺利进行。

2. 营造校园文化环境，以促进培育学生的创新思维和创新精神

校园文化环境是培养学生创新思维和创新精神的精神价值环境，是校园内一切文化的有机统一体。和谐的校园文化环境能影响学生的行为，开拓学生的思维。为了实现创新型人才培养目标，很多高校都强调学术自由，注重营造多元化学术氛围，鼓励学生开拓创新精神。高校充分利用学校丰富的资源，组织开展各种形式的教学活动，为学生创造自由发展的空间，从理想信念、价值观念、学习态度、科研精神等方面潜移默化影响学生。

3. 改善校园教学环境，以引导学生的创新思维

教师是创新型人才培养的主导者。教师教授学生创新知识，激发学生创新意识，引导学生开展创新活动。随着知识经济时代的到来和高校对创新型人才培养的需求，校园教学环境必须做出改善，高校教师也必须完善自己、提升自己。高校教师必须具备超前的创新理念、扎实的理论知识和强大的创新能力。在教学中，教师要努力构建新的适宜创新型人才培养的课堂教学体系，努力提升自己的教学艺术，提高自己的教学能力。教师要善于根据需求转换角色，从以往的"传道授业解惑者"转变为知识的引路者、问题的启发者和创业的参与者。教师要努力创造多元的、开放

的教学环境,以利于学生创新思维的培养和创新能力的提高。

4. 完善校园管理,以鼓励学生开展创新创业

校园制度环境的稳定离不开校园管理。校园管理为高校教学活动提供了制度保障,促进了教学活动的有序进行。

超一流、高水平的大学需要与之相配套的完善的高效管理体制和运行体制,如民主的决策机制,多渠道筹集办学经费的能力和机制,科学合理的人才选拔机制,先进的激励创新机制、科技成果转化机制,以及以学生为本的服务管理机制。总之,通过制度建设,高校能为学生提供更多的创新机会,能激发学生的创新意识和参与创新的热情,能提高学生的创新素养,培养学生团队协作创新精神。

二、构建现代大学制度

(一)现代大学制度的内涵

现代大学制度是处理大学内部关系和大学与外部力量(如政府、社会等)之间的关系的制度规范和行为准则。现代大学制度有四个关键特性。第一,现代性。从时间来说,现代大学制度是与传统大学制度相对应的;从价值来说,现代大学制度与现代大学理念相吻合,有利于维护大学精神。第二,本土性。因各个国家的政治制度、行政体制、文化传统不同,所以各个国家的大学制度也不同。我国的现代大学制度是立足于我国国情而探索的适合我国教育发展的大学制度。第三,系统性。现代大学制度是包含外部制度和内部制度两方面的、完整的、系统化的制度安排。第四,发展性。现代大学制度随着外部环境的变化和大学本身的发展而做出不断调整和完善。

(二)现代大学制度的价值取向

大学制度的价值取向是现代大学制度的重要组成部分。明确了现代大学制度的价值取向,就能深刻地认识现代大学制度,从而实现现代大学制度的目标理想。总体来说,现代大学制度的价值取向主要包括政治主导的价值取向、市场主导的价值取向和学术主导的价值取向。

1. 政治主导的价值取向

政治主导的价值取向强调国家观念、机会均等,强调学校教育应传递

第九章　高等教育创新型人才培养的途径

社会文化、价值理念、政治道德,为社会秩序的稳定提供保障。由此可知,国家政府干预教育是必然的。如今,大学逐渐与社会接轨,大学职能更加多样化,大学的社会作用更加明显,政府主导的价值取向变得更加合理。

2. 市场主导的价值取向

市场主导的价值取向主张大学是独立的社会组织,具有自主办学权。大学虽然有政府的干预,但每个大学也具有自主性,大学之间也具有竞争性。在市场经济的主导下,教育资源通过市场调配获得优化配置,从而产生最大效益。现代大学制度不仅应引入市场机制,而且应主动适应市场机制。

改革开放后,我国市场经济体制逐步确立,随之,大学制度的市场逻辑也逐渐发展起来。例如,1998年,《高等教育法》明确规定了大学的法人地位,规定了大学的办学自主权。1999年,高等教育大众化。这些教育政策的实施在某种程度上都体现了市场逻辑。应当说,市场主导的价值取向是我国大学发展的需要,是适应我国经济社会发展需求的。市场主导的价值取向强调了现代大学制度的权力和利益主体。

3. 学术主导的价值取向

大学的一切活动都围绕知识与真理展开。在学校里,教师与学生自主组织和开展学术活动,这影响着大学的产生和发展,影响着大学的功能和行为。学术主导的价值取向体现了现代大学制度要遵循知识、学科发展的内在逻辑和高等教育的内在规律。因此,现代大学制度应遵循大学的学术逻辑,不应受外在经济力量和政治力量影响。此外,"大学文化""大学精神""学术自由"等理论也是学术主导价值取向的某种表现。学术主导的价值取向强调了大学的利益主体(尤其是教师群体)的学术权力和学术利益。

(三)构建现代大学制度的途径

我们要构建具有中国特色的现代大学制度,需依托我国大学改革发展实际情况,吸收国外先进的现代大学制度建设经验。具体来说,构建现代大学制度需要做好以下几方面工作。

1. 落实和扩大大学办学自主权

我国政府要转变职能,将大学作为独立的法人实体,切实推进政校分开、管办分离。首先,简政放权,减少和规范行政审批事项,充分调动大学的自主办学积极性,以落实和扩大大学办学自主权;其次,转变管理方式,改变原有行政命令式的管理方式,运用立法、规划、拨款、信息服务等手段进行管理,减弱微观管理、直接管理、过程管理力度,重视宏观管理、间接管理、绩效管理,重视服务;最后,加强事中事后监管,确保大学用好自主权。

2. 推进大学章程建设

大学章程可谓大学的"宪法",向上承接着国家教育法律法规,向下联系着学校规章制度。构建现代大学制度,必须严格按照大学章程办学。建设大学章程,重点是要确定大学的办学定位、发展目标、人才培养理念、治理结构,明确治理主体构成、治理方式、领导体制及决策机制等,明确治理主体的权利和义务,对学校内外部各种关系予以规范。

3. 协调行政权力与学术权力的关系

建设现代大学制度,首先要合理划分行政权力与学术权力的职能,明确行政权力与学术权力各自负责管理的事务和环节。其次要强化学术权力的作用,加强学术机构建设,完善学术管理制度,规范学术权力运行程序。最后要推动学术管理重心下移,给予院系更大的学术事务决策权和学术资源配置权,提高学术管理的针对性和有效性。

4. 加强民主管理

完善教职工代表大会制度、学生代表大会制度等高校民主制度,拓宽师生参与民主管理和监督的渠道。重大事项决策要充分听取师生及其他相关利益者的意见和建议,最大限度保证决策的科学性。完善意见表达和反馈机制,畅通师生、学校沟通渠道,保障师生的表达权、知情权和监督权。

三、创新教学模式和教学方法

要促进高等教育创新型人才培养,需要转换原有的不适应社会发展和高校发展需求的教学模式,创建新的教学模式,也即要向素质教育和创新性教育发展。高校要树立以学生为主体的教学理念,设计诸如自学、讨论、案例、实践等多种创新教学方式,鼓励学生积极参与学校课题研究,独立进行科技发明活动,以充分激发学生的创新思维,强化学生逻辑思维能力,重视非智力因素培养。引导学生积极探索,勇于发现问题、研究问题、解决问题,以提高学生解决问题的能力。在创新教学模式过程中,教师一定要明确自己的定位,充分发挥自身的引导作用,给予学生探索未知世界

第九章　高等教育创新型人才培养的途径

的勇气和能力,同时要维护学生自主、独立、自由思考的思想尊严。

授人以鱼不如授人以渔。高等教育创新型人才培养要重视教学方法的创新,如启发式、案例式、参与式等方法,以利于激发学生的主体性,诱发学生新思想、新观点的产生。同时,教师要引导学生掌握一定的学习方法,以帮助取得事半功倍的成就。

第二节　打造好适合培养创新型人才的课堂和教师

一、构筑适合培养创新型人才的课堂

(一)创新型人才培养对高校课堂的要求

现代高校教学多采用班级授课的方式,即课堂教学。教学活动以课堂为主渠道,利用教材、教师与学生交流和合作等方式,实现教学目标。课堂教学包含的结构要素很多,主要有教学目标、教学内容、教学方法、教学环境、教学评价、教师和学生七个要素。学生是教学的主体,所有的教学活动都围绕学生展开。教师是教学活动的主导,所有的教学要素都需要教师参与调整。

高校应当重视高校课堂,提高课堂教学质量,促进高校人才培养质量提高。为了促进高校创新型人才培养,高校课堂教学应该满足以下五个方面的要求。

1. 培养学生综合能力

创新型人才必须具备以创新能力为主的综合能力。因此,高校课堂教学必须重视学生综合能力的培养。在课堂上,教师要坚持以学生为中心的教学理念,引导学生掌握学习的方法,从而学会学习、学会思考,学会判断。教师要改变传统的课堂教学方式,逐步建立开放式课堂教学,让学生成为课堂的主体,让学生独立解决问题。在这种课堂教学中,学生不断得到自我锻炼、不断完善自我,从而提高自身的综合能力。

2. 教学内容博而深

高等教育创新型人才培养重在培养学生的创新思维和创新能力,而创新思维的培养,需要有雄厚的知识来做支撑。这就要求高校课堂教学内容必须符合博而深的要求。因此,教师在安排课堂教学内容时,要充分

考虑,兼顾全面,保证课堂内容既包含学科专业知识内容,又包含学科前沿信息内容。通过建立博而深的知识框架,学生不仅可以拓宽视野,而且可以对本学科领域有深入研究。

3. 教学方法多元化

高校要实现创新型人才培养的目标,就需要改变传统的授受式教学方式,根据学科特点和学生素质要求设计多元化的教学方式,如案例教学法、情境教学法等,注重对学生自学能力、研究能力、实践能力、合作精神和创新精神等方面的培养。

4. 教学评价综合化

高校创新型人才培养就是要培养创新能力、学习能力、思考能力等各方面都强的人才。因此,高校在进行教学评价时,需综合评价学生,以检验学生的学习效果。教师需从多方面、多角度考虑设置评价内容,如对学生观点生成、思维过程和问题求解过程等。教师与学生共同参与评价标准的确立。实施评价时,教师评价与学生自评、互评相结合,对学生进行全方位评价。

5. 教师队伍创新化

创新型人才的培养离不开创新型教师。可以说,教师创新性高,那么培养出的创新型人才也会具备创新精神和创新能力。因此,创新型教师需要具备超前的创新意识、多元合理的知识结构,以及较强的发散思维能力、动手操作能力和教育科研能力。

(二)目前我国高校课堂存在的不利于创新型人才培养的问题

随着科技的进步和社会的发展,我国高校进行了一定程度的改革以加快促进创新型人才的培养速度,但是在这个过程中,还是存在一些不利的问题。这些问题主要集中体现在以下几个方面。一是教学方法单一。很多高校依旧使用单一的教学方法,以教和听为主,教师没有充分发挥对学生的引导作用。虽然教学应用了多媒体技术,但很多教师过分依赖多媒体进行教学,并没有真正实现多媒体技术的作用。二是教学内容枯燥。在课堂教学中,很多教师教授的内容与教材内容一致,没有创新,很难激发学生的学习主动性和积极性。教学内容不能用于实践,不能指导实践,无法实现学生创新性思维的训练。三是教学效果评价片面。高校以考试的形式考核学生的学习效果,缺乏对学生综合能力的评价体系。同时,对教师的课堂教学评价仍以能否完成教学任务、教学教案是否完整等基本

第九章　高等教育创新型人才培养的途径

问题为评价重点,而对于教师能否在课堂上调动学生的思维、是否激发了学生的学习热情与学习兴趣、是否注重学生的能力培养等重点问题并没有制定评价依据。

(三)适宜创新型人才培养的课堂教学改革方法

1. 重设和完善课堂教学目标

课堂教学目标则由教师根据学科特点、学生特点而设置,为指导、实施、评价教学提供依据。为了构建适宜创新型人才培养的课堂教学,高校需要先重设和完善课堂教学目标。

首先,教学目标综合化。在学生成长的过程中,需要理性因素和非理性因素的参与,这是创新型人才所必需具备的素质的要求。教学过程中确定的理性教学目标包括引导学生掌握基本的学科知识和创新能力培养的知识。通过这些知识的掌握,学生能主动结合问题利用已有的知识进行深入思考,从而增强了思维的灵活性,增大了创新的可能性。非理性教学目标主要包括兴趣、动机、态度和思考力、判断力和表现力等,是创新型人才发展的内在要求,是创新型人才不能缺少的素质。因此,在教学过程中,教师需确立理性的教学目标和非理性的教学目标。

其次,重视高阶能力的培养。高阶能力是学生学习高阶知识、发展高阶思维和实现知识迁移的能力,主要包括创新能力、决策能力、解决问题能力、协作能力等。高阶思维是指在较高认知水平层次上的心智活动或认知能力。高阶学习是运用高阶思维进行有意义的学习,它通常是主动的、建构的、反思的、合作的。总之,教师应当结合时代发展和学生发展的需求设定教学目标。

2. 更新和拓展课堂教学内容

在教学活动中,课堂教学内容要体现先进性、适用性和科学性,教师需根据学科知识体系的变化不断更新教学内容,使教学内容系统、完整、有逻辑。首先,教学内容要体现时代性。课堂教学中,教师及时补充学科前沿的理论知识和研究成果,根据学科信息变化更新教学内容。其次,教学内容要紧密联系实践。课堂教学内容要紧密联系社会发展和实际生产生活,以逻辑框架链接不同的专业课程和不同的课程内容,使不同课程相互联系,相互促进,同时要使学生的专业知识和专业素质能够同步发展。最后,教学内容安排要合理。课堂教学内容要重点突出、安排合理,生动有趣。

3. 创新和融合多种教学方式

课堂教学中,教师可以综合运用多种教学方式,以提升教学效果,促进教学目标实现。例如,参与式教学模式,让学生主动参与到教学中,从而让学生获得扎实的基础知识和创新能力;启发式教学模式,激发学生积极思考问题、解决问题的能力;讨论式教学模式,锻炼学生自主分析、解决问题的能力;探究式教学模式,使学生及时了解学科前沿信息,学会自主地设计研究课题,从而提升科学精神和创新思维。

二、培育适合培养创新型人才的教师

(一)对创新型教师的理解

创新型教师是指具有良好的心理素质、完善的知识结构、强烈的创新意识和创新能力、高尚的敬业奉献精神,能创造性地开展教学科研活动,善于激发和培养学生创新能力的教师。为了培养创新型人才,创新型教师应成为高校教师队伍的主干力量。

创新型教师要以培养创新型人才为己任,具备爱岗敬业的精神;具有现代化的教育理念,要树立科学的教育观和人才观,熟练掌握各种教学方法,善于运用现代化教学手段;具有与时俱进性,能站在学术前沿,掌握现代化的知识与技能,为开阔学生视野、指明前进方向充当引导者;具有强烈的创新意识,在教学科研实践中,打破常规,转变传统观念,善于发现问题、研究问题和解决问题,同时具有敏锐的洞察力和丰富的想象力;具有较强的创新能力,乐于接受变革,尊重各方意见,包容观念与行为的差异性和多样性,以积极的心态适应环境并勇于创造新环境;具有较强的意志品质和挫折承受力,勇于面对挑战,保持积极心态,正确对待失败,保持旺盛的斗志;具有追求真理的科学精神,敢于怀疑,勇于批判,坚持真理和科学;具有与人合作的精神和健全的人格,不断向前人和他人学习,学会与人合作,养成宽厚、善良的性格,培养无私奉献的精神,增添自身的人格魅力。

(二)当前我国高校教师队伍存在的问题

当前,我国高校教师队伍无论是从教师自身来说还是从学校层面来说,都存在一些问题。

从教师自身来看,教师创新意识不强,创新能力不足,创新人格不健

第九章 高等教育创新型人才培养的途径

全。深受应试教育的影响,高校和教师均把教育看作单纯传授知识的行为,把考试分数作为评价学生的标准。教师知识结构不合理,偏科现象严重,创新意识和创新能力不强。有些教师教学改革意识差,现代教学观念淡薄,教学方法陈旧,重知识传授轻能力培养,将教学过程当作简单的知识搬运的过程,这不利于学生个性的发展和创新意识的培养,阻碍了学生创新能力的提高。有些教师心态浮躁,不能全身心投入高校教学和科研活动中,无法补充新的知识和更新教学内容,缺乏刻苦探索、钻研的精神。这些都不利于教师创新人格的建立和健全。在这种局面下,教师自身的科研成果少,科技成果转化率低。

从学校层面来看,我国高校教师队伍整体结构失衡,教师总量不足,功利化倾向严重。首先,教师队伍结构失衡。教师学历结构不合理,具有高学历的教师占比较少。教师知识结构不合理,偏科严重,文科教师不了解理科,理科教师不了解文科,综合性、跨学科的教师匮乏。其次,教师总量不足。受地域、行业发展不平衡及待遇的差异,高校出现了大量人才的无序流动和单向流动现象,这导致高校大量优秀人才流失,教学骨干和科研骨干缺失。可以说,骨干层的流失严重影响了高校教师队伍的建设,严重阻碍了创新型教师的培养。最后,教师功利化倾向严重。近年来,高校"量化考核"泛滥成灾,学术论文、成果"以量取胜",学术水平评价留于表面,由此助长了一部分教师急功近利的思想,造成了一部分教师只愿做表面文章,不愿进行艰苦探索研究工作的现象。

(三)培养创新型教师

培养创新型教师是我国创新型人才的一部分。培养创新型教师与国家宏观政治经济体制改革、国家创新体系建立和完善密切相关。目前,培养创新型教师主要从以下几个方面考虑。

1. 提高教师创新能力

要培养教师成为创新型教师,需先提高教师的创新能力。

第一,加强创新理论的学习与研究。教师积极学习创新知识,深入研究以往的创新案例,从而指导自己科研项目的开展,同时将这些创新理论知识合理地运用到教学中。积极地学习创新理论和创新知识,不仅能培养创新兴趣,还能促使自己获得创新成果,还能用自己的创新案例激发学生的创新意识。

第二,积极开展教学实践和科学研究活动。具备创新知识并不代表具备强大的创新能力和创新意识。因此,教师在掌握一定程度的创新知识后还需要投入到教学实践和科研实践活动中。通过积极参与实践活动，教师可获取创新素材，获得创新灵感，然后深入思考和研究创新素材和创新灵感，从而产生创新思想，形成创新意识。在整个创新的过程中，不断提升自身的创新能力。

2. 建立激发教师创新活力的机制

激励是指借助一定的行为规范和惩罚性措施来激发、引导、保持和归化组织成员的行为，从而有效地实现组织及组织成员个人目标的系统活动。机制是指各子系统、系统内各要素之间相互作用、相互联系、相互制约的形式和运动原理及内在的、本质的工作方式。

激励机制则是指在组织系统中，激励主体、客体之间通过激励因素相互作用的方式。激励机制以制度化为基础，以人为中心。激励的基本任务其实就是调动组织人员的积极性，激发他们的创造性和主动性。

要建立激发教师创新活力的机制就需要建立以下四种机制。首先，建立公平、合理的评价机制。高校是培养创新型人才和进行科学研究的场所，教学评价制度和科研评价制度是评价高校创新型教师竞争力的有效制度。评价制度合理、公平有助于促进高校创新型教师队伍的建立。其次，建立双向选择的流动机制。双向选择的流动机制表明了高校和教师都有自主选择的权利。对于高校来说，双向选择是激发教师活力的有效手段。双向选择有助于良性的竞争环境的建立，有助于良好的竞争机制的形成。对于教师来说，在具有竞争性的环境中，会感受到环境的压力，这种压力将转变为教师努力工作的动力。再次，建立适度的物质激励机制。高校要摆正对教师的认识，充分认识教师需求的多重性和复杂性。高校应实施适度的物质激励，不但要保证教师享有较高的待遇，而且还要鼓励教师通过创造性研究获得必要报酬。最后，建立鼓励发展的培养机制。高校应通过一定的方式择优选取教师参加出国深造、带薪进修等，以激发教师的积极性和热情，促进创新型教师的发展。

3. 创建利于教师成长的教学环境

适宜的校园环境是创新型教师成长的土壤。为了实现创新型人才的培养目标，高校应创建利于教师成长的教学环境。

首先，高校要具有鲜明的办学理念。每所高校办学层次不同，承担的社会使命不同。无论是教育本身的创新，还是思想、文化、知识的创新，高校都必须具有鲜明的办学理念。鲜明的办学理念为高校注入了生命活力，使高校成为培养人才的场所，而且是人的思想、价值观念、创新思想、博大胸怀形成的场所。鲜明的办学理念是大学文化的精髓和核心所在，是高校生存的思想导向。

其次,高校要形成尊重教师个性自由发展的管理风格。没有自由探讨的空间,没有自由选择的权利,人才的创新能力就难以施展。在长期的传统教学管理体制的影响下,教师的个性被泯灭,创新意识被束缚。因此,要培育创新型教师,就必须创造一个自由、平等、宽松的学术环境。高校必须尊重教师的个性,尊重教师的意志和权利,给教师创造一个自主发展的空间,让每一位教师成为具有自主精神的个体,自由研究的主体。

最后,高校要形成奋发上进、求实创新的学风。对高校而言,良好的学风,有助于激发学生的求知欲望,有助于培养学生严谨的科学态度,有助于培养学生实事求是的学术道德。对于教师而言,良好的学风同样具有积极的促进作用,不但能激发教师的创新热情,还能端正教师的学术态度。总之,优良的学风,能帮助教师抵御学术上不正之风的侵蚀。

第三节 创造好适合培养创新型人才的教育环境

一、对高校创新型人才教育环境的理解

高校创新型人才教育环境是指高校以科学先进的办学理念为指导,遵循教育规律和创新人才身心发展特点,运用一定的方式方法促进创新人才成长、发展并发挥作用的环境条件的总和。教育环境不仅是创新人才成长发展所必需的客观条件,也是我们能够充分发挥主观能动性加以构建、改造、利用的对象。[①]

高校创新人才教育环境具有传授创新知识、发展创新能力和培养创新人格的功能。

第一,传授创新知识。"师者,所以传道授业解惑也。"高校教育环境作为教学活动的一部分,也发挥着"传科学真理之道,授自主创新之业,解探索创新之惑"的功能。高校教育环境传授创新知识,要根据个体差异,在掌握基础知识的同时构建个性化的知识体系。这种传授知识的过程不仅保证了知识结构的完整,而且保证了知识结构的活力,让知识真正为发展创新能力、开展创新活动奠定理论基础。

第二,发展创新能力。创新能力是促使创新活动顺利进行的主体心

---

① 李代丽,姜家宗.高等教育创新型人才培养模式研究[M].北京:中国原子能出版社,2017.

理条件,它直接影响着人的创新活动的启动和运转。但是,创新知识的积累并不一定会导致创新能力的产生或强化。传统的课堂教学模式向学生传授专业、心理、道德等方面的理论知识,但知识要转化为行动,促使学生的创新能力产生和发展必须借助实践的平台。优质的高校教育环境,可以方便师生快速获取实践机会,促使学生快速将创造意识和创新想法付诸实践。可以说,优质的高校教育环境解决了理论学习和实践相结合的问题。同时,学生个体依据自身发展需求从高校教育环境这一大的教育资源库中获取知识的过程也是学生训练观察力、分析力、理解力、思维力等创新能力的重要过程。

第三,培育创新人格。创新人格是指支撑创新并确保创新造福于人类的强大精神力量。这种精神力量必须由学生自己通过学习、观察、实践内化而成。先进的办学理念、丰富的教育资源、和谐的人际关系、优美的自然环境、民主的管理方式、鼓励创新的文化氛围等教育环境要素,可以促使教师和学生保持良好的心态、强烈的进取心、坚韧的意志力,可以促使他们积极进行创新活动。

二、我国教育环境的现状

(一)文化环境

社会文化环境是指在一定社会形态下形成的人们公认的行为规范,包括教育水平和道德规范、价值观念、宗教信仰等方面。社会文化环境有利于创新型人才成长,有利于创新型人才创新意识和创新能力的培养。文化环境不同,创新型人才的创新理念和创新能力也不同。

我国教育非常重视伦理道德,始终将其放在最重要的位置。在这种文化环境下成长的人才普遍缺乏思辨能力、想象能力和创新能力。中国传统文化循规蹈矩、中庸保守,缺乏思辨性,在很大程度上禁锢了人们的创新思维,对创新人才培养有非常大的负面影响。

(二)学术环境

推崇学术自由,提倡学术争鸣,鼓励理性质疑,不受利益干扰,不受行政干预,这是宽松、自由的学术环境应具备的条件。而创新活动是人最高级的精神活动,只有在自由、宽松的学术环境下,人们的创新能力才能得到正常发挥,创新型人才才能得以产生。

第九章　高等教育创新型人才培养的途径

当前,中国学术界不正之风盛行,诚信缺失,不尊重他人劳动成果,剽窃现象严重,等级观念严重,这些都严重阻碍了我国创新型人才的培养。学术界等级观念严重,挤压年轻人,致使年轻人丧失自主思考意识和创新意识。大量的现实表明,凡是官本位风气盛行的地方,学术价值都会被看低,科技创新都不会有突破。

(三) 校园环境

和谐的、富有创造力的校园环境有利于创新型人才的培养。当前,我国高校校园环境从校园外部环境到办学规模都存在不利于创新型人才培养的问题。我国高校过分注重校园外部环境的建设,过早专业化,知识结构单一,难以体现创造性。各大高校网站上的信息种类繁多,但涉及学术研究的内容却很少。高校热衷于学校规模扩大、学生人数增加,却忽略了创新型人才的培养。总之,目前的校园环境不利于创新型人才的培养。

(四) 期许环境

期许环境是个人、家庭、社会期望某个特定的人或人群经教育、培养成为什么样的人的一种心理预期。从古至今,众多的家长、学校对学生的期许就是金榜题名、出人头地、光宗耀祖,这些观点在一定程度上约束了学生的创新思维,导致学生将考一个好大学、找一份好工作作为自身的学习目标,而忽略自身个性的发展和综合能力的培养。在这种低起点的期许环境中,创新型人才的培养极其艰难。

三、创新型人才培养教育环境的创建

(一) 建设适应创新型人才培养的文化环境

高校要建设个性鲜明、与众不同的文化环境,就必须充分考虑学校的历史传统和实际条件,考虑学校自身的特长。

1. 正确定位学校层次,积极体现学校特色

首先,高校要正确定位学校层次。随着社会的发展和科技的进步,我国需要多层次、多种类的人才,那么,高校可以打造成为各个层次的优秀学校。政府要根据社会需求制定高等教育总体发展规划,对各层次的高校做出合理规划。高校则要根据自身的优势和自身发展的需求,设计教

学目标、教学计划和教学大纲。其次,高校应向不同层次和不同类型发展,努力办出学校特色。具有自身特色的学校,能在某一方面、某一层次展现自身的优势,才能保持自身旺盛的生命活力。再次,高校要树立求实创新的校风、教风与学风。良好的校风、教风和学风能促进学生健康成长,促进学生个性的自由发展,促进学生的创新意识和创新能力培养。

2. 倡导自由开放的学术环境

学术自由不仅是追求真理的前提,而且是高等教育人才培养的必备土壤。学术自由给学生们产生了深远影响。学术自由可以使他们获取丰富的学识,更重要的是,学术自由能给予他们独立性、批判性和反思精神。具备了这些精神的人,有可能成为全面发展的人,最终为社会文明程度提高做出贡献。要创造自由开放的学术环境需采取以下措施。

第一,提供自主办学空间。我国高校作为一个社会组织,要自由发展,要营造学术自由的氛围,首先需要良好的外部环境,而良好外部环境的建立离不开政府的支持和社会的扶持。学术上少一些干涉,多一些宽容,学术才能发展,社会才能进步,国家才能兴盛。

第二,营造教授治学的良好风气。为了促进高校文化建设,高校教授在高校学术发展方面要积极发挥自己的主导作用。教授是高校学科建设的主要力量。高校注重教授治学,体现了高校尊重人才、以教师为本的人文思想,这一措施有利于推进高校学术环境的创建,有利于高校良好学风的形成。

第三,创造包容机制。创新是对旧事物的否定,是对新事物的探究。目前,社会上存在一种以成果论人才的观点,这不利于良好的宽容的学术环境的创建,容易抹杀创新性。因此,对于创新活动,我们不仅要看结果,更要关注过程。包容失败不仅是精神层面的鼓励,更要从制度上加以保障。

3. 进行创新文化教育

为了推进适应创新型人才培养的文化环境的建设,高校应在高校内大力推广创新文化教育。开展创新文化教育可以采取以下途径。

第一,加大力度培养教师创新意识。在知识信息时代,高校教师必须与时俱进,不断创新。随着高等教育的大众化,机械的课堂教学方式使知识的传授效果降低,而新的教学方式又应用较少。在多媒体技术应用到教学中后,一部分人认为学生完全可以利用多媒体技术实现自我学习,教师将不再发挥作用。这种认识是错误的。多媒体技术等现代教学手段只是一种辅助教学手段,它只有在教师进行了创造性设计的情况下才能在

第九章　高等教育创新型人才培养的途径

教学中被运用。除此之外,教师的人格影响力也是现代教学手段无法替代的。因此,加强师资队伍建设,一定要加强培养教师创新意识的培养。

第二,对学生进行创新品格教育。一般具有创造能力的人都热衷于思考问题和研究问题。在思考的过程中,人们可以选择、判断和吸收原有知识并探索和获取新知识。只有将思考和学习有效结合,才能激发新的创新思维和创新火花。加强学生敢于质疑品格的培养。在提出问题、研究问题、解决问题的过程中,怀疑、批判与创新的科学思想得以形成。加强学生善于合作品格的培养。合作是当代科学创造的基本特征。当前,人类进入了知识创新的时代,合作无处不在。在这种形势下,学生必须具备善于合作的品格,在合作的过程中互相学习,取长补短。

第三,对学生进行人文素质教育。培养创新型人才离不开学生的人文素质的培养,学生具备一定的人文素质,才能对科学问题保持有一种探索和创新的精神。如果认为科学就是研究一种专门的知识和技能的话,则这种认识是狭隘的,会制约科学革命和科技创新。因此,高校需要对学生进行全面素质教育,不仅包括知识和技能素质的教育,还包括人文素质的教育。学生具备良好的人文素质,学生就能树立正确的世界观、人生观和价值观,就能形成高尚的情操和宽阔的胸怀,就有可能在相应的专业领域具有超出常人的宽阔视野和强大的创新能力。因此,对学生进行人文素质教育是必不可少的。

（二）建立适应创新型人才培养的制度环境

当前我国高校在培养创新型人才方面存在一些制度性的障碍,主要体现在两个方面。第一,我国高等教育宏观层面制度缺陷。我国《高等教育法》明确规定:"高等学校在民事活动中依法享有民事权利,承担民事责任。"这表明高校作为办学主体,在政府的宏观调控下,在法律允许的范围内应当有独立办学权。但是,在现行制度下,我国高校的法人地位不明显,高校的行为或活动仍受政府的主导和控制。宏观层面的制度缺陷主要体现在高等院校与政府之间存在隶属关系,行政化倾向严重;管理权力与责任分离,高等院校自我发展目标不明确;人才选拔方式单一,不利于创新型人才的出现。第二,我国高等教育微观层面制度缺陷。"微观管理层面的大学制度主要涉及两大内容:一是通过制度建构确定大学行政权力与学术权力的关系,以充分体现大学学术组织的基本属性,实现大学组织内部的民主管理;二是规范大学组织及其个体的行为,提高大学管理运行的效率。"从现行高校制度看,大学内部依然存在民主管理力度不够、内部管理运行效率低等现象,具体来说,就是大学过度科层化,行政权力大于学术权力;大学办社会现象严重,高校学术职能弱化;教师考核制度不完善,学术浮躁之风严重。

综上所述,若要培养创新型人才,那么制度环境必须被优化。

第一,要营造良好的宏观制度环境。重点梳理清楚政府与高校的关系,政府将重心放在宏观管理上。实施新的管理机制,促进政校分开、管办分离。政府要实行宏观管理,首要问题就是解决管理的内容和方式,明确政府的管理内容,促使政府将更多的精力放在战略规划、政策指导、信息服务及间接调控等方面。此外,优化大学层级结构,建立多渠道评价体系。《国家中长期教育改革和发展规划纲要(2010—2020年)》明确提出要:"建立高校分类体系,实行分类管理。发挥政策指导和资源配置的作用,引导高校合理定位,克服同质化倾向,形成各自的办学理念和风格,在不同层次、不同领域办出特色,争创一流。"当前,高校以考试的方式来评价学生,以应试方法取代教育过程,这都不利于推进素质教育。因此,为了促进素质教育发展和学生健康成长,有必要进行招生考试制度改革。

第二,要建立良好的微观环境运行机制。建立良好的微观运行机制,高校自身需要进行改革,重新调整内部组织结构,协调好行政权力与学术权力之间的关系,构建以学术为中心的管理模式,并建立学术激励和引导机制。

第四节　制定好适合培养创新型人才的机制

一、确立适应创新型人才培养的目标机制

创新型人才培养的目标机制是指依据不同的培养目标制定合理的课程体系。不同的培养目标和培养模式,就需要构建不同的课程体系。

(一)建立培养目标体系

基于目标的课程体系以分析专业培养规格和培养目标为基础,依据培养规格和培养目标的要求,对培养目标进行分解,最后设置相应的课程、实践活动等,最终形成一个有机整体。

培养目标体系的建立过程如下。

第一,将专业培养目标和规格按照素质、知识、能力进行分解,转化为

第九章　高等教育创新型人才培养的途径

目标体系。

第二,仔细分析并列出各素质、知识、能力在培养目标体系中的作用和地位,然后按照这些素质、知识和能力的作用大小和地位高低进行分类,分为基本目标、提高性目标、拓展性目标等。其中,基本目标是针对专业的基本质量要求;提高性目标是超出专业范围的在深度和难度上的更高要求;拓展性目标是为了拓展学生的素质、知识、能力,在横向上提出的目标要求。提高性目标和拓展性目标均为选修性目标,可供学生选择。

第三,根据目标体系设置课程。课程设置包括的内容比较繁杂,如开课学期、课程学时学分、课程名称、课程内容和教学要求等。课程可分为选修和必修。依据不同的培养目标层次,课程可分为提高性层次的课程和拓展性层次的课程。课程设置需要对各个层面进行研究,如对社会进行研究、对学生进行研究、对学校进行研究和对学科专业进行研究。对社会进行研究,主要是研究社会经济、科技发展对学生素质、知识、能力的要求;对学生进行研究,主要是了解学生的认知发展与情感形成、兴趣与需要、社会化过程与个性养成方面的要求,了解学生在不同时期的目标,了解学生学习各阶段的任务及学习负担;对学校进行研究,主要是研究学校的办学条件、服务方向、校园文化、学生质量、教风学风等;对学科专业进行研究,主要是研究学科的发展趋势、现状、学科内部各种知识的关系等。将这几个方面的研究结果落实到课程体系中,有利于高校设置合理的课程,有利于促进创新型人才的培养。

(二)人才培养课程构建过程

课程分为必修课和选修课。必修课是指对培养目标起重要支撑作用的课程,其是核心课程。选修课是指对培养目标有提高和拓展性的作用,能满足学生多样化的需求的课程。一般来说,高校人才培养课程构建大致分为三部分。

1. 开设大学生人格养成的教育教养课程

人格养成课程是全校的公共课程,包括公民导论、人生导论、学业与职业生涯规划、心理调控、文学与艺术鉴赏等课程。其中,公民导论主要涉及公民的法律权利和义务,以及公民道德;人生导论主要涉及正确的人生哲理和有效的人生技术;学业与职业生涯规划主要是指导学生树立正确的人生理想,确定长期和短期奋斗目标,制定学习计划;心理调控主要涉及心理健康常识和常见心理问题调适技术;文学与艺术鉴赏主要涉及音乐欣赏、美术欣赏、文学欣赏等。此外,大学生人格养成不只是学习理论知识,还需要进行实践活动,如军事训练、素质拓展训练的人格训练活动、社会志愿者实践、校内劳动实践、体育运动等。

2. 按理工科和人文学科设置一级学科,加强课程知识的综合

理工科的核心课程包括数理化、计算机与工程、力学、环境保护等,以及理化试验等的实践课程。人文科核心课程包括语言文学、历史、哲学、考古与艺术、政治经济学等。

3. 按学科分专业和专业基础课程

依据专业的实际需求,设置不同的专业基础课程,并将这些专业基础课程进行整合,形成一个完整的主干基础。在已形成的主干基础上,按专业划分为由3—4个主要课程形成的必修课。

同时,根据专业方向的不同,设立专业性课程,供学生进行选修。在专业课程初始阶段,学生可以选择层次课程,以促进学生积极性的发挥,实施分层次教学,实现因材施教。通过设置灵活多样的选修课程,课程的覆盖面要广,使学生获得全面素质提高。

基于目标的课程体系层次分明、重点突出,实现了整体优化。首先,必修课程让学生掌握基本知识,获取必需的能力。其次,选修课程促进学生学习兴趣和能力的提高,以实现学生的多样化发展。基于目标的课程体系为培养创新型人才奠定了基础。

二、设计适应创新型人才培养的运行机制

(一)实践教学体系的创建

1. 实践和实践能力

理解角度不同,实践和实践能力的含义就不同。总的来说,实践是人们在认识的指导下解决问题的过程,实践能力是人们能解决实际问题的能力。

实践能力以解决问题为核心思想,以在实践中发展为核心特征。实践能力包括解决问题的能力、观察能力、逻辑推理能力、自然实践能力及运动实践能力等,这些能力在工作、生活中必不可少。实践能力需要经过生活经验和实践活动得以磨炼,通过一定的外在表现来进行评价。因此说,实践能力是一种综合能力的体现,是一个反映个体发展的综合性指标。

实践能力是一个综合性的发展过程,是一个由低到高、由简单到复杂的连续的生成过程。在社会实践中,不同的个体拥有不同的实践能力,因

第九章　高等教育创新型人才培养的途径

此出现了不同层次的评价。这也正好体现了社会的多样化,引起了社会各行业的激烈竞争。

2. 实践能力教学体系的基本结构

实践能力教学体系包含以下几种基本结构,具体有基本的实验能力、专业的实践能力、解决问题的能力要求和仿真实践训练。基本的实验能力的内容主要有对课程内容的验证性实验、对使用仪器设备的训练、针对专业的实习等。专项的实践能力实践的内容主要有对课程内容的综合性实验、独立的综合实验、设计实验、课程设计、职业资格的专门性培训等。解决实际问题的能力要求的主要内容包括设计和研究性试验、专业实习、毕业规划、社会实践项目等。仿真实践训练的内容主要是为了适应现代工业的复杂程度、技术集成性、运行的安全性及自动化等方面的要求,顺利适应社会,学生在毕业之前进行的实践训练。学生在仿真实践训练中,掌握解决问题的方法,锻炼实践能力。

3. 全面整合实践教学体系

培养学生具备实践能力,需要遵循实践能力发展规律,根据课程设置体系,对学生实践能力发展的各方面进行研究,从而设计相应的教学方法。要从全面培养大学生创新能力和实践能力出发,改变以往局限的实践课程,整合各阶段的能力以实现全面性实践能力的提升。学生实践能力的培养要将学生个体差异性与能力培养的一致性相结合,将内容教学与实践教学相结合,将课上与课下相结合,将选修与必修相结合,从而形成一个全程步进式的实践教学体系,实现实践教学体系的全面的整理和优化。同时,要根据各专业的特点,制定针对性的专业实践能力培养体系,分解实践教学目标,将其转为大学生在各个阶段、学期应当完成的训练内容,对于学生根据个人的基本能力、需求、兴趣等目标制定训练计划,并进行积极引导,以促进学生创新能力和实践能力的形成和发展。

(二)第二课堂培养体系的创建

学生管理与教学管理是两个独立的系统,每个系统有独立的队伍、培养目标和活动方式。虽然学生管理与教学管理都以学生为培养目标,但是两个系统之间没有进行有效的结合,因此,第一课堂(教学活动)与第二课堂(学生活动)是脱节的。整合第二课堂的教育资源,促进两个课堂的融合,形成一体化人才培养体系至关重要。

因为个体差异等因素影响,第二课堂培养体系的设置应遵循多样性、创新性、实践性、层次性和宽广性等规则。第一，第二课堂活动主要是设置更多的学生校园课余活动，鼓励学生积极参与，通过多样化的活动内容和活动形式，激发学生的兴趣和爱好，促进学生人格的完善。第二，第二课堂具有开放性和灵活性，因此课堂活动具有一定的创新性，允许学生充分发挥想象力和创造力。第三，课外活动还具有较强的实践性。在实践中，学生积极参与，不仅学到了更多的知识，而且锻炼了自身各方面的能力。第四，学生本身具有层次性，相应地，实践活动也需要体现层次性，为不同层次的学生设置不同的实践活动。第五，实践活动具有宽广性，其不但局限于学校校园中，还可以扩展到校外、企业、社区等，在社会中锻炼学生的实践能力，同时也增强学生的责任感。

高校第二课堂培养体系的创建涉及三个层面，即目标层、计划层、实施层。其中，目标层是第二课堂体系要达到的人才培养目标。当今社会，我们要培养既掌握雄厚的知识又具备创新精神和创新能力的全面发展的人才，为实现社会主义现代化而奋斗，为提高我国的综合国力和世界竞争力而努力。计划层是为实现该助推体系而制定的可执行的计划和方案。为了给第二课堂助推创新型人才培养创造制度环境，高校要加强体制机制改革。校企联合培养和创新平台建设是重要方面。整合一切可以利用的社会资源，校企通力合作，共同为学生实践提供坚实的基地。为进一步发挥第二课堂优势，激发学生科研兴趣，高校创造各种科研创新平台，促进学生创新科研能力的培养。实施层是该体系具体执行的措施和办法。实施层是对计划层制定的方案的具体分解实施措施。例如，体制机制改革采取资金支持、师资建设、创新学分等措施；校企联合培养实行企业实习基地、企业导师等措施；创新平台建设采取科技竞赛、创新实验室、创新课堂、国外交流、创新立项等措施，同时通过科普活动和学生自主科研，进一步提高学生的科研兴趣和自主科研能力。

构建系统的、科学的、合理的第二课堂体系要做好以下几方面工作。

首先，改革体制机制。高校成立工作组织领导机构，全面领导学生自主科研活动的各项工作。制定并调整学生自主科研的主要政策措施。审查学生科研经费的使用情况。制定先进集体和个人奖励事宜等。

其次，建设师资队伍。完善教师激励体系，实行合理的考核制度、对教师的创新项目给予奖金激励等。强化教师实践经验，有计划地安排教师到相应的工作岗位进行锻炼，将企业实践经历与教师职称评定挂钩。选择有企业工作经历的专职教师或者从企业中聘请技术较好且表达能力强的人员从教。

再次，创新学分设置。将第一课堂学分制引入第二课堂，以加强和规

第九章　高等教育创新型人才培养的途径

范对第二课堂的管理和指导。建立创新学分制度应坚持以学生为主体的理念,通过创新学分激励学生主动参与第二课堂的活动。

最后,鼓励学生自主科研。通过机制体制建设和创新平台建设,在校内创造一个良好的环境条件,保障学生的科普活动,激发学生兴趣,促进学生的发展。通过校企联合培养,充分利用企业资源,建立科研项目为主导、学生为主体、教师为指导的项目运作模式,实施自主科研。开展符合学生兴趣的科普活动,如学习交流、机器人大赛、挑战杯等兴趣小组活动、不同规模的专家讲座等。

促进第二课堂培养体系构建,实现第二课堂与第一课堂有效结合,提升学生的创新能力,增强学生的责任意识和奉献精神,为我国高校创新型人才培养提供动力支持。

三、建立适应创新型人才培养的保障机制

创新型人才的培养需要科学的管理规章制度和在实施过程中的控制机制发挥保障作用。

（一）管理规章制度的制定

为了避免各种因素对创新能力的形成和发展的影响,管理部门制定相应的管理政策,调动与激励发展性内扰,降低障碍性内扰效用,保障学生创新能力的形成与发展。

1. 保障人才培养的中心地位

高等教育最主要的功能是培养人才。因此,为了实现人才培养目标,高校应明确高校科研与教学的关系、社会服务与教学的关系。高校教师进行科研活动,最终的目的是促进教学质量的提高,为培养人才提供服务。为了提高人才培养质量,学校服务提供一定的有利于人才培养的社会资源。在具体的办学中,高校要建立科学、合理的评价体系,积极引导教师投入教学中,对教学进行研究,促进教学发展。

2. 保障办学以教师为主体,教学以学生为主体

教学的过程本身就是一个创新的过程。教师通过教学,将自身的思想和行为传递给学生,引导学生并培养其成为创新型人才。在创新型人才培养的过程中,教师起了决定性的作用。因此,制定一系列调动教师积极性的政策和制度是有必要的。通过制定政策和制度,有利于促进教师

全身心投入教学中,有利于教师充分发挥积极性和创造性,掌握先进的教学方法,促进创新型人才的培养。高校培养创新型人才也是为了促进学生的成长,可以说人才培养的初衷和归宿都是学生的成长。因此,为了激发学生的兴趣和爱好,充分发挥学生的个性,学校的教学管理工作应从学生实际出发,为学生的创新性发展创造有利的条件。

3. 保障创建尊重知识、崇尚创新的教学氛围

为了促进创新型人才的培养,高校有必要创建适宜创新型人才培养的校园环境,如营造尊重知识、尊重人才、尊重学生的校园文化,创造能容忍并鼓励学生进行学术质疑和批判的人文环境。要研究科学,必须治学严谨,学生要热爱学问、忠诚学问并献身学问。

(二)培养方案的运用实践

实施创新型人才培养方案的过程可以说是教师给学生传递教育信息的过程。在这个过程中,教师通过适当的教学方式,对学生进行创新教育,培养学生的创新意识、创新精神和创新能力。要保证创新型人才培养方案顺利实施,需要一支专业的优秀教师队伍,需要一定的良好的实践条件,需要合理的适应方案实施的教学方法。其中,优秀的教师队伍、良好的实践条件是重要条件,合理的教学方法是培养学生创新能力的关键。

1. 建立具有一定专业背景的高水平师资队伍

为了实现创新型人才培养目标,高校教师应具备一些基本素质,如丰富的知识、创新的精神、较强的实践能力、强烈的责任感和使命感,以及国际化的视野。第一,丰富的知识。教师本身必须有较宽的知识面和复合型专业知识结构,这样才能适应创新人才培养要求。第二,创新的精神。教师在教学活动中,需使用一定的方法对学生进行培养,而设计、选择合适的方法需要教师进行创新。在教学活动中,教师积累的新经验;在科学研究中,教师创造新知识、新方法、新成果。教师勇于创新,感染学生,激起学生的创新精神和创新欲望。第三,较强的实践能力。教师积极参加实践活动,提高自身的实践能力,有助于更好地驾驭教学活动。第四,强烈的责任感和使命感。在教学中,教师应与学生进行精神与情感的交流,成为学生的良师益友,潜移默化地培养学生的创新人格。第五,国际化的视野。在立足我国国情培养创新型人才的同时,还需要了解国外高等教育改革的进程与方向,掌握发达国家和地区先进的科学技术、完善的培养机制。通过与国外、高等教育界的交流、合作等,汲取国外有益的经

第九章 高等教育创新型人才培养的途径

验,才能加快我国创新人才培养的步伐。

2. 创造良好的实践实验教学条件

实践教学得以开展、学生实践能力得以提高、创新能力得以锻炼都需要良好的实验实践教学条件。因此,高校要创造良好的实践实验教学条件。第一,加强实验室建设;第二,将本科教学实验室建设与科学研究和社会服务需要相结合,提高实验室建设的水平;第三,加强校内实践基地的建设,建设与现场环境相近或一致的产学研一体化的实践基地;第四,在原有实验室的基础上,校内大学生创新实践基地;第五,在企业建立不同形式的实践基地,即通过产学合作、科技开发、成果转让等途径实现。[1]

3. 不断创新教学方法

进行课堂教学改革,改变单一的教学方法,运用多种教学方法以促进学生创新能力的培养。鼓励学生大胆发言,表达自己的想法,以营造一种活跃的教学气氛。鼓励学生积极参与教学实践活动,引导学生在实践活动中多发现问题、研究问题和解决问题。

四、制定适应创新型人才培养的激励机制

人们所有的动作都是在激励动机的作用下产生和发出的。这些激励动机能促进和加强人们的激励作用。在人力资源管理中,激励就是指管理者采取某种有计划、有目的的措施,激发、鼓励工作人员的动机以有效实现组织目标的活动过程。激励的本质体现在:它是一个满足人需求的过程;它依赖激励动机激发人的积极性;引导人们产生与设定目标一致的行为;减少做事中的困难,增加办事行为的过程。总之,激励就是帮助开发人的潜力,调动人的能动性,使人得到创造性的发展。

激励机制是激励主体运用多种激励手段,促使主体自身规范化和相对固定化,与激励客体相互作用、相互制约的结构、方式、关系及演变规律的总和。激励机制作用于系统本身的内部组织,保证组织在特定状态下运行。激励机制有自己的运行模式,常见的有双向沟通、各自行动、评估和奖励。其中,双向沟通是管理者和被激励者经过沟通,管理者了解了被激励者的个人需求、职业规划等,并说明组织的行动目标等。各自行动是指管理者根据个人特长需求,布置任务,被管理者开始以相应的方式行

---

[1] 徐奇伟.开启创新之门高校创新人才培养的实践与探索[M].长春:吉林人民出版社,2017.

动。评估阶段是指管理者定期对被管理者进行评估。奖励是指对优秀的人才进行奖励奖赏。①

(一)对制定适应创新型人才培养的激励机制的要求

在自主创新发展趋势下,高校坚持创新型国家建设和创新型人才培养,建立和完善创新型人才培养的激励机制,以提高学生参与创新活动的积极性,营造敢于创新、追求创新的氛围。我国制定适应创新型人才培养的激励机制是非常有必要的。激励机制的制定必须要满足以下条件。

1. 符合参与者的心理需要

好的激励手段能满足学生的心理需求。在一定理论指导下,运用针对性的激励方式引导学生心智潜能的工作系统。如果想在学生科技创新方面获得良好的效益,那么高校要实现创新型人才培养目标就需要实施激励机制,以最大程度地调动学生的积极性。

2. 全面分析参与者的心理

高校学生普遍都具有高的智慧,他们渴望成才,希望实现自我价值。但是,他们的心理需求截然不同,个性差异很明显。例如,计划毕业后即就业的学生,他们侧重需要提高自己的综合素质;计划继续深造的学生,他们侧重于丰富自己的专业知识。大学生参与科技创新的心理需求会随着时间的变化而变化。因此,要构建适应创新型人才培养的激励机制,就需要全面地把握学生的心理要求。

3. 灵活运用激励机制

高校创新型人才培养的激励机制针对学生的心理需求而设,可以实现组织的共同目标,引导学生的行动,同时利用刺激手段激发学生的内在动机,从而顺利地调动学生在科技创新活动方面的积极性和创造性。为了帮助学生确立正确、合理的目标,实现"激励力量"最大化,高校一定要灵活运用激励机制,一定要时刻关注个体差异性和科技创新活动的层次性。

(二)高校创新型人才培养激励机制的实施

为了激励学生进行创新活动,高校应形成以精神和物质为主要形式的激励机制,具体包括开设激励课程、实践激励、奖学金、学分制、奖状、公

---

① 吴国君. 大学生创业能力培养[M]. 长春:吉林人民出版社,2019.

第九章　高等教育创新型人才培养的途径

开表扬、就业推荐等。

1. 开设指导大学生创新创业的课程

高校要针对不同专业的学生,开设针对性的指导大学生创新创业的必修课和选修课。在必修课上,教师要教授创业的意义、创业的准备、如何创业等普遍性常识,激发学生的创新创业兴趣,提高学生的创新意识和创新精神。同时,教师列举相关创新创业案例,并结合所学专业教授学生如何运用自己的专业知识,在自己熟悉的专业领域创新创业[1]。应重点讲授企业的创建和管理内容,进一步引起学生浓厚的兴趣和提高学生创新创业的信心。在选修课上,学生根据自己的兴趣和爱好选择相应的课程。选修课中教师会教授不同领域的创业准备、创业素质、创业过程和创业方法等。针对创新创业课程,高校需要开发一些这方面的教材,包括对创业者个人性格和素质的评估、开发和训练等。同时,提高这些课程的学分,以激励学生学习。

2. 提供创新创业实践的机会

高校教学活动中,学生没有足够多的动手实践机会,只是单纯地听或看,这不能很好地激起学生的兴趣,不足以活跃高校的创新创业氛围。因为兴趣的产生离不开实践,人际交往能力的锻炼和心理素质的培养都是在实践中得以实现的。因此,大学生需要参加实践活动。学生对高校的工作有强烈的参与欲望,非常愿意为同学们贡献出自己的一份力量。要鼓励学生参与高校的日常事务和管理工作,激发学生的工作热情。安排工作时,综合考量学生的兴趣、特长和能力,坚持自愿原则。根据学生的创新创业成果选拔优秀的学生担任重要职位,更有助于激发学生的创新创业积极性。

高校内设立"创业区",鼓励学生在创业区内拓宽思路、开展创业。在创业区里,学生运用自己的智慧和创新能力,创立各种小企业,开展商业活动。同时,高校内建立大学生创新创业社团、创业校友联合会、创业咨询机构和高校各院系或校级的项目与校外的企业、公司和社会组织建立合作,鼓励学生到这些组织中去学习,以促进学生与社会的联系。

学生能利用课余时间和假期参与实践活动。通过参与实践活动,学生不仅获得学校给予的各种奖励,而且得到社会和企业的认可,这让学生重新认识了自己,发现了自身存在的潜能和价值,从而促使学生积极地肯定自己,发挥自己的能力,为今后的工作、生活奠定基础。

---

[1] 吴国君. 大学生创业能力培养[M]. 长春:吉林人民出版社,2019.

3. 激发学生参与创新创业活动的积极性

激发学生创新创业的积极性可采取如下措施。

第一,营造浓厚的创新创业校园氛围。良好的创新创业校园氛围,有助于激起学生的兴趣,引导学生产生创业意识,提升学生的创新创业能力。创新创业促使学生从被动择业转为主动创业,强调机会平等,注重激励创业、包容失败氛围的形成。高校可以借助各种载体(如校报、校园广播、校园网、海报和宣传板等)向学生宣传政府和高校对大学生创业的优惠政策,讲述当地或本校大学生创新创业成功案例和成功企业家的创业史。开展学术交流会、学术报告会和讲座,邀请成功企业家到校演讲,讲授创新创业的相关理论和实践知识,让学生接触创新创业这一全新领域,促进学生产生创业兴趣。

第二,设立"创业学分"奖励创新创业课程中有优异研究成果的大学生。对于在课堂上积极发言、积极表现,产生新想法、新点子的大学生要给予增加学分。聘请成功创业者、企业家、从高校走出去创业成功的校友到校内讲课,启发学生创业思路,拓宽学生创新创业视野。

第三,建立创新创业专项经费和贷款。对于有创新创业想法或处于创业初期的大学生来说,充足的资金支持至关重要。高校可以从两方面筹集资金以推动创新创业教育的实施和创业活动的开展。一是学校出资提供创业基金,如大学生创新创业项目基金、大学生创业种子基金、创新创业竞赛支持资金、大学生创业基地建设资金、个性化指导资金等,激励大学生创新创业实践。二是由成功的创业者或企业家出资成立大学生创业基金,帮助在校生或毕业生参与创新项目研发、创新成果转化、创业企业运营。

4. 设立创新创业专项奖学金

资金不足是大学生创新创业的一大阻碍,高校设立创新创业专项奖学金,奖励那些取得创新创业成绩的学生,这对学生来说是非常受鼓舞的。国外的奖学金多采用大学生申请制度,每个学生根据自己的情况申请不同的奖学金。我国高校可以借鉴他们的做法,在网上申请符合自己条件的奖学金。同时,高校可以设立不同的创业奖学金,比如"实体经营"奖学金、"创新创业科研学术"奖学金、"创新创业计划"奖学金等。总之,高校应打破传统,积极鼓励创新创业的成果。

5. 设立处罚制度

高校在鼓励学生开展创新创业活动的同时,应该对那些没有完成创

第九章　高等教育创新型人才培养的途径

新创业任务和在创新创业活动中犯错误的学生给予一定程度的处罚。为此,高校可以设立相应的处罚制度。通过对这些学生实施的处罚以扭转、改变这种行为,避免类似事件再次发生,从反面来激发学生创新创业。对于不认真参与活动和犯错误的学生可以给予纪律处分、通报批评和违纪处罚等。通过惩罚不积极创新创业、犯错误和在创新创业上落后的学生,增加他们的危机感,激励他们主动创新创业,从而提高他们的创新创业实践能力。

大学生创新创业机制应贯穿创新型人才培养的全过程,明确创新创业激励机制,融入人才培养目标,并在培养创新创业人才、促进大学生就业与自主创业过程中发挥作用,引领大学生拥有开拓事业和创办企业的基本判断能力、自主学习能力、实践操作能力、开拓创新能力与国际竞争力。

参考文献

[1] 杨乃彤,王毅.高校体育教学创新及运动教育模式应用研究[M].北京:九州出版社,2019.

[2] 朱晓闻.研究生教育与培养研究[M].成都:西南交通大学出版社,2018.

[3] 潘斌.高校创新创业人才培养模式研究[M].北京/西安:世界图书出版公司,2018.

[4] 王晓辉.困境与突破:一流大学个性化人才培养模式研究[M].武汉:华中师范大学出版社,2018.

[5] 王中宝,周明星.藩篱与跨越 高等职业教育人才培养模式与政策[M].武汉:华中师范大学出版社,2018.

[6] 肖浪涛,夏石头.多维协同人才培养模式案例及分析[M].长沙:湖南科学技术出版社,2018.

[7] 徐奇伟.开启创新之门 高校创新人才培养的实践与探索[M].长春:吉林人民出版社,2017.

[8] 罗如学,刘晓丽,尤妙娜.高校学术研究论丛 旅游管理应用型人才协同培养模式创新研究[M].北京:中国书籍出版社,2017.

[9] 李代丽.高等教育创新型人才培养模式研究[M].北京:中国原子能出版社,2017.

[10] 对外经济贸易大学教务处.创新与实践 本科人才培养与教育教学改革论文集 2017[M].北京:对外经济贸易大学出版社,2017.

[11] 何青.务实与求真 研究生创新能力培养与评价研究[M].武汉:华中师范大学出版社,2017.

[12] 班秀萍,叶云龙.全面质量管理与高校人才培养[M].长春:东北师范大学出版社,2017.

[13] 方法林,孙爱民.基于"创新创业+"的人才培养模式研究与实践[M].北京:旅游教育出版社,2017.

[14] 李小娟,胡跃茜,虞希铅,等.高职院校高技能人才培养的绩效评

估及应对策略 [M]. 杭州：浙江大学出版社，2017.

[15] 蓝志勇，刘洋. 英国人才制度与人才发展战略 [M]. 北京：党建读物出版社，2016.

[16] 孙英梅，栗红侠，侯英杰. 高校实践育人与创新人才培养 [M]. 沈阳：东北大学出版社，2016.

[17] 应小陆. 本科应用型人才培养的路径、方法与实践 [M]. 上海：上海财经大学出版社，2015.

[18] 何梅. 牛津大学人才培养的历史传统、现代走向及中国启示 [M]. 成都：电子科技大学出版社，2015.

[19] 陶秋燕. 经管类创新型人才培养探索与实践 [M]. 北京：知识产权出版社，2015.

[20] 鲁宽民，鲁君，王佳. 多维视角下的高校创新人才培养研究 [M]. 北京：科学技术文献出版社，2014.

[21] 韩宝平. 新型地方本科院校应用型人才培养模式的探索与实践 [M]. 徐州：中国矿业大学出版社，2014.

[22] 上海海事大学高等技术学院，上海港湾学校编. 教育改革与人才培养 [M]. 上海：华东理工大学出版社，2014.

[23] 陈敬良. 质量·创新高职人才的培养与管理 [M]. 上海：上海交通大学出版社，2013.

[24] 马丽娜. 高等教育改革理论与实践探索 [M]. 北京：中国经济出版社，2013.

[25] 刘中顼. 高等教育公平实现之探究 高等教育分层次人才培养与教育公平之关系 [M]. 长沙：湖南师范大学出版社，2013.

[26] 鄂义太，陈理. 加强教学建设提高人才培养质量 [M]. 北京：中央民族大学出版社，2012.

[27] 陈焕文，谢丽娟. 高职院校人才培养的系统分析、设计与实践 [M]. 北京：知识产权出版社，2011.

[28] 黄水林. 和谐社会视阈下的高校人才培养研究 [M]. 苏州：苏州大学出版社，2011.

[29] 中国高等教育学会高等教育学专业委员会秘书处. 中日大学的管理与人才培养 [M]. 上海：上海交通大学出版社，2009.

[30] 徐金寿. 高等职业教育人才培养模式研究 [M]. 北京：中国科学技术出版社，2008.

[31] 钱国英，徐立清，应雄. 高等教育转型与应用型本科人才培养 [M]. 杭州：浙江大学出版社，2007.

[32] 金国华. 高校应用型人才培养新探 [M]. 上海：上海社会科学院出版社, 2007.

[33] 王琦. 创业型人才培养模式实证研究 [M]. 杭州：浙江大学出版社, 2007.

[34] 卢红学. 高等职业教育人才培养模式构建论 [M]. 桂林：广西师范大学出版社, 2007.

[35] 程静. 高校人才培养模式多样化：诠释与对应 [M]. 北京：北京工业大学出版社, 2003.

[36] 胡恩明. 人才培养模式研究与实践 [M]. 北京：中国标准出版社, 2000.

[37] 张志远, 刘炎欣. 地方本科高校人才培养模式改革的实践探索 [J]. 重庆高教研究, 2021, 9（02）：95-102.

[38] 张宪云. 论高校教育模式创新与创新人才培养 [J]. 科学咨询（教育科研）, 2021（02）：171-172.

[39] 张宽. 基于多样化人才培养模式高校实践教学的改革与探索 [J]. 北京教育（高教）, 2021（02）：52-54.

[40] 陈宏敏, 赵慧琴, 郭银华. 民办本科高校创新人才培养模式的构建与实践 [J]. 实验室研究与探索, 2020, 39（12）：246-251.

[41] 钟冀平. 双创背景下高校人才培养模式创新研究 [J]. 食品研究与开发, 2020, 41（24）：284.

[42] 高雅, 吴倩, 孙亚楠. 应用型高校人才培养模式建设探索 [J]. 安徽化工, 2020, 46（06）：157-158.

[43] 苏芳. "双一流"建设背景下高校人才培养模式研究 [J]. 当代教研论丛, 2020（12）：29.

[44] 蒋平. 高校人才培养的开放性：英国的经验与启示 [J]. 江西社会科学, 2020, 40（11）：238-245.

[45] 李水根, 谢翔宇, 刘洪宇, 等. 地方本科高校创新创业人才培养模式研究 [J]. 文化创新比较研究, 2020, 4（32）：46-48.